철학자들은 대체 무슨 생각을 할까

세상에 의문을 던지는 53가지 철학 이야기

철학자들은 대체 무슨 생각을 할까

이충녕 지음

세상에 의문을 던지는 53가지 철학 이야기

도마뱀

들어가며

철학은 왜 어려울까? 어찌 보면 철학이 어려운 것은 당연하다. 학문이니까. 물리학이나 수학이 어려운 것은 당연하지 않은가? 그런데 철학의 어려움은 뭔가 조금 다르다. 다른 학문이 무엇을 말하는지는 알겠는데 단지 이해가 잘 안 될 뿐이라면, 철학은 무엇을 말하는지 자체가 파악이 안 될 때가 많다. 일반적으로 학문은 예술과 달리 말로 표현하기 용이한 것을 다룬다. 이미 과거의 전통으로부터 내려오는 여러 전문용어가 마련되어 있기 때문이다. 각 학문에는 그 용어들을 바탕으로 효율적으로 서술할 수 있는 대상영역이 확보되어 있다. 예를 들어 의학의 경우에는 이미 여러 병명과 신체 부위, 신체 현상 등에 대한 용어가 상세히 정립되어 있어서 인간의 몸에 나타나는 대부분 현상을 효율적으로 설명할 수 있다.

하지만 불행히도(?) 철학은 사정이 완전히 다르다. 철학에서는 아직 제대로 된 전문용어 집합이 정립되지 않았으며, 앞으로도 그럴 것이다. 따라서 철학이 효율적으로 서술할 수 있는 대상영역 역시 아직 확보되지 않았으며, 앞으로도 절대 확보되지 않을 것이다. 그 이유는 철학이 말로 표현할 수 없는 것들을 말로 표현하고자 노력하는 학문이기 때문이다. 애초에 표현하고자 하는 대상들이 말로 포착할 수 없는 것들이기에, 철학 안에서는 어떤 표현도 표현하고자 하는 대상을 모두가 동의할 만큼 제대로 표현할 수가 없다.

그래서 같은 말을 두고도 철학자마다 생각이 다 다르다. 합의된 의견이라는 것 자체가 애초에 철학에서는 있을 수 없다. 예를 들어서 '관념론'이라는 단어의 뜻을 정확히 아는 철학자는 솔직히 없다. 애초에 그 단어가 표현하고자 하는 대상 자체가 언어로 완전히 포착할 수 있는 대상이 아니다. 따라서 철학자마다 '관념론'에 대한 생각이 다 다르다. 그래서 일반 독자들 역시 '관념론'이라는 단어를 접할 때 혼란과 어려움을 겪을 수밖에 없다. 반면 수학의 '더하기' 같은 표현은 직관적으로 얼마나 분명한 것을 나타내는가!

대학교에서 정규적으로 철학을 공부하는 사람으로서 어떻게 하면 정규적인 철학 교육을 받지 않는 이에게 철학을 더욱 쉽게 전달할 수 있을지 많이 고민했다. 그리하여 지금까지 두 가지 원칙을 세웠다. 첫째, 전문용어에서 시작하는 설명이 아니라, 끝에 가서 저절로 전문용어를 이해할 수 있는 설명을 추구하자. 앞서 설명했듯이 철학의 전문용어는 철학자들 사이에서도 그 의미가 불분명하다. 사실 철학의 전문용어 하나가 생겨나기까지에는 그 뒤에 끝도 없이 펼쳐진 철학사적 배경맥락이 있다. 그 맥락에 관한 지식이 충분하지 않은 독자가 지나치게 전문용어 중심으로 철학을 배우면, 이해하지 못한 것도 이해한 것 같은 착각에 빠지게 된다. 예를 들어 철학 안의 예시는 아니지만, 요즘 '언택트'라는 용어는 사람들이 여러 사회현상을 '이해한 것 같다는' 착각에 빠지게 하는 듯하다. 사실 지금 이 시대에 관해 별로 의미 있는 분석을 수행해보지 않았으면서도 "이 시대는 언택트 시대다."라는 신문 기사의 말을 되풀이함으로써 마치 무언가 중요한 통찰을 얻은 것 같은 착각에 빠지는 것이다.

철학에서도 비슷한 일이 벌어진다. '변증법'이라는 말 하나를 배우고 나면 "봉준호의 영화는 변증법적이다."라는, 자기 자신도, 다른 사람들도 이해하지 못하는 말을 하면서 영화에 대한 심오한 이해에 도달한 것 같은 착각에 빠지게 되는 것이다. 철학사적 맥락에 관한 충분한 지식과 꾸준한 사고의 연습 없이 전문용어 위주로 철학을 배우는 것이 그래서 위험하다. 그 용어가 오히려 울타리가 되어 더 넓은 이해와 사고의 가능성을 가로막을 수 있다. 따라서 차라리 전문용어 사용을 최대한 배제하고 일상용어를 중심으로 논의를 진행하는 것이 낫다. 그렇게 논의를 진행하고 나서 끝에 가면 자연스럽게 어려운 전문용어의 의미를 헤아릴 수 있는 사고의 역량이 준비되도록 하는 것이 최적의 방식이다.

두 번째 원칙은 일상적인 예시를 바탕으로 한 이야기를 기본으로 하자는 것이다. 아이가 언어를 배울 때는 '구체적으로 언어를 사용하는 상황'이 결정적인 역할을 한다. 아이는 대개 문법을 배우지도, 단어의 엄밀한 정의를 배우지도 않는다. 그러한 체계적인 지식 없이 자연스럽게 맥락 안에서 언어를 배운 아이가 문법 공부와 단어 암기로 점철된 십수 년을 보낸 어른보다 해당 언어를 더 잘 구사한다. 나는 철학 공부도 비슷하다고 생각한다. 뭐가 됐든 일단 구체적인 상황 속에서 철학적인 사유를 해보고, 글을 써보고, 많이 읽어본 사람이 잘 정리된 철학 강의를 수백 번 들은 사람보다 철학을 더 잘 이해할 수 있다. 따라서 나의 목표는 마치 아이가 일상에서 자연스럽게 언어를 배우듯, 독자들이 구체적이고 친숙하고 일상적인 예시 속에서 '자연스럽게' 위대한 철학자들의 사고를 직접 추적하고 체험하도록 유도하는 것이다. 최대한 일상과 가까운 거리를 유지하면서도 철학의 핵심적인 지식을 정확하고 날카롭게 포착하여 전달하는 것은 저자의 역량에 달린 일일 것이다.

흔히 철학은 너무 어렵고 이상한 괴짜들만 할 수 있는 학문이라는 인식이 널리 퍼져 있다. 솔직히 팔 할 정도는 맞는 말이다. 어려운 것도 사실이고 철학을 공부하는 사람들이 대개 괴짜인 것도 사실이다. 그러나 교양인으로서 갖춰야 할 정도의, 혹은 자신의 삶을 조금 더 풍성하게 하는 정도의 철학적 지식은 누구나 습

득할 수 있다. 영어를 원어민처럼 하기는 어렵지만 누구나 식당에서 주문할 정도로는 익힐 수 있듯이 말이다. 이제 문법 위주의 주입식 영어 교육이 진짜 영어 실력에는 별로 소용이 없다는 사실을 온 국민이 다 알고 있다. 이제 전문용어 위주의 나열식 철학 입문서들도 실질적인 철학적 역량과 사고능력을 키우고 우리 삶을 더욱 풍성하게 만드는 데에는 별반 도움이 안 된다는 사실을 모두가 깨달을 때가 됐다. 이 책이 그 시작점이 되기를 희망한다.

이 책에서는 먼 고대에서부터 최근에 이르기까지 인류가 어떤 철학적 사고의 여정을 걸어왔는지 소개한다. 사상가를 시대순으로 배열해서, 사고의 점진적인 발전 과정이 드러나도록 했다. 물론 여기에 소개된 것 말고도 훨씬 더 다양한 사고의 역사가 있다. 이 책은 내가 제안하는 일종의 출발선이다. 여기서부터 어디로, 어떻게 생각을 뻗어나갈지는 독자의 자유에 맡기고자 한다.

2023년 6월 베를린에서
이충녕

차례

4   들어가며

14   물처럼 산다는 것 —— 노자

20   철학의 원리 1: 절대주의를 의심하기 —— 소크라테스

26   철학의 원리 2: 상대주의를 경계하기 —— 소크라테스

32   세상을 설명하는 단 하나의 원리 —— 데모크리토스

38   예술을 국가로부터 추방하려 했던 철학자 —— 플라톤

44   행복은 절제에 달려 있다 —— 아리스토텔레스

50   도덕의 근본은 이성이 아니라 마음에 있다 —— 맹자와 셸러

56   고양이에게도 예술작품은 아름다울까 —— 엠피리쿠스

62   원효대사 해골물의 진짜 의미 —— 원효

68   나는 생각한다, 고로 존재한다 —— 데카르트

74   데카르트의 숨겨진 뒷이야기 —— 데카르트

80   가장 잘 당하는 사람이 가장 힘 있는 사람이다 —— 스피노자

86   원인이란 과연 무엇일까 —— 흄

92 칸트의 윤리학: 나비효과로 살인을 저질렀다면 —— 칸트

98 칸트의 미학: 예술은 놀이다 —— 칸트

104 정언명령 쉽게 이해하기 —— 칸트

110 공포가 선사하는 즐거움 —— 버크

116 예술을 배워야 하는 철학적 이유 —— 실러

122 3이라는 수를 사랑했던 철학자 —— 헤겔

128 배부른 돼지보다는 배고픈 소크라테스가 될래 —— 밀

134 신은 죽었다의 진짜 의미 —— 니체

140 규칙을 파괴하는 자, 초인 —— 니체

146 해리포터는 존재할까 —— 마이농

152 잠시 멈추고 태도를 바꾸면 새롭게 보이는 것들 —— 후설

158 철학의 천재가 뒤집은 존재에 대한 생각 —— 하이데거

164 엄마는 나의 존재를 이루고 있다 —— 하이데거

170 존재는 시간이다 —— 하이데거

176 악마에 대하여 —— 힐데브란트

182 똑똑함이 무서움으로 변할 때 —— 호르크하이머

188 코로나 위기로 또다시 떠오르는 전체주의 —— 포퍼

194 과학과 철학의 만남, 과학철학 —— 헴펠

200 감정의 마법적인 힘 —— 사르트르

206 배경에 주의를 기울인다는 것 —— 메를로퐁티

212 당신의 판단을 결정하는 배후의 이론들 —— 콰인

218 매체는 인간을 어떻게 바꾸는가 —— 맥루한

224 자유로운 사형수 ── 카뮈

230 나라는 주체는 주변의 힘에 의해 구성된다 ── 푸코

236 '중국어 방' 논증, AI는 생각할 수 있을까 ── 존 썰

242 대학교 2학년 때 MIT 대학원에서 강의했던 천재 철학자 ──
     크립키

248 알파고는 바둑에서 상대방을 이기고 싶어 할까 ── 호글랜드

254 나도 모르게 저지르는 도덕적 잘못 ── 싱어

260 인간 정신은 사물까지 연장되어 있다 ── 클라크

266 모든 나라가 서로를 돕는다면 어떻게 될까 ── 자오팅양

272 국가라는 틀을 뛰어넘어서 생각하기 ── 세이거

278 내로남불에 대한 철학자의 남다른 생각 ── 도버

284 환경보호 활동가가 매연을 배출하면 비난받아야 할까 ── 벡

290 충코의 철학적 단상 ── 논리학이란 무엇인가

296 충코의 철학적 단상 ── 수학을 배우는 이유, '신의 언어' 수학

304 충코의 철학적 단상 ── 확실한 지식은 존재하는가

310 충코의 철학적 단상 ── 사하라 이남 아프리카의 우분투 철학

316 충코의 철학적 단상 ── 올림픽이 감추는 진실

322 충코의 철학적 단상 ── 죽음에 관한 인류의 생각

328 충코의 철학적 단상 ── 꼭 지켜야 할 삶의 원칙, 자비의 원리

물처럼 산다는 것

── 노자

老子, 기원전 ?~?

중국 춘추시대 사상가이자 도교의 창시자로 여겨지는 전설적 인물. 무위와 자연적인 삶의 자세를 강조했다.

"약한 것이 강한 것을 이기고, 부드러운 것이 굳센 것을 이긴다."

동양과 서양의 철학이 시작될 때, 양쪽에서 모두 물을 주목했다는 건 완전한 우연은 아닌 것 같다. 서양에서는 철학의 아버지로 알려진 탈레스가 만물의 근원은 물이라고 주장했다. 그 이전까지는 신화적인 믿음을 통해 세상의 모든 것이 일차적으로 설명되었다. 그런데 탈레스는 세상의 근본 원리를 물이라는 하나의 물질에서 찾았다. 이런 원리적 사고가 미세입자의 운동을 통해 세계를 설명하는 과학적 사고의 발판이 되었다는 것은 잘 알려진 사실이다.

　　철학이 태동하던 시기에 동아시아에서도 똑같이 물이라는 대상에 주목했던 사람이 있었다. 바로 노자(老子)이다. 탈레스가 세상 만물이 생성되고 운동하는 과학적인 원리를 물을 통해 설명하려 했다면, 노자는 물의 움직임 안에서 천하(天下)를 얻는 정치학적 원리를 찾아내려고 했다.

　　노자는 그 생애가 직접적으로 확인되지 않는 전설적인 인물로, 알려진 바에 따르면 주나라의 도서관장을 지내다가 나라의 명이 다한 것을 알고 소 한 마리에 올라타 유유히 관문 밖으로 사라졌다고 한다. 관문을 나서기 전, 그는 관문을 지키는 관리가 가르침을 달라고 요청하자 5천 자의 글을 써주었는데, 그것이 『도덕경』이라는 이름으로 지금까지 전해져 내려오고 있다고 한다.

이런 신비로운 이미지 때문에 노자의 철학은 속세를 떠나서 사는 사람들을 위한 자연 친화적인 말, 또는 치열하고 답답한 경쟁을 벗어나고자 하는 사람들에게 전하는 위로의 말 정도로 여겨지곤 한다. 그러나 노자의 철학은 어떻게 하면 이 사회에서 최선의 결과를 산출할 수 있는지에 대한 정치학적 이론으로 읽을 수도 있다. 이런 점에서 노자의 철학은 현대의 게임이론과 맥을 같이하는 측면이 있다.

노자가 물을 통해 이야기하고자 한 것은 물처럼 행동하는 것이 최선의 결과를 가져다준다는 것이다. 물에 관한 노자의 말 중에서 가장 유명한 것은 상선약수(上善若水), 즉 최고의 선은 물과 같다는 구절이다. 여기서 선은 단순히 도덕적으로 남을 위하고 착한 일을 하는 것만을 의미하지 않는다. 선은 사회 안에서 탁월함을 발휘하며 최고의 자리에 오르고, 그것을 필요한 만큼 오래 유지하며 사람들과 화합을 이루어 사회의 안정을 유지하는 것을 뜻한다. 노자는 이러한 어려운 일을 이루기 위한 전략으로서 물처럼 행동할 것을 주문한다.

그렇다면 물은 어떤 특성을 가졌길래 물을 본받아 행동

하면 최고의 선을 이룰 수 있다는 것일까?

먼저, 물은 다른 것들이 가기 싫어하는 곳으로 흘러간다. 보통 다른 사물들은 자신의 자리를 지키고 위로 뻗어나가려 한다. 나무는 햇볕이 있는 위를 향해 자라나야 좋은 나무이며, 건물은 안전한 높이의 기반 위에 서 있는 것이 좋은 건물이다. 사람 역시 양지바르고 공기가 맑은 곳으로 가고 싶어 하기 마련이다. 반면, 물은 아무도 가려고 하지 않는 밑을 향해서 흐른다. 가장 낮은 곳으로, 가장 어두운 곳으로 흘러간다. 그곳은 어두침침하고 냄새가 나는 하수구일 수도 있으며, 깊숙한 진흙탕일 수도 있다. 물은 그런 곳을 피하지 않는다. 그저 길을 따라서, 깊이, 더 깊이 흘러간다.

이런 물의 특성을 따라서 행동하는 사람은 다른 사람들이 꺼리는 곳에 가는 것을 서슴지 않으며, 다른 사람들이 피하는 일을 도맡아 할 것이다. 처음에 보기에 이런 사람은 눈에 띄지도 않고 하찮게만 여겨질 수 있다. 그러나 우리는 그렇게 밑으로, 어두운 곳으로 흘러 들어가 남들이 쳐다보지 않는 분야에서 자신의 입지를 다져온 사람이 나중에 가서는 최고의 성과를 올리는 모습을 많이 보게 된다. 그런 사람들은 아무도 가지 않는 곳에 가기를 스스로 자처함으로써 전체 시스템의 가장 밑을 떠받치는 곳에 스며 들어가 그곳에 대한 장악력을 키운다. 그럼으로써 나중에는 시스템 전체를 장악하게 된다.

물론 처음부터 양지바른 곳에서 잘 닦여진 길만을 걸어간 사람들도 성공적인 삶을 살아가는 경우가 많다. 하지만 그들이 그럴 수 있는 이유는 지금 이 사회가 비교적 안정적인 시스템을 갖추고 있고, 그들이 이 시스템 속에서 많은 도움을 얻고 있기 때문이다. 만약 사회에 큰 혼란이 생기고 시스템이 붕괴하여 지금 운 좋게 누리고 있던 안정적인 체계가 무너진다면, 물처럼 밑으로 흐르지 않고 나무처럼 햇빛을 쫓아 위쪽만을 바라보는 사람들은 최고의 자리를 지킬 수 없다. 가장 낮은 곳에 가기를 스스로 자처할 수 있어야 위기와 혼란이 가득한 환경 속에서도 가장 위대해질 수 있다는 것이 노자의 생각이다.

물의 또 다른 특성은 부쟁(不爭)이다. 즉, 경쟁하지 않는다는 것이다. 물은 다른 것들이 가기 싫어하는 곳으로 흘러가기 때문에 자리를 두고 다른 것들과 다투지 않는다. 우리가 남들과 경쟁한다고 느끼는 이유는 같은 목표를 놓고 같은 길로 거기에 도달하려고 하기 때문이다. 그런데 남들과 다른 것에 목표를 두고 다른 길을 걷는 사람은 경쟁할 필요가 없다. 그들은 전혀 새로운 곳에서 세상을 바꿀 혁신의 씨앗을 찾아내고, 물처럼 그곳에 깃들어 싹을 틔운다.

현대의 예시를 하나 들자면, 윙클보스 형제(Winklevoss twins)는 페이스북의 아이디어를 처음 생각해냈지만, 우여곡절 끝에 페이스북의 경영권을 얻지 못하고 쫓겨난다. 거대 기업 페이스북과 등진 그들은 벤처투자 사업을 하려 했지만 페이스북의 눈치를 보는 실리콘밸리로부터 외면받는다. 이때, 그들은 그

곳에 남아 목표를 고집하며 끝까지 경쟁하기보다는 암호화폐라는 새로운 영역으로 눈을 돌린다. 아무도 암호화폐에 주목하지 않던 초창기에 그들은 선구자 역할을 자처하며 큰돈을 투자했고, 그 어둡고 침침한 새 영역에서 영향력을 확대해나갔다. 결과적으로 그들은 아무도 모르는 사이에 억만장자가 되었다. 물론 돈을 많이 버는 것이 선의 전부는 아니지만, 물처럼 행동하면서 경쟁을 최소화하고 최선의 결과에 도달하는 방식을 잘 보여주는 사례라 할 수 있다.

노자는 물에 관해 이야기하며 "약한 것이 강한 것을 이기고, 부드러운 것이 굳센 것을 이긴다."라는, 동양 문화권에서는 익숙하게 듣는 그 말을 남겼다. 물은 가장 약하고 가장 부드럽지만, 가장 강하고 굳센 것들을 압도하는 힘을 품고 있다. 이는 진부한 말이지만, 실생활에서 실천하기는 어렵다. 잘하려다 보면 자꾸 힘이 들어가고 뻣뻣해진다. 그럴 때면 항상 물의 부드러운 움직임을 생각해볼 필요가 있다.

철학의 원리 1: 절대주의를 의심하기

—— 소크라테스

Socrates, 기원전 470?~399

고대 그리스 철학자. 서양철학에 가장 깊은 영향을 끼친 플라톤의 스승이다.
그가 직접 남긴 글은 전혀 없어서, 플라톤이나 다른 동시대 인물들이 남긴 글
을 통해서만 소크라테스의 말을 추정할 수 있다.

"앎이란 과연 무엇인가?"

나훈아의 〈테스형!〉이 큰 인기를 끌었다. 소크라테스에게 인생의 의미를 질문하는 노래이다. 왜 나훈아는 그 많은 사람 중에서 하필 소크라테스에게 질문을 던졌을까? 아마 가장 유명한 철학자가 소크라테스이기 때문일 것이다. 철학을 전혀 모르는 사람도 소크라테스라는 이름은 대개 안다. 그렇다면 왜 소크라테스는 그토록 유명한 것일까? 과연 철학의 체계 안에서 소크라테스라는 인물은 그토록 독점적인 유명세를 차지할 만한 정당성을 갖고 있을까?

　결론부터 말하자면 나는 그렇다고 생각한다. 소크라테스는 어떤 의미에서 철학을 시작한 사람이며, 그 뒤로 펼쳐진 모든 철학, 모든 학문, 나아가 인간의 모든 지식의 전개 과정에서 핵심적인 역할을 차지하는 사고방식의 시초가 된 사람이다. 나는 그 사고방식을 상대주의와 절대주의 사이의 중도라고 표현하고 싶다. 시각에 따라 소크라테스는 상대주의자일 수도 있고 절대주의자일 수도 있다. 그는 기존에 확고한 지식이라고 받아들여지던 앎의 체계를 깨부수려고 했던 사람이며, 특정 지식의 절대화에 격렬히 저항했던 사람이다. 그래서 그는 사형을 선고받았다.

한편 소크라테스는 지식이 단지 사람에 따라, 시각에 따라 달라질 수 있다는 생각에 누구보다도 격렬하게 반대했던 사람이기도 했다. 이런 두 가지 상반된 자세를 동시에 취하는 것은 얼핏 보기에 자기모순인 듯하다. 그러나 소크라테스가 철학의 조상으로 대우받는 것은 바로 이 상반된 견해를 매우 획기적으로 통합했으며, 그럼으로써 앎이라는 것 전반에 걸쳐 우리가 취해야 할 모범적인 기준을 제시했기 때문이다.

우리는 많은 것들을 안다. 내 생일이 언제인지, 친구 이름이 무엇인지, 미국 대통령이 누구인지 알고 있다. 이런 것들에 대한 앎은 굉장히 확실한 것처럼 보인다. 그런데 많은 경우 앎은 그다지 확실하지 않다. 이문세의 〈붉은 노을〉을 안다고 할 때, 그것이 의미하는 바는 과연 무엇일까? 무엇을 알고 있다는 것일까? '붉은 노을'이라는 제목? 노래의 멜로디? 가사? 어렴풋한 느낌? 여기서 〈붉은 노을〉에 관한 앎이 과연 무엇인지 엄밀하게 설명하라고 해본다면, 그럴 수 없을 것 같다는 느낌이 든다.

다른 사례로, 우리는 인천을 안다고 자연스럽게 말한다. 그런데 인천은 무엇일까? 인천의 부지? 인천 시민들의 집합? 인천의 행정체계? 아마 우리가 인천을 안다고 말할 때는 보통 이 여러 가지 요소가 아주 불분명하게 섞여 있을 것이다. 그런데도 우리는 그냥 인천을 안다고 생각하며 그렇게 말하는 데 별문제를 느끼지 않는다. 그런데 이렇게 우리가 인천을 안다고 말하면서도 인천이 무엇인지 정확하게 제시할 수 없다면 과연 인천을 안다고 말하는 게 적절한 것일까? '앎'은 이토록 우리 일상에 자연스럽게 녹아들어 있지만, 그 정체는 신비에 싸여 있다.

소크라테스는 앎이라는 게 과연 무엇인지를 처음으로 질문한 사람이다. 소크라테스 이전까지는 앎의 정체를 궁금해하는 사람이 없었다. 일상을 살아가는 우리가 인천을 안다고 말할 때 아무런 문제를 느끼지 않는 것처럼 말이다. 그런데 소크라테스라는 사람이 비로소 처음으로 "앎이란 과연 무엇인가?", "우리는 정말로 우리가 안다고 생각하는 것을 제대로 아는가?" 하는 질문을 본격적으로 제시한 것이다. 이 전환은 매우 획기적인 것이었다.

소크라테스는 말꼬리를 잡고 늘어지는 사람이었다. 지금도 말꼬리를 잡고 늘어지는 사람은 미움을 받는다. 그 당시에도 마찬가지였다. 소크라테스는 말꼬리를 잡음으로써 많은 사람의 미움을 받았다. 그런데 그 말꼬리 잡기가 서구의 지식 역사에서는 매우 중요한 진보의 시작이었다. 말꼬리를 잡지 않는다는 것은 주어진 지식을 별다른 비판 없이 받아들인다는 뜻이다. 그럴 때 그 지식은 고정된 지식, 절대화된 지식이 된다. 그렇게 되면 지식은 더 이상의 발전을 멈추고 정체된다. 계속해서 말꼬리를 잡고 늘어져야만, 끊임없이 비판하고 문제점을 개선하려 노력해야만 지식은 더욱더 좋은 모습을 갖춰나간다.

소크라테스 시대에도 지금과 마찬가지로 본인이 확실한 지식을 갖고 있다고 확고하게 믿는 사람들이 있었다. 가령 종교와 윤리 체계에 대한 지식을 바탕으로 무엇이 선한 것이고 무엇이 악한 것인지, 무엇이 상을 받아야 할 행동이고 무엇이 벌을 받아야 할 행동인지 확실하게 가려낼 수 있다고 믿는 사람들이 있었다. 소크라테스는 종교나 윤리적 전통에 전면적으로 반기를 든 사람은 아니었다. 그는 기존의 문화적 전통을 존중했다. 그가 강하게 비판했던 것은 종교와 윤리적 전통이 이 세계와 인간사에 관한 고정되고 절대적인 지식을 담보해준다고 믿는 사람들이었다.

세계와 인간사는 참 복잡다단하다. 그렇기에 고작 신화를 다룬 책 몇 권 안에 적힌 내용만으로 또는 한 문화권 안에 쌓인 전통의 역량만으로 모든 문제에 답을 제시할 수 없다. 겉으로 보기에는 좋은 답변인 것처럼 보이더라도, 이성의 힘을 발휘해서 계속해서 질문을 제기하다 보면 곧 그 답변의 문제점이 드러나기 마련이다. 예를 들어 "무엇이 좋은 것이냐?"라는 질문에 "신들이 사랑하는 것이 좋은 것이다."라고 대답하는 신실한 그리스 종교인에게, "여러 신이 서로 상충하는 것을 좋아한다면 무엇이 좋은지 어떻게 가려낼 것이냐?"라고 물어보면 말문이 막힐 수밖에 없다.

말꼬리를 잡을 수 있는 분야는 종교나 전통뿐만이 아니

다. 과학을 포함한 인류의 지식 전체가 비판의 대상이 될 수 있다. 아인슈타인의 상대성이론이 나오기 전까지 매우 확실한 지식으로 받아들여졌던 뉴턴역학은 이제 '실제로 옳은 지식의 근사치'에 불과한 것으로 받아들여지게 되었다. 과학의 발전은 앞서 존재하는 이론의 말꼬리를 잡고 문제점을 찾아내려는 비판 정신 없이는 상상할 수 없다. 이렇게 현대 과학의 정신은 소크라테스의 말꼬리 잡기 정신에 그 뿌리를 두고 있다고 할 수 있다. 이미 주어진 지식을 결코 절대적인 것으로 신봉하지 않는 이 정신은 어떻게 보면 상대주의의 정신과 매우 많은 부분을 공유한다. 그런데 중요한 점은 소크라테스가 상대주의에서 자신의 여정을 끝내지 않았다는 것이다. 그는 절대적인 지식을 향한 열망을 절대 포기하지 않았다.

철학의 원리 2: 상대주의를 경계하기

—— 소크라테스

Socrates, 기원전 470?~399

"나는 산파다."

〈소크라테스의 죽음〉, 자크 루이 다비드, 1787.

철학의 아버지, 철학계의 슈퍼스타 등 어떤 거창한 별명을 붙여도 전혀 과도하지 않은 고대 그리스의 철학자 소크라테스. 그는 어떻게든 상대의 주장을 트집 잡아 공략하려는 지독한 심보를 갖고 있었다. 그는 사람들이 절대적인 지식이라고 믿는 것들의 결함을 드러내어 더는 누구도 그것을 절대적인 지식으로 간주하지 못하도록 만들어버렸으며, 얼핏 봤을 때 이러한 말꼬리 잡기는 절대적인 지식의 존재를 부정하는 상대주의의 입장에 아주 가까이 다가가 있는 것으로 보인다.

그러나 이 문제를 다시 한번 다른 각도에서 살펴본다면, 소크라테스의 말꼬리 잡기야말로 불완전한 앎을 극복하고 절대적인 지식을 향해 한 걸음 한 걸음 나아가고자 노력하는 행위라는 것을 알 수 있다. 흔히 어떤 일을 하려고 할 때 옆에서 자꾸 트집을 잡는 사람은 일의 진척에 열의를 갖고 있지 않거나 일을 방해하고만 싶어 하는 사람으로 오해받기 쉽다. 만약 소크라테스의 말꼬리 잡기도 이러한 관점에서 바라본다면, 주변 사람들에게 던졌던 그의 트집은 그저 아테네인이 더욱 바람직한 정신문화를 획득하고 더욱 건강한 사회를 이룩하려는 과정에 괜히 딴지를 걸고 싶어서 자꾸만 방해꾼 역할을 자처했던 것에 불과하다고 해석할 수도 있다. 실제로 이러한 평판을 얻어 그는 사형을 당하고 말았다. 그러나 우리는 말꼬리 잡기가 가진 나쁜 이미지의 이면을 뚫고 들어가 말꼬리 잡기가 가진 순기능에 주목할 필요가 있다.

몇 년 전 한 자기계발서에서 흥미로운 연구 결과를 접했다. 새로 사업을 시작해 성공한 사람 중에는 긍정적인 성격을 가진 사람보다 부정적인 성격을 가진 사람이 압도적으로 많다는 것이다. 부정적인 성격의 사람들이 훨씬 더 꼼꼼하게 사업의 성공 가능성과 성공 조건, 자신의 아이템이 시장에서 살아남을 가능성 등을 검토하기 때문이다. 즉 부정적인 성격을 가진 사람들은 '일단 해보자. 어떻게든 잘 되겠지!'라는 생각으로 사업에 임하는 게 아니라, '이렇게 한다고 해서 과연 될까?'라는 비관적이고 회의적인 시각을 갖고 자신의 사업을 걱정하는데, 바로 그렇기 때문에 그들에 의해 채택된 사업 아이템과 사업 구조는 성공할 확률이 높을 수밖에 없다는 것이다.

소크라테스의 말꼬리 잡기가 가진 순기능도 이와 비슷한 관점에서 이해할 수 있다. 집요하게 말꼬리를 잡아 한 사람이 갖고 있던 믿음과 지식의 체계를 깨부쉈던 그의 행태는 그저 사람들이 어떠한 안정적인 상태에도 이르지 못하고 파국과 혼란으로 치닫기를 바라는 악의적인 행위가 아니었다. 그보다 그는 정당한 만큼의 이성적인 검토를 거치지 않은 채 특정한 지식에 지나치게 강한 확신을 품는다거나, 이성적으로 잘 따져보는 수고를 조금만 보탠다면 확연히 더 좋고 더 세련된 지식에 다다를 수 있음에도 지적인 게으름 또는 불합리한 확신에 빠져서 아쉬운 지적 상태에 머물러 있는 사람들에게 그들이 그 자리에 머무르지 않고 더 나은 지적 상태로 도약할 수 있음을 일깨우려 노력했던 것이다.

소크라테스는 자신을 산파라고 칭했다. 자신은 무언가 새로운 것을 창조하는 사람이 아니라, 그저 다른 사람들이 이미 자신 안에 간직하고 있는 지적인 가능성을 밖으로 끌어내도록 도와주는 사람이라는 것이다. 소크라테스의 말꼬리 잡기는 아무런 지식에도 의지하지 못하는 혼란과 쇠약의 상태로 사람들을 이끌려는 술수가 아니라, 사람들이 자신이 가진 이성의 힘을 이용해서 현재의 맹목적인 믿음 또는 오류의 상태에서 벗어나 합리적인 고찰과 논리의 영역으로 가도록 인도하려는 방책이었다.

이 지점에서 소크라테스는 상대주의와 분명한 차이를 보인다. 엄격한 상대주의에 따르면 어떤 의견이 더 낫고 더 논리적인지는 그것을 판단하는 사람 또는 문화권에 따라 달라질 수 있다. 반면 소크라테스의 말꼬리 잡기가 의도하는 것은 상대를 열등한 지적 상태에서 우월한 지적 상태로, 덜 논리적인 상태에서 더 논리적인 상태로 이끄는 것이다. 한마디로 소크라테스의 체계 안에서는 덜 좋은 지식과 더 좋은 지식 사이의 구별이 존재하며, 그 구별은 그저 상대적으로 가려지는 것이 아니다.

만약 지식이 그저 상대적인 것에 불과하다면 지식의 진보란 존재하지 않을 것이다. 관점에 따라 뭐가 더 나은 지식인지가 바뀌기 때문이다. 소크라테스는 이성의 힘을 통해 객관적인 차원에서 더 나은 지식을 가려낼 수 있다고 생각했다. 그가 다른 사람들의 말꼬리를 잡아 그들이 자신의 의견을 포기하도록 만들 수 있었던 이유는 다른 사람들이 소크라테스의 논리가 자신의 논리보다 객관적으로 더 나음을 스스로 인정했기 때문이었다.

이렇게 소크라테스는 이성의 싸움판을 고안해냈다. 그가 짠 판 안에서는 어떤 것이 더 합리적인 지식인지 사람들이 저마다의 논리와 증거를 갖고 각축전을 벌인다. 싸움의 승패를 결정하는 것은 모든 사람에 걸쳐서 존재하는 공통적인 이성의 힘이다. 이 싸움판 안에서 무력은 아무런 힘을 갖지 못한다. 오로지 이성이라는 심판이 승자와 패자를 결정한다. 소크라테스가 여전히 철학의 역사에서 특별한 위상을 차지하는 이유는 바로 그가 이 논리와 이성의 싸움판을 최초로 제대로 확립했기 때문이다.

인류는 무력을 통한 전쟁만 하는 것이 아니다. 인류는 지식의 싸움판 안에서도 끊임없는 경쟁을 벌인다. 철학뿐만 아니라 의학, 법학, 자연과학, 공학, 종교 등 인류의 지식 영역 전체가 이성과 논리를 매개로 더욱 우월한 지식을 생산하는 것을 목표로 경쟁하는 전쟁터로 해석될 수 있다. 이렇게 이성을 심판으로 둔 지식의 전쟁터가 정립될 가능성을 가장 이른 시기에 가장 확고하게 정립한 인물이 소크라테스였다. 그의 말꼬리 잡기 기술, 즉 논리적인 따지기 기술은 우리에게 각자가 저마다 이성의 힘을 잘 사용하면 객관적으로 더 나은 지식에 이를 수 있다는 생각을 품게 해주었다.

이로써 소크라테스를 통해 상대주의와 절대주의는 기묘한 평형을 이루었다. 현재 우리가 가진 지식이 결코 절대적인 지식이 아니라는 부정적인 의심과 이성적인 토론으로써 더 나은 지식에 이를 수 있다는 긍정적인 희망이 절묘하게 평형을 이룬 것이다. 오늘날까지도 인류는 그 평형의 싸움판 안에서 현재에 안주하지 않고 오늘보다 더 나은 내일을 꿈꾸며 수많은 지적 활동을 이어 나가고 있다.

세상을 설명하는 단 하나의 원리

─── 데모크리토스

Democritus, 기원전 460?~371?

고대 그리스 철학자. 원자론을 주장한 것으로 잘 알려져 있다. 수학을 통해 세상의 원리를 파악하고자 한 피타고라스학파를 좋아했고, 자신도 과학적 세계관과 아주 유사한 세계관을 내놨다.

"이 세상의 모든 것이 원자와 공허로 이루어져 있다."

어떤 사람들은 세상의 많은 일을 설명하는 단 하나의 원리가 존재한다고 믿는다. 아니, 사실 일부 사람들만 그런 게 아니라 정말 많은 사람이 그렇다. 요즘은 음모론이 정말 많다. 세상을 좌지우지하는 어떤 세력이 있다고 믿는 사람들이 많다. 다양한 음모론이 정말 사실일 수도 있다. 지금 여기서 그것들이 사실인지 거짓인지를 판별하려는 것은 아니다. 음모론을 믿는 사람들은 세상의 모든 것을 한 줄의 실로 꿰어주는 단 하나의 원리를 사랑한다는 사실을 짚고자 하는 것뿐이다. 음모론을 믿는 사람들에게는 세상에 어떤 일이 일어나도 그것을 모두 설명할 수 있는 수단이 있다. 이미 가장 근원적인 원리를 알고 있기 때문이다. 세상이 일루미나티에 의해서 움직인다고 믿는 사람은 어떤 일이 일어나도 일루미나티의 뜻으로 해석할 수 있다.

단 하나의 원리를 향한 사랑을 가장 극명하게 드러내는 사례는 역시 종교이다. 종교를 믿는 사람에게는 이 세상에 설명하지 못할 것이 없다. 모든 것이 다 신 또는 신적인 존재의 뜻이기 때문이다. 종교적 믿음을 깎아내리고자 하는 말이 아니다. 보편적인 원리를 향한 인간의 갈망을 이야기하는 것이다.

과학 또한 단 하나의 원리를 발견하고자 하는 욕구와 함께 발전했다. 뉴턴은 자신이 하는 활동을 자연철학(natural philosophy)이라고 불렀다. 그에게 물리학 연구는 단지 눈앞에 보이는 개개의 사건들을 설명하려는 활동이 아니라 우주 전체의 모든 일을 설명하는 보편적 원리를 발견하려는 활동이었다. 한마디로, 그에게 물리학은 철학적인 의미가 있었다. 철학자는 단지 하나의 개별적인 상황에서 무엇이 행복인지, 무엇이 정의인지를 따지려고 하는 게 아니라 행복 자체가 무엇인지, 보편적인 정의가 무엇인지 따지려 한다. 뉴턴은 눈앞에서 떨어지는 사과의 움직임에 관심이 있었던 게 아니라 그 사과를 포함해 온 우주에 걸쳐 적용되는 공통의 원리를 발견하려 했다. 과학은 세상의 모든 것을 설명해주는 공통의 원리를 발견하려는 갈망 없이는 이만큼 발전하지 못했을 것이다.

서양에서 학문이라는 것이 조금씩 형태를 갖추기 시작하던 고대 그리스에서도 단 하나의 원리를 발견하려는 갈망이 있었다. 보통 학문의 아버지라고 불리는 사람은 탈레스이다. 탈레스는 세상의 모든 것을 이루는 근본적인 물질이 물이라고 주장했다. 다른 사람들이 다양한 신적 존재를 바탕으로 여러 현상을 설명하려고 할 때, 탈레스는 물이라는 단일한 원리를 통해 세상을 설명하려 했다. 예를 들어서, 다른 사람들이 번개를 제우스 신과, 태양을 아폴론 신과 연결해서 설명했다면, 탈레스는 그 모든 것들 속에 들어 있는 공통의 원리가 물이라고 주장했다.

탈레스 이후에도 수많은 사람이 만물을 관장하는 공통의 원리를 발견하려 했다. 누구는 그게 공기라고 주장했고, 누구는 불, 물, 흙, 바람 네 가지 기본 원소가 모여서 세상을 이룬다고 주장했다. 누구는 이성이라는 원리가 세상을 관장한다고 주장하기도 했다. 모든 것은 변하지 않는 단 하나의 원리에 의해서 나타나는 현상이라고 말하는 사람도 있었으며, 모든 것이 변화한다는 것만이 세상의 근원적인 원리라고 주장하는 사람도 있었다.

이런 다양한 의견 중에서도 과학을 믿는 현대인의 생각과 가장 유사한 것은 데모크리토스의 원자론이다. 데모크리토스에 관해 알려진 건 많지 않지만, 그가 이 세상의 모든 것이 원자와 공허로 이루어져 있다고 주장했다는 것은 널리 알려져 있다. 그가 생각한 원자는 영원히 불변하고 분할될 수 없으며 모양을 변형시킬 수 없는 최소 입자이다. 그는 불, 물, 흙, 바람, 생명, 나무 등등 모든 것이 다 원자로 이뤄져 있다고 생각했다. 겉으로 보기에는 다 제각기 특성이 달라 보이지만, 그 안을 가장 작은 세계까지 들여다보면 모든 것이 다 원자의 움직임에 불과하다는 것이다.

그런데 만약 세상이 아무런 여유 공간 없이 원자로 가득

차 있다면 어떤 변화도 일어날 수 없을 것이다. 바람이 불고, 화산이 폭발하고, 식물이 자라고, 사람이 먹을 것을 소화하는 등 모든 자연현상은 데모크리토스의 생각에 따르면 모두 원자의 움직임에 의해서 일어난다. 그런데 세상에 원자가 빽빽하게 가득 들어차 있다면, 아무런 원자도 움직일 수 없을 것이고, 이런 자연의 변화도 일어날 수 없을 것이다.

이런 생각에서 데모크리토스는 세상에는 원자뿐만 아니라 공허도 존재한다고 주장했다. 그가 말한 공허는 지금의 공간 개념과 상당히 유사하다. 공허는 아무것도 없이 텅 빈 것이지만, 그렇다고 해서 정말로 아무것도 아닌 것은 아니다. 아무것도 아닌 것은 말 그대로 아무것도 아니기 때문에 존재하지도 않을 것이다. 공허는 아무것도 아닌 게 아니라 원자가 움직일 수 있는 여유 공간으로서 존재하는 무언가이다. 데모크리토스에 따르면 원자는 이 공허를 무대로 삼아 움직이며 이 세상의 모든 현상을 만들어낸다.

예를 들어서, 시체는 다시 원자들로 분해되어서 흙으로 돌아간 후 토양을 이루거나 또 다른 생명의 일부가 된다. 또한 인간의 영혼 역시 특수한 원자들로 이뤄져 있어서, 사람이 죽고 나면 뿔뿔이 분해되었다가 다른 사람이 생겨날 때 그 사람의 영혼을 구성하는 일부가 된다. 이렇듯 데모크리토스는 눈에 보이는 어떤 것도 영원불변하는 게 아니고 오직 원자들의 집합으로 생겨나는 것이라 주장했으며, 심지어 인간의 영혼마저도 영원한

게 아니라 잠시 영혼 원자들이 모여서 생겨난 일시적인 구성물에 불과하다고 주장했다. 그가 생각하기에 영원불변하게 존재하는 원리는 오직 원자와 공허뿐이었다. 이 단일한 원리에 기초해서 세상의 모든 것이 설명된다는 것이다.

이런 데모크리토스의 생각은 상당히 차갑게 느껴지기도 한다. 우리에게 의미가 있어 보이는 모든 현상이 그 가장 깊숙한 원리까지 들어가면 사실 원자들의 움직임에 불과할 것이기 때문이다. 사람들 간의 사랑도, 온기도, 선한 마음도, 열정도 모두 그저 원자들이 어떻게 움직이느냐에 따라 일시적으로 나타나는 결과물에 불과하다고 생각하면, 이런 것들이 정말로 가치 있는 것인지 의심이 들기도 한다.

하지만 이런 생각은 기본적으로 현대의 과학이 지지하는 견해이기도 하다. 현대의 많은 과학자가 인간의 모든 활동과 정신은 그저 물질적인 움직임에 의해서 생겨나는 현상이라고 생각한다. 이렇게 보면, 모든 것을 설명해주는 단 하나의 원리를 알아내는 것이 반드시 인간을 더 큰 행복과 풍부한 인생의 의미로 이끌어주지는 않는 것 같다.

예술을 국가로부터 추방하려 했던 철학자

—— 플라톤

Plato, 기원전 428?~347?

소크라테스의 제자이며, 그 유명한 이데아론의 주창자이다. 영국의 현대 철학자 화이트헤드가 "서양철학은 플라톤에 대한 각주에 불과하다."라고 말했을 정도로 서양 사상사에 미친 영향이 절대적이다.

"현실이란 이데아의 불완전한 모방이다."

예술은 그 존재 자체만으로 독자적인 의미를 갖기도 하지만, 사회 안에서 비로소 의미를 획득하는 것이기도 하다. BTS의 〈Dynamite〉라는 노래는 그 노래의 소리 그 자체로 의미를 갖기도 하지만, 그것이 대한민국 가수의 노래라는 것, 미국의 빌보드 차트에서 1위를 했다는 것, 정치권에서는 그 공로로 아이돌 가수의 군 면제 방안까지 언급되었었다는 것 등 사회적인 사실과의 연관 안에서 의미를 획득하기도 한다. 사실 예술을 사회와 동떨어뜨려 놓고 본다는 것은 거의 불가능한 일이다. 아주 오래전부터 사람들은 예술을 사회와 연관시켜 왔다.

고대 그리스의 철학자 플라톤 역시 예술을 무엇보다도 사회와의 연관 속에서 바라보았다. 흥미로운 사실은 그가 예술을 사회로부터 추방해야 한다고 주장했다는 점이다. 누구나 자유롭게 다양한 종류의 예술을 향유하는 현대사회의 관점에서는 잘 이해가 되지 않는 주장이다. 물론 현대사회에서도 어떤 예술은 받아들여지지 않는다. 가령 지나치게 퇴폐적이거나 비도덕적인 예술이 그렇다. 그러나 극단적인 경우를 제외한다면 무슨 예술을 창작하고 어떤 예술을 향유하는지는 전적으로 개인의 자유에 달려 있으며 사회는 그것을 통제할 권리가 없다는 것이 이 시대의 표준적인 생각이다. 심지어 고대 그리스인도 예술에는 상당히 관대한 편이었다. 그들은 다양한 내용과 형태의 예술을 자유롭게 즐겼다. 그렇다면 플라톤은 도대체 무슨 근거로 당대 사람들이나 지금 사람들이나 잘 납득하지 않을 주장을 한 것일까?

먼저 플라톤의 그 유명한 '이데아론'을 간략하게나마 이해할 필요가 있다. 플라톤은 이데아라는 것이 존재한다고 주장했다. 이데아는 보고 느끼고 만질 수 있는 것들 너머에 존재하는 이념을 가리킨다. 현실 세계에서는 모든 사물이 완벽하지 않다. 이 세상에 완벽한 원은 없다. 아무리 동그란 물건이라도 완벽한 원은 아니다. 그런데도 우리는 진정한 원이 존재한다고 생각한다. 진정한 원이 존재하지 않는다면 수학 시간에 풀었던 원 관련 문제들은 다 무엇이며 원과 관련된 수학적 원리를 응용한 과학기술은 다 무엇이란 말인가? 이렇게 우리가 원이 존재한다고 생각할 때, 현실에는 없지만 어딘가에 분명 존재한다고 생각되는 그 진정한 원이 바로 원의 이데아이다. 원의 이데아는 이념적인 세계에 존재하면서 현실의 불완전한 원들의 모범이 된다.

플라톤이 생각한 이데아의 세계는 고정불변하는 진리로 가득 채워진 세계이다. 비록 현실에서는 모든 것이 완전하지 않고 시시때때로 변화하지만, 현실 세계의 모범이 되는 이데아의 세계는 변화하지 않으며 완벽하다. 플라톤은 이성을 통해 그 이데아의 세계를 인식해 그곳에서 진정한 진리, 이를테면 불변하는 과학 법칙이나 이상적인 삶의 원칙을 찾을 수 있다고 생각했다. 이런 이론적인 배경을 염두에 두고 플라톤이 왜 예술을 사회로부터 추방해야 한다고 주장했는지 살펴보자.

첫째, 예술은 현실에 비해서 열등하다. 플라톤에게 있어서 현실이란 이데아의 불완전한 모방이다. 그런데 심지어 예술은 그 현실을 다시 모방해 또 다른 세계를 창조한 것이다. 따라서 예술의 세계는 이데아의 세계에서 두 걸음 떨어진, 현실보다도 더욱 열등한 것이다. 현실보다도 더 열등한 것을 받아들이는 것은 이 현실 세계의 격을 낮추는 일이다. 따라서 플라톤이 구상한 이상 국가에서 예술은 추방되어야 한다.

둘째, 예술가는 현실을 제대로 알지 못하면서 현실에 관해 목소리를 내려고 한다. 많은 예술은 중립적이지 않고, 사회에 메시지를 던지려고 한다. 그런데 플라톤이 보기에 예술가가 던지는 메시지는 사회에 이롭기보다는 오히려 해롭다. 그가 보기에 예술가는 지성이 아니라 감각으로 현실을 관찰하기 때문에 현실을 제대로 판단하지 못한다. 플라톤은 감각이 제대로 된 진리로 우리를 인도해주지 않는다고 생각했다.

밤하늘의 두 별을 보며 우리는 곧잘 겉보기에 더 밝은 별이 실제로도 더 밝을 것으로 믿는다. 하지만 실제로는 거리 차이 때문에 더 어두운 별이 더 밝게 보일 수 있다. 이렇듯 감각은 자주 우리를 속인다. 그러므로 지성이 아닌 감성을 바탕으로 현실을 파악하는 예술가는 많은 경우 현실을 제대로 이해하지 못한다. 예컨대 정치적인 메시지를 던지는 영화를 찍는 영화감독은 사실 제대로 된 정치적 판단을 내리고 있지 못할 가능성이 크다. 그러면서도 예술가는 마치 현실 문제 해결에 도움이 되는 대단한 지식을 가진 것처럼 사람들을 속인다. 따라서 예술은 해로우며 이상 국가에서 추방해야 한다.

셋째, 예술은 정신의 열등한 부분을 키운다. 플라톤은 외설스러운 예술을 많이 접하는 사람은 실제로도 정신의 외설스러운 부분이 발달할 것이며, 감상적인 예술을 많이 접하는 사람은 현실 세계의 중대한 문제를 해결할 수 있는 강인함을 잃어버리게 될 것이라고 주장한다. 플라톤에게는 이데아의 세계를 닮은 질서와 이성이 좋은 것이고, 시시때때로 변하는 인간의 감정은 열등한 것이다. 그러므로 인간의 감정적인 측면을 발달시키는 대부분 예술은 플라톤이 구상한 이상 국가에서 추방해야만 했다. 예외적으로 플라톤이 허용하는 예술이 딱 한 가지 있었는데, 그것은 정신의 이성적이고 미덕적인 부분을 찬양하는 예술이었다.

이 시대를 살아가는 예술가에게, 더 나아가 역사 속에 숨쉬었던 모든 예술가에게 플라톤의 이 예술 비판은 심각한 모욕의 언사일 것이다. 나름대로 예술 애호가인 나 역시 이 플라톤의 주장에 마냥 찬성할 수만은 없다. 만약 그의 주장대로 현실 세계가 정말 이데아에서 한 걸음 떨어진 불완전한 세계라면, 이데아적이고 완벽한 능력인 이성뿐만 아니라 현실적이고 불완전한 능력인 감각과 감정도 함께 발휘해야 오히려 이 불완전한 세계에 대한 뜻깊은 통찰에 이를 수 있지 않을까? 바로 예술이 그 통로 역할을 하는 게 아닐까? 또한 우리는 '완벽한 이성과 불완전한 감각'이라는 플라톤의 위계적 구별 자체를 애초에 받아들이지 않을 수도 있다.

하지만 이러한 문제점과 별개로 플라톤에게 배울 점도 분명히 있다. 바로 예술가가 현실 문제에 전하는 메시지를 반드시 신뢰할 이유는 없다는 것이다. 예술가가 현실 참여적인 작품을 제작하는 것은 물론 자유지만, 그렇다고 해서 그들의 작품이 정말로 현실 문제에 대한 객관적인 분석에 기반하고 있는 것은 아닐 수도 있다. 따라서 이성적이고 냉철한 분석이 필요한 경우라면, 예술가의 메시지가 과도한 영향력을 발휘하여 감정의 개입을 지나치게 키우는 일을 경계해야 할 것이다. 무엇보다도 우리는 예술을 이성과 감성이라는 두 가지 경로를 모두 활용해 다양한 관점에서 비판적으로 감상할 수 있는 능력을 키워야 한다.

행복은 절제에 달려 있다

—— 아리스토텔레스

Aristotle, 기원전 384~322

플라톤의 제자. 절대적이고 보편적인 원리를 탐구하는 데 주력한 플라톤과 달리 실용적이고 구체적인 탐구에 관심이 많았다. 과학, 의학, 문학, 정치학 등 광범위한 분야에 큰 영향을 끼친 박학다식한 인간이었다.

"성격이 좋아야 행복하다."

〈아테네 학당〉 부분[플라톤(왼쪽)과 아리스토텔레스(오른쪽)], 라파엘로, 1510~1511.

우리는 취향에 따라 각자 다양한 좋음을 추구한다. 돈, 명예, 권력, 지식, 육체적 쾌락 등이 전통적으로 인기 있는 스테디셀러이고, 요즘에는 정서적 만족, 휴식, 여행, 다양한 경험 등이 새로운 인기 상품으로 주목받는 것 같다. 그런데 이 모든 항목 중에서 어떤 것이 최고로 좋은 것인지 가려낼 수 있을까? 아마 좋음은 주관적이어서 객관적인 우위를 따질 수 없다고 생각하는 사람이 많을 것이다. 그런데 고대 그리스의 철학자 아리스토텔레스는 모든 좋은 것 중에서 단연 가장 좋은 것이 있다고 주장했다. 그게 무엇인지 듣고 나면 너무 당연해서 힘이 빠지겠지만 말이다. 그가 가장 좋은 것으로서 주장한 것은 바로 행복이다.

그의 논리는 이렇다. 사람들은 저마다 좋은 것을 추구하지만, 모든 좋은 것은 결국 행복을 가져다주는 수단으로서 의미가 있다. 즉, 겉보기에 아무리 좋은 것처럼 보여도 우리를 행복으로 이끌어주지 못한다면 그것은 좋은 것이 아니다. 어린 나이에 어마어마한 부와 명예를 누렸던 스타가 사실 오랫동안 전혀 행복하지 않았으며 끝내 자살로 삶을 마감했다면, 그에게 부와 명예는 전혀 좋은 것으로 기능하지 못했다고 말해야 할 것이다. 반대로 겉보기에 아주 좋지 않은 것처럼 보이더라도 우리를 행복으로 이끌어주는 것은 좋은 것이다. 열병이 난 어린아이에게 쓴 약을 먹이면 아이는 좋지 않다고 몸부림칠 것이나, 결과적으로 약의 효험으로 열이 내린다면 그 약은 그 아이에게 좋은 것이었다고 말할 수밖에 없다. 이렇듯 돈, 명예, 부, 권력 등등은 그 자체로 좋은 것이 아니라 행복으로 우리를 곧잘 이끌어주기 때문에 좋은 것으로 널리 받아들여지는 것이다. 만약 이 모든 것을 갖고도 행복하지 않다면 이것들이 정말 좋은 것인지는 의심받을 것이다.

그렇다면 행복이란 과연 무엇일까? 소위 철학자라면 이런 거대한 질문에 책임지고 답변을 내놓아야 마땅해 보인다. 그러나 아리스토텔레스는 행복이 과연 무엇인지에 대해 별다른 답변을 제시하지 않는다. 그보다 그가 집중했던 것은 대체로 사람들이 어떨 때 행복하다고 말하는지, 또 어떤 특징을 가진 사람들이 대개 행복하다고 일컬어지는지를 탐구하는 것이었다.

그런 구체적인 생활 속에서의 탐구 끝에 아리스토텔레스가 내린 결론은 돈, 명예, 권력 등 외부적인 요소는 행복을 결정하는 요소 중 한 부분에 불과하다는 것이다. 물론 그러한 외적인 요소들도 행복을 결정하는 데 매우 중요하다. 그러나 그것만으로는 부족하다.

진정으로 행복한 사람은 내면적인 탁월함까지도 갖추고 있는 사람이다. 그렇다면 무엇이 내면적인 탁월함일까? 아리스토텔레스는 크게 성격적인 부분과 지적인 부분이 있다고 이야기하는데, 여기서 주목할 부분은 성격에 관한 이야기이다.

아리스토텔레스에 따르면 성격이 좋아야 행복하다. 그런데 무엇이 좋은 성격일까? 이에 대해서도 아리스토텔레스는 명확한 정의를 내리지 않는다. 그러나 학문적인 정의가 없어도 우리는 어떤 성격이 좋은 성격인지 대강 안다. 사교적이고, 용기있고, 결단력 있고, 유쾌하고, 진실하고, 지나치게 충동적이지 않고 쩨쩨하지 않은 성격이 좋은 성격이라고 대부분 사람이 생각할 것이다. 이 밖에도 좋은 성격으로 널리 인정받는 여러 특성이 있다. 이런 성격이 좋은 성격이라는 것을 구태여 논리적으로 증명할 필요는 없으며, 그럴 수도 없다. 군이 그런 작업을 하지 않아도 우리는 이런 성격이 좋은 성격이라는 걸 안다. 또한 우리는 위의 여러 특성 중에서 몇 가지가 빠지더라도 종합적으로 보면 충분히 좋은 성격일 수 있음을 잘 안다. 성격을 평가할 때 그 정도의 융통성은 누구나 발휘하기 마련이다.

아리스토텔레스는 좋은 성격을 가져야 행복하다고 말했다. 좋은 성격을 가진 사람은 외적으로 좋은 일을 겪었을 때 그 일에 감사하고 행복해할 줄 알며, 나쁜 일이 닥쳤을 때 그것에 좌절하지 않고 다시 일어날 수 있기 때문이다. 성격이 나쁘면 좋은 일이 생겨도 만족할 줄 모르며, 나쁜 일이 생겼을 때는 주저앉고 만다.

자, 그렇다면 이제 중요한 질문은 어떻게 하면 좋은 성격을 가질 수 있느냐이다. 만약 성격이 완전히 타고나는 것이어서 한번 정해진 성격을 절대 바꿀 수 없다면 이미 나쁜 성격을 가진 사람은 행복해지기가 매우 어려울 것이다. 다행히도 아리스토텔레스의 탐구에 따르면 상황이 그렇게 비관적이지는 않다. 그는 사람의 성격이 상당 부분 삶을 살아가면서 형성된다고 생각했다. 그에 따르면 성격 형성에 결정적으로 중요한 것은 행위이다. 어떤 행위를 자주 하는지에 따라서 성격이 달라진다. 짜증을 자주 내는 사람은 실제로 더 예민한 사람이 된다. 전쟁에서 자주 앞장서서 싸워본 사람은 실제로 용기 있는 사람이 된다. 마치 알파고가 바둑을 많이 둘수록 점점 더 바둑을 잘 두는 프로그램이 되듯이, 사람 역시 평소에 자주 하는 행위가 뇌와 여타 신체 기관에 점차 특정한 패턴을 형성하며 누적되어 그 사람의 성격을 형성한다.

따라서 좋은 성격을 가지려면 좋은 행위를 자주 해야 한다는 결론이 나온다. 그렇다면 이제 마지막 질문은 과연 무엇이 좋은 행위이냐이다. 이에 대해서도 우리의 아리스토텔레스는 명확한 정의를 내리지 않았다. 그러나 그는 어떤 것이 좋은 행위인지를 대략 판단할 수 있는 기준이 하나 있다고 말했다. 그것은 바로 중용이다. 중용은 어느 한쪽으로 치우치지 않고 중간을 지키는 상태를 뜻한다. 잘 생각해보면 대부분 좋은 행위는 중용에 해당한다고 볼 수 있다. 친구의 결혼식에서 축의금을 얼마나 내야 좋은 행위일까? 정답은 너무 많지도, 너무 적지도 않게 중용을 지키는 것이다. 불합리한 명령을 자주 내리는 직장 상사에게 어떻게 처신해야 올바른 것일까? 정답은 지나치게 반항적이지 않게, 그렇다고 지나치게 소심하지도 않게 중간을 지키면서 적절한 대응을 하는 것이다. 이렇게 중간을 지키는 좋은 행위를 자주 하면 자연스럽게 좋은 성격을 지닌 사람이 될 것이고, 외적인 사건에 더 잘 대응할 수 있으며, 결과적으로 자신에게 주어진 것들을 행복으로 연결할 가능성이 커질 것이다.

이런 중용의 기준이 너무 피상적으로 느껴질지도 모른다. '그런 당연한 기준은 지나가는 아이도 세우겠다.'라고 생각할 수도 있다. 그러나 이런 기준을 한 번이라도 생각해보냐 안 해보냐의 차이는 크다. 오늘 당장 어떤 행위를 선택해야 할지 고민되는 순간을 맞닥뜨린다면, 이 중용의 기준을 떠올리면서 결정해보면 어떨까? 많은 경우에 도움이 될 것이다. 그리고 그 순간의 지혜로운 판단과 올바른 행위가 점점 쌓여 내 성격과 삶을 변화시키고, 나중에 가서는 행복을 크게 좌우할지도 모른다.

도덕의 근본은 이성이 아니라 마음에 있다

—— 맹자와 셸러

孟子, 기원전 372~289 / Max Scheler, 1874~1928

맹자: 중국 전국시대 사상가. 공자와 함께 유교의 양대 산맥으로 불린다. 각자가 내면 깊숙이 가진 선한 마음을 잘 끌어내 발전시키는 게 좋은 세상을 만드는 방법이라고 여겼다.

셸러: 독일의 현상학 흐름에 속한 현대의 철학자. 인간의 감정 경험에 관한 연구로 잘 알려져 있다.

"즉각적으로 드는 감정과 마음이 도덕의 기초다."

이제 막 걸음마를 뗀 아이가 자동차가 쌩쌩 달리는 대로에 걸어 들어가는 것을 본다면 무슨 생각이 들까? 어쩌면 질문 자체가 잘못됐을지도 모른다. 그 순간 우리는 생각하는 게 아니라 당장 그 아이를 구하러 뛰어갈 것이다. 물론 '나는 얼른 저 아이를 구하러 가야 한다.'라는 그 순간의 판단을 '생각'이라고 부를 수도 있지만, 사실상 '생각'이라고 말하는 게 민망할 정도로 우리는 거의 반자동적으로 아이를 구하러 뛰쳐나갈 것이다. 또는 만약 내가 당장 아이를 구하기 어려운 상황이라면, 터져 나올 듯이 급박한 감정을 가슴 깊은 곳에서부터 느낄 것이다. 그 상황을 냉철하게 '생각'하기보다는 말이다.

이 이야기는 잘 알려진 맹자의 가르침 중 하나인 측은지심에 관한 일화를 현대적으로 각색한 것이다. 원래 맹자는 우물에 기어들려는 아이에 대해서 말했다. 그 장면을 목격한 사람은 누구나 생각할 겨를도 없이 가슴에서 끓어오르는 강한 마음 때문에 당장 그 아이를 구하러 뛰쳐나갈 것이다. 맹자는 그때 느끼는 그 마음을 측은지심이라고 했다. 그리고 그는 이 측은지심이 인간 사회의 윤리를 지탱하는 근본적인 힘 중 하나라고 생각했다.

윤리의 근본이 '마음'에 있다는 생각은 다른 윤리적인 이론과 비교했을 때 매우 독특하다. 예를 들어서 대표적인 윤리 이론 중 하나인 공리주의는 '최대 다수의 최대 행복'이라는 원칙이 도덕의 가장 근본에 놓여야 한다고 주장한다. 어떤 행위가 윤리적으로 옳은지 그른지는 그 행위가 얼마나 많은 사람에게 얼마큼 큰 행복을 줄 것이냐를 바탕으로 '계산'되어야 한다는 것이다. 예를 들어서, 만약 기차를 운전하는 기관사가 그대로 운전하면 앞에 서 있는 인부 다섯 명을 죽이게 되고, 급하게 방향을 틀면 그쪽에 서 있는 두 명만을 죽이게 된다고 했을 때, 공리주의자는 보통 방향을 트는 게 도덕적으로 옳은 선택이라고 말한다. 다섯 명이 죽는 것보다는 두 명이 죽는 게 더 많은 사람을 더 행복하게 하는 길이기 때문이다. (참고로, 현대의 공리주의 이론은 매우 복잡해서 이렇게 단순하게 계산이 이뤄지지는 않는다. 이론에 따라서 계산 방법이 다르기에, 그냥 그대로 운전해서 다섯 명을 죽이는 게 더 옳다고 결론이 나올 수도 있다.) 어쨌든 크게 보자면, 공리주의에는 행복을 계산하려는 사고가 도덕의 근본에 놓여 있다.

공리주의만큼이나 널리 알려진 의무론도 생각을 매우 중시한다. 의무론자는 이성적인 생각으로써 알아낸 보편적인 법칙에 따라서 행동하는 데 도덕의 근본이 있다고 생각한다. 예를 들어서, (약간 극단적인 경우를 말하자면) 어떤 의무론자는 살인범에게 쫓기는 친구가 내 집에 잠깐 숨어 있는 동안 살인범이 초인종을 누르고 친구가 어디 있느냐고 물을 때, 사실대로 말하는 것이 도덕적으로 옳다고 주장한다. 왜냐하면 거짓말을 하면 안 된다는 법칙은 보편적인 도덕법칙이기 때문이다. 의무론자는 내게 어떤 마음이 드느냐보다는 도덕법칙을 지키려는 의지가 도덕의 핵심이라고 생각한다.

위의 두 견해와 비교했을 때 즉각적으로 드는 감정과 마음을 도덕의 기초로 삼는 맹자의 견해는 독특하다고 볼 수 있다. 맹자는 무엇보다도 인간이라면 누구나 가진 근본적인 선한 마음을 잘 알아채고 그것을 발전시키는 것이 도덕에서 가장 중요하다고 생각했다. 이성적인 생각을 통해서 이게 옳다 저게 옳다 가려내는 것보다도 위험에 빠진 아이를 봤을 때 드는 그 강렬한 마음의 힘을 잘 눈치채고 그 마음이 인도하는 방향으로 자신과 사회를 발전시키는 게 중요하다고 여겼다.

서구권에서도 맹자와 매우 비슷한 생각을 가졌던 사람들이 있었다. 그중 셸러는 도덕과 관련해서 이성적인 생각은 근본적인 한계를 갖는다고 생각했다. 셸러가 생각하기에 윤리적인 가치는 생각이 아니라 감정을 통해서 직접적으로 알려진다. 예를 들어서 누군가를 사랑하는 마음을 느낄 때, 그건 단순히 내주관적인 감정에 불과한 것이 아니다. 사랑의 감정은 사랑의 대상 속에 놓여 있는 가치를 우리가 직접적으로 알아챌 수 있게 해 준다.

차도에 걸어 들어가려는 아이의 예시와 연결해서 생각해 보면 셸러의 생각을 조금 더 명확히 이해할 수 있다. 우리는 위험에 처한 아이를 볼 때 즉각적으로 강렬한 감정을 느낀다. 그 감정은 우리를 당장 행동하도록 할 뿐만 아니라 어떤 직접적인 윤리적 가치를 발견하고 이해하도록 한다. 예를 들어서 우리는 그 강렬한 감정을 통해 이전까지 알지 못했던 아이라는 존재의 소중함을 발견할 수도 있다. 또한 만약 부모가 충분히 주의를 기울이지 않아서 그런 위험한 상황이 발생한 것이라면, 그때 드는 화남의 감정을 통해 아이를 그렇게 내버려 둔 부모의 문제성을 발견하게 될 것이다.

셸러의 생각은 그 아이 안에 놓인 소중함이라는 가치와 그 아이를 방치한 부모 안에 놓인 부정적인 가치는 무엇보다도 그 위험의 순간에 우리가 느낀 급박한 감정을 통해서 알려지게 된다는 것이다. 마치 실험실에서 실험하듯 '이게 옳을까 저게 옳을까? 무엇이 가치가 있고 무엇이 문제가 있을까?'를 생각해서 그런 가치들이 발견되는 게 아니라, 급박한 감정을 통해서 그 가치들이 직접적으로 밝게 드러난다는 것이다. 그리고 셸러는 바로 그렇게 감정을 통해 발견하는 가치가 비로소 윤리에 관해 제대로 생각할 수 있도록 만들어준다고 주장했다.

과연 감정 없이도 이성적인 생각을 통해 무엇이 옳은지 그른지 가려내는 게 가능할까? 몇몇 철학자는 그럴 수 있다고 생각했던 것 같다. 예를 들어서 몇몇 의무론자는 거짓말을 하지 말아야 한다는 도덕법칙은 그 어떤 사사로운 감정에서도 자유로운 절대적으로 이성적인 법칙이라고 생각했다.

하지만 맹자나 셸러의 생각을 통해 이 문제를 바라보면, 우리는 무엇보다도 우선 감정을 통해 가치를 발견하며 그렇게 발견한 가치를 통해 비로소 무엇을 지켜야 하고 무엇을 소중히 해야 하고 무엇을 배격해야 하는지를 생각할 수 있다. 어떤 행동이 최대 다수의 최대 행복을 주는지를 계산하려는 공리주의적인 생각이나 보편적인 의무를 통해 도덕을 설명하는 의무론이나, 근본적으로는 모두 감정과 마음을 통해 직접적으로 전달되는 가치들 위에 세워질 수 있다는 게 셸러의 생각이다. 아마 맹자도 현대 철학을 알았다면 비슷한 주장을 했을 것이다.

우리의 마음은 때로 이성보다 많은 것을 알려준다.

고양이에게도 예술작품은 아름다울까

—— 엠피리쿠스

Sextus Empiricus, ?~?

알렉산드리아, 로마, 아테네 등을 돌아다니며 살았다고 알려진 고대의 의사이자 철학자. 고대의 회의주의 사상에 큰 영향을 끼쳤다.

"완벽하게 증명할 수 있는 절대적이고 이상적인 지식은 없다."

살다 보면 모든 것에 의심이 들 때가 있다. 내가 들고 있는 물병이 과연 정말로 존재할까? 이 세상은 사실 거인의 장난감이고 우리는 어항 속의 물고기가 아닐까? 삶에는 의미가 있는가? 이런 의문들이 떠오르다가도 도저히 답을 찾을 방법이 없어서 그냥 묻어두고 살아가게 되는 경험을 이따금 하게 된다. 바쁜 일상과 현실적인 문제들, 돈벌이, 과제, 살림살이 등에 시달리다 보면 이런 쓸데없는 생각을 할 틈조차 나지 않기도 하지만, 어쨌든 살면서 단 몇 번이라도 이 세상의 모든 것이 허구가 아닐까 의심이 든 적이 있을 것이다.

　철학에서는 의심을 중심으로 삼는 사고방식을 회의주의라고 한다. 물론 회의주의는 일상에서도 많이 사용하는 말이다. 일상에서 회의주의는 주로 모든 것을 의심하려는 경향이나 어떤 일이 잘 이루어질지 미심쩍어하는 성격을 가리킨다. 철학에서의 회의주의는 조금 더 근본적인 차원에서 무언가를 심각하게 의심하는 사고방식을 가리킨다. 그중에서도 가장 극단적인 회의주의는 이 세상의 그 어떤 것에 대해서도 우리는 결코 확정적인 판단에 이를 수 없다고 말한다. 다시 말해, 우리가 살면서 얻는 모든 지식은 그것이 아무리 확실한 것처럼 보여도 잘 따져보면 불확실한 지식에 불과하다는 것이다.

역사적으로 보면 이런 식의 극단적인 회의주의를 주장했던 초창기의 인물 중 한 명으로 섹스투스 엠피리쿠스가 있다. 엠피리쿠스는 고대 그리스의 의사이자 철학자였던 사람으로, 그 이름부터가 회의주의와 아주 잘 어울린다. 영어에서 경험과 관련된 것을 'empirical'이라고 하지 않던가. 엠피리쿠스는 경험을 통해서 얻은 상대적인 지식을 중시하는 사람이었다. 그는 완벽하게 증명할 수 있는 절대적이고 이상적인 지식의 존재를 믿지 않았다. 그는 그 어떤 지식도 막상 그것을 이론적으로 제대로 증명하려고 하면 실패할 수밖에 없다고 주장했다.

한 가지 독특한 점은, 엠피리쿠스는 회의주의의 중요한 목표를 마음의 평안과 감정의 순화라고 생각했다는 점이다. 보통 회의주의자가 까탈스럽고 세상에 만족하지 못하는 이미지를 가진 것과는 정반대로, 엠피리쿠스는 회의주의가 우리의 마음을 안정시키고 세상의 혼란에 의연한 자세를 갖게 해준다고 주장했다. 생각해보면 그럴듯하다. 만약 세상에 확실한 진리 따위는 없다고 생각하면, 어떤 하나의 사상이나 주장에 집착할 필요도 없고, 안 좋은 일이 생긴다 해도 그게 반드시 나쁘지만은 않을 수도 있다고 생각하며 넘길 수 있기 때문이다. 물론 회의주를 허무주의로 여겨서, 세상에 아무것도 확실한 게 없으니 살아갈 이유도 없고 삶에 아무런 의미도 없다고 생각할 수도 있다. 그렇게 되면 회의주의는 도리어 마음의 병으로 이어질 것이다. 하지만 그렇지 않고 회의주의를 조금 더 긍정적인 방향으로 해석하면, 마음속에 안 좋은 생각이 들 때 '꼭 그렇게 생각해야 할 최종적인 근거 같은 건 없다.'라고 생각하면서 심리적 악순환에서 빠져나오는 계기가 될 수도 있다. 우리가 회의주의에 갖는 일반적인 느낌과는 다르게, 회의주의는 마치 불교의 중도처럼 극단적인 치우침을 피하면서 마음의 평안으로 이르는 다리 역할을 할 수도 있는 것이다.

엠피리쿠스는 세상에 확실한 지식은 아무것도 없다는 주장에 공을 들여 많은 근거를 제시했다. 한번 그가 어떤 근거를 들었는지 몇 가지만 살펴보자.

1. 각 생물은 세상을 서로 다르게 지각한다. 예를 들어서 개와 인간은 똑같은 사과를 각기 다른 색깔로 본다. 그렇다면 사과가 빨갛다는 것은 고작 인간에게나 유효한 지식이지, 결코 절대적인 지식이 아니지 않겠는가?

2. 각 사람마다 세상에 대해 내리는 판단이 다르다. 같은 연필을 보고도 누구는 길다고 판단하고, 누구는 짧다고 판단할 수 있다. 그렇다면 연필이 긴지 짧은지에 대해서 결코 확실한 지식이 있다고 말할 수 없다.

3. 같은 사람이라도 상태에 따라서 다른 판단을 내린다. 잠들었을 때, 병에 걸렸을 때, 술에 취했을 때, 맑은 정신일 때 등등, 인간은 자신이 처한 상태에 따라 똑같은 것을 보고도 다르게 느끼고 다르게 판단한다. 그 여러 판단 중에서 무엇이 정말로 옳은 것인지 어떻게 가려낼 수 있겠는가?

4. 집단마다, 또 사람마다 다양한 문화와 관습, 법체계, 종교 등을 갖고 있다. 그것들은 모두 각각 다른 판단 기준을 내놓는데, 그중에서 어떤 것을 선택해서 판단을 내려야 정말로 옳은지를 결정하는 것은 불가능하다.

아무래도 엠피리쿠스가 2천 년도 더 전의 인물이다 보니 주장들이 조금은 투박하게 느껴진다. 그래도 이 각각의 주장들을 곰곰이 생각해보면 꽤 설득력이 있는 것 같기도 하다. 또한 이 중에서 몇 개는 현재도 회의주의자들이 많이 사용하는 논리와 일맥상통한다. 특히 두 번째나 네 번째 주장은 지금 이 시대에도 정말로 많은 사람이 지지하는 견해이다. "사람마다 다를 수 있지." 혹은 "문화권마다 다를 수 있지."라는 주장은 절대적인 기준에서 무언가를 판단하는 것에 반대하는 사람들이 전형적으로 사용하는 논리이다. 물론 과학이 모든 다른 학문 위에 군림하는 이 시대에는 과학적인 지식에까지 이런 논리를 들이미는 사람은 극히 드물다. 예를 들어서 산소는 수소보다 무겁다는 과학적 지식에 대고 "그건 사람마다 다르지. 나한테는 수소가 더 무거운데?"라고 말하는 사람은 없을 것이다. 반면 윤리적인 문제나 가치의 문제에는 사람마다, 문화마다 기준이 다를 수 있다는 논리를 바탕으로 절대적인 판단에 이를 수 없다고 주장하는 사람이 많이 있다.

개인적으로는 어려서부터 첫 번째 주장과 관련된 상상을 많이 하곤 했다. 고양이가 보기에도 미켈란젤로의 피에타는 아름다울까? 지구상의 생명체와는 전혀 다른 신체 구조를 가진 외계인도 '1 + 1 = 2'라는 데 동의할까? 천국에 사는 천사에게도 성냥팔이 소녀 이야기는 슬플까? 이런 질문들은 지나치게 판타지적이어서 우리의 일상에 그다지 유의미한 영향을 끼치지 못할지도 모른다. 그러나 어쩐지 이런 생각들을 할 때면 내가 평소에 품는 집착이나 주변 상황에 대한 평가가 '꼭 그래야만 하는 것은 아닌 것'으로 느껴지곤 하며, 마음에 오묘한 평안함이 찾아들곤 한다.

원효대사 해골물의 진짜 의미

—— 원효

元曉, 617~686

삼국시대 신라의 승려. 해골물 이야기로 유명하며, 철학적으로 가장 깊은 사상을 펼친 한국 승려로 평가받는다.

"진정한 진리는 참과 거짓 양쪽 중 그 어느 쪽으로도 치우쳐져 있지 않다."

일본 교토 고산사의 원효 진영

'원효대사 해골물'은 정말 널리 알려진 일화이다. 신라시대 스님 원효가 중국으로 유학을 떠나던 길에 밤에 잠잘 곳이 없어 급히 동굴에 들어가 단잠을 청했는데, 중간에 잠이 깨어 목이 타는 갈증에 주변을 더듬다 물이 담긴 바가지를 발견하여 그 물을 벌컥벌컥 들이켰다. 물의 맛이 참 달고 좋았다고 한다. 그런데 다음 날 일어나 보니 그 바가지는 사람의 해골바가지였고 거기 담긴 물은 썩은 물이었다. 이 충격적인 사실을 알고 원효는 구역질을 참지 못했다. 그런데 한번 생각해보니, 해골바가지에 담긴 물은 변한 것이 없이 어젯밤부터 그대로였다. 다만 어제는 그것을 달다고 느꼈다가 오늘은 구역질하게 된 것은 오로지 변화한 마음 때문이었다. 이 일을 계기로 원효는 사람 마음에 따라 세상만사가 달라진다는 중요한 깨달음을 얻게 되었다고 한다.

보통 원효에 대해 알려진 바는 딱 여기까지이다. 하지만 이 일화는 사실 원효가 발전시켰던 전체적인 철학과 연결해서 해석할 때 비로소 더 큰 울림을 준다. 원효의 철학은 단순히 세상살이 마음가짐에 도움을 주는 교훈적인 일화를 넘어선다. 원효는 동아시아 불교의 전통 안에서 이 세상의 근본적인 구조가 어떻게 이루어져 있는지를 설명하려고 시도했다.

원효의 사상에서 핵심적인 부분 중 하나는 '논리학 부수기'이다. 흔히 우리는 무슨 주장을 할 때 그 주장에 논리가 있어야 한다고 생각한다. 논리가 없다면, 혹은 논리가 있긴 한데 그 논리가 이상하다면 그 주장은 가치가 낮거나 소용없는 주장이 된다. 그런데 어떤 주장에 논리가 있고 그 논리가 좋다는 건 무슨 뜻일까? 어떤 조건을 충족시켜야 좋은 논리가 될까?

이런 질문들에 대답을 내놓는 학문이 논리학이다. 논리학에는 여러 법칙이 있다. 예를 들어서 참인 문장이 거짓일 수는 없다는 법칙을 모순율이라고 한다. "철수는 학원에 간다."라는 문장이 참이라고 해보자. 그러면 당연히 그 문장이 거짓일 수는 없다. 너무나 당연한 이야기가 아닌가? 그런데 내놓으려는 주장이 복잡해지다 보면 심심치 않게 이런 간단한 논리학적 법칙도 지키지 않는 실수를 범하게 된다. 주장의 앞부분에서는 분명히 "철수는 학원에 간다."라고 말해놓고, 뒷부분에 가면 갑자기 "철수는 학원에 가지 않는다."라고 말하는 자신을 발견하는 것이다. 이런 것은 명백히 실수이고, 따라서 교정해야 한다. 이런 실수를 범하지 않도록 논리학의 법칙을 잘 배우고 연습하는 사람은 그렇지 않은 사람보다 자신이 하는 주장의 논리를 더 튼

튼하게 만들 수 있다.

　논리학을 배운다는 것은 어떤 논리 법칙이 있는지를 배우고, 그 법칙들에 잘 따라서 자신의 주장을 펼치는 것을 연습하는 것을 뜻한다. 그런데 놀랍게도 원효는 논리학 자체를, 그러니까 논리학의 가장 기본적인 법칙들까지 깨부수려고 시도했다. 원효의 중요한 문장을 하나 살펴보자.

　　"非中而離邊 중간이 아니면서 양변을 여의었다."

　　　　　　　　　　　　　　　　　　　　　　—『금강삼매경론』중

　알쏭달쏭한 이 말은 논리학의 관점에서 보면 상당히 파격적인 주장이다. 논리학은 참과 거짓으로 세상을 파악하는 체계이다. 즉, 논리학의 관점에서 진리와 관련된 모든 문장은 참 아니면 거짓이어야 한다. 예를 들어서 "지구는 태양보다 작다."라는 문장은 참이며, "달은 지구보다 크다."라는 문장은 거짓이다.

　그런데 원효는 "양변을 여의었다."라는 말을 통해서 진정한 진리는 참과 거짓 양쪽 중 그 어느 쪽으로도 치우쳐져 있지 않다고 말한다. 가령 "지구는 태양보다 작다."라는 문장도 무엇을 지구라고 정의하느냐에 따라, 무엇을 태양이라고 정의하느냐에 따라, 무엇을 작다고 생각하느냐에 따라 참인지 거짓인지가 달라질 수 있다. 물론, 그렇다고 해서 지구가 태양보다 작다는 과학적 지식을 애써 거부할 필요는 없다. 단지 원효의 아이디어는 "지구는 태양보다 작다."라는 말 안에 영원히 변하지 않는 절대적 진리가 들어 있다고 믿고 거기에 집착할 필요가 없다는 것이다.

과연 '지구'를 정말 지구로 만들어주는 절대적인 본성 같은 게 있을까? 죽었다 깨어나도 지구가 지금 우리가 사는 이 행성을 가리켜야 한다는 그런 절대적인 명령 같은 게 이 세상 어디에 있을까? 사실 그런 건 없다. 그런데도 우리는 전통에 따라 우리가 살고 있는 이 행성을 '지구'라고 부르며, 이 행성이 아니면 진정한 지구는 세상 어디에도 없다고 생각한다. 그렇게 고정적인 사고방식을 암묵적으로 갖고 있으므로 우리는 "지구는 태양보다 작다."라는 문장이 절대적으로 참인 문장이라고 믿게 된다. 그러면서 거기에 집착한다. 그러다 보면 자연스레 누가 맞고 누가 틀리는지를 두고 서로 싸우게 된다. 사실 양쪽의 주장 모두에 절대적인 진리가 들어 있지는 않은데 말이다.

원효의 생각에 따르면 진정한 진리는 참 또는 거짓이라고 고정적으로 정해놓은 그런 상태 안에 들어 있지 않다. 그보다는 세상의 사태들을 참과 거짓으로 뚜렷이 나눠 파악하고 그 결과를 고정하려는 빳빳한 정신으로부터 자유로워질 때, 비로소 있는 그대로의 세상이 드러난다. 진리는 양변 중 어느 한쪽으로 치우치는 상태 안에 있지 않다.

그런데 여기서 우리는 또다시 잘못된 길로 빠지기 쉽다.

원효

'아하, 그러면 진정한 진리는 참도 거짓도 아니니, 그 중간에 있구나!' 이렇게 믿고 그 중간이라는 것에 또다시 집착하게 되는 것이다. 원효 철학의 핵심은 이 중간에 대한 집착을 다시금 깨부수는 데 있다. "중간이 아니면서 양변을 여의었다."라는 말을 통해 원효는 자칫 '중간'이라는 말을 통해 생겨날 수 있는 또 다른 고정 상태와 집착에서 벗어나야 한다고 말한다.

이제 이런 원효의 철학적 입장을 원효대사 해골물 일화에 다시 한번 적용해서 이야기를 해석해보자. 그러면 또 다른 의미가 드러날 것이다.

나는 생각한다, 고로 존재한다

── 데카르트

Rene Descartes, 1596~1650

프랑스의 철학자로, 근대 계몽주의 사상의 아버지 격으로 평가받는다. 이성을 중시하는 합리주의적 철학을 펼쳐 근대적 학문 발전에 막대한 영향을 끼쳤다.

"나는 반드시 존재해야만 한다."

어렸을 때 엄마한테 자주 듣던 소리가 있었다. "너는 왜 이렇게 만사에 따지고 드니?" 무언가 토론 거리가 나와서 신나게 떠들다 보면 돌아오는 것은 이런 잔소리뿐이었다. 그렇다. 나는 따지는 것을 참 좋아했었고, 지금도 좋아한다. 그리고 엄마는 그걸 싫어하셨고, 지금도 싫어하신다. 엄마가 특히 못마땅해하셨던 것은 사사건건 의심하는 것이었다.

　독실한 기독교인이신 어머니는 어려서부터 교회에 나가라는 말을 많이 하셨다. 물론 순한 아이였던 나는 교회에 아주 성실히 나갔다. 교회에서 악기 연주와 노래까지 도맡아서 할 정도였다. 그런데 그렇게 열심히 교회에 나가고 매주 말씀을 듣고 성경을 읽어도 엄마만큼의 믿음은 갖지 못했다. 성경에 나오는 모든 말씀을 그대로 믿는 것은 나로서는 불가능한 일이었다. 예수님께서 빵 다섯 개와 생선 두 마리로 수천 명을 먹이신 일이나, 모세와 이스라엘 백성이 광야에서 추위에 떨 때 하늘에서 불기둥이 내려와 몸을 녹여주었다는 일 등을 곧이곧대로 믿는 것은 어렸을 때부터 불가능했다. 신기하게도 엄마는 그것들을 전부 믿으셨다. 그리고 내가 그 일화들에서 논리적으로 말이 안 되는 부분을 끄집어내어 따질 때마다 "그렇게 따지면 안 된다."라고 말씀하셨다.

　한때는 이 "그렇게 따지면 안 된다."라는 생각이 사회의 표준적인 생각이었을 때가 있었다. 서양의 중세 시대에는 많은 사람이 종교에 절대적인 믿음을 갖고 있었으며, 교회의 말이 곧 법이자 진리였다. 그런데 시간이 지날수록 교회가 말하는 진리를 의심하는 사람들이 생겨났다. 아마 그때 사람 중에도 성경에서 말하는 놀라운 기적들을 그대로 믿기 힘들어하는 이들이 있었을 것이다. 그때도 그렇게 교회의 말을 의심하는 사람들은 "너는 왜 이렇게 만사에 따지고 드니?"와 비슷한 소리를 들었을 것이다. 그러나 머릿속에 한번 심어진 의심은 쉽게 뿌리뽑힐 수 없는 법이다. 의심하는 사람들은 겉으로는 교회의 질서에 순응하는 척하면서도 마음속으로는 의심의 크기를 점점 키워갔다. 그리고 점점 더 많은 사람 속에 의심이 눈에 띄는 크기로 자라났을 때, 서구 사회는 믿음의 시대였던 중세에서 벗어나 합리성과 과학의 시대인 근대로 이행하게 되었다.

　"나는 생각한다. 고로 존재한다."라는 말은 아주 유명한 철학 경구 중 하나이다. 이 말을 한 프랑스의 철학자이자 수학자 데카르트는 중세가 끝나고 근대가 시작되는 시기에 살았던 인물이다. 데카르트는 점점 더 많은 사람이 마음속에 품기 시작했던 의심의 몸집을 가장 극단적인 크기로까지 키웠던 사람이다. 그리고 그 엄청나게 거대해진 의심의 끝에서 제대로 된 근대성의 토대가 세워지게 된다.

데카르트는 아주 철저한 사람이었다. 보통 우리는 어떤 계획이나 아이디어 하나를 마음속에 품어도, 그것을 그렇게 철저하게 관철하면서 체계적으로 끝까지 밀어붙이지는 못한다. 그런데 데카르트는 한다면 하는 사람이었다. 한번 의심이라는 키워드를 마음속에 품은 순간, 그는 제대로 의심하기 시작했다. 그는 그냥 느슨하게 이것을 의심했다가 저것을 의심했다가 하는 것은 제대로 된 의심이 아니라고 생각했다. 그는 이왕 의심하는 것이라면 정말로 제대로 하기를 원했다. 그래서 일단 자신이 알고 있는 모든 것을 하나도 빠뜨리지 않고 의심하겠다고 작정한다.

데카르트는 우리가 아는 모든 것을 의심할 수 있다는 근거로 꿈의 가설을 제시한다. 이 모든 게 꿈일 수 있다는 것이다. 사실 지금은 2050년대인데 2020년대라고 꿈을 꾸는 것일 수도 있고, 사실 지금 이 글을 읽고 있지 않은데 읽는 꿈을 꾸는 것일 수도 있다. 그런데 여기서 데카르트는 설령 이 모든 것이 꿈이라고 하더라도 결코 의심할 수 없는 진리가 있다는 것을 알아낸다. 바로 꿈의 기본적인 구성 요소는 암만 이 모든 게 꿈이라고 하더라도 사실일 수밖에 없다는 것이다! 가령 내가 지금 이 글을 읽고 있는 경험이 그저 꿈에 불과할 수는 있지만, 그렇다고 해서 이 책을 구성하는 색깔, 책의 크기, 글자의 수, 종이의 직사각형이라는 도형, 내 손가락의 길이처럼 그 꿈을 구성하는 기본적인 요소들까지 꿈일 수는 없다. 이 기본적인 요소들이 존재하기에 그 기본적인 요소들을 구성 요소로 해서 꿈이 생겨날 수가 있다. 만약 2라는 수가 없다면 내가 빵 두 개를 먹는 꿈은 생겨날 수 없을 것이다. 이렇게 해서 데카르트는 세상의 모든 것이 꿈이라고 해도, 그 꿈 안에서도 존재할 수밖에 없는 진리의 요소들을 발견하게 된다.

그런데 뒤이어 데카르트는 더욱 강력한 의심으로 자신의 이 발견을 스스로 반박한다. 바로 악령이 우리를 속이고 있을 수 있다는 것이다. 그는 사실 그런 기본적인 구성 요소는 아예 존재하지 않거나, 아니면 우리가 인식하는 그런 모습으로는 존재하지 않는데, 어떤 악령이 끊임없이 우리를 속여 그 구성 요소들이 존재한다고 믿거나 아니면 사실과 다른 형태로 존재한다고 믿게 하는 것일 수 있다고 주장한다. 예를 들어서 사실 직사각형 같은 것은 존재하지 않는데 악령이 우리에게 그런 것이 존재한다고 믿도록 하는 것일 수 있다. 또는 사실 2의 진실한 모습은 3인데 악령이 우리를 속여서 2를 3으로 보지 못하고 그저 거짓되게 2로만 보게 하는 것일 수 있다. 여기까지 오면, 정말로 세상의 모든 것은 의심 앞에 무너질 수 있으며, 우리는 결코 확실한 진리에 도달할 수 없는 것처럼 보인다.

여기서 끝났다면 데카르트는 의심만 하다가 죽은 사람이

었을 것이다. 그러나 그는 더욱 생각을 이어 나간 끝에 악령의 가설마저 극복할 수 있는, 아무리 의심하려고 해도 절대로 의심할 수 없는 진리 하나를 찾아내게 된다. 바로 그 의심하는 나, 생각하는 나는 존재한다는 것이다. 만약 이 세상의 모든 것이 진실이 아니라 꿈에 불과하다고 할지라도 꿈을 꾸는 내가 존재해야만 그 꿈이 있을 수 있다. 내가 없다면 누가 꿈을 꾸겠는가? 또한 만약 악령이 우리에게 속임수를 보여주고 있는 것이라고 해도, 악령에게 속임을 당하는 내가 존재해야 한다. 만약 내가 존재하지 않는다면, 누가 악령에게 속아서 이 세상을 거짓되게 경험하겠는가? 꿈을 꾸는 나이건, 악령에게 속임을 당하는 나이건, 어쨌든 이 세상을 경험하고 생각을 이어 나가는 나는 어떤 의심에도 불구하고 반드시 존재해야만 한다. 내가 생각하는 한 내가 존재한다는 사실은 결코 의심할 수 없다. 아니, 물론 의심할 수는 있다. 그런데 그때 그 의심을 수행하는 사람은 분명 존재해야 하지 않는가?

데카르트의 숨겨진 뒷이야기

—— 데카르트

Rene Descartes, 1596~1650

"모든 것을 길이로 파악하라!"

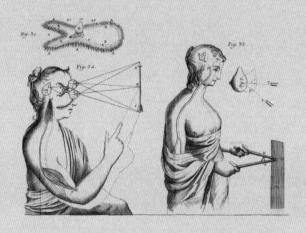

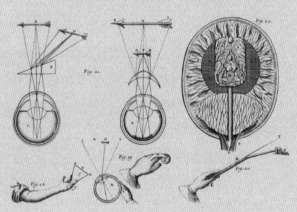

데카르트의 『인간, 태아발생론』(1662)에서

데카르트는 우리가 경험하는 모든 것이 꿈에 불과하거나 악령이 보여주는 환상에 불과할 수 있다고 생각했다. 그래서 그는 절대로 의심할 수 없는 진리를 찾으려 했다. 그 결과 찾아낸 하나의 절대적으로 확실한 명제가 그 유명한 "나는 생각한다. 고로 존재한다."이다. 비록 내가 꿈을 꾸고 있는 것일 수도 있고 환상을 보고 있는 것일 수도 있지만, 그 꿈을 보고 환상을 보는 나는 존재해야 한다.

흔히 알려진 사실은 여기까지다. 그 뒷이야기는 잘 알려지지 않았다. 무수하게 쏟아지는 정보들 속에서는 재밌고 임팩트가 큰 정보만이 살아남기 마련이다. 그러나 때로는 잘 알려진 표면보다 잘 알려지지 않은 안쪽의 실체가 더욱더 중요할 때가 있다. 우리는 여전히 애플 하면 검은 목폴라에 청바지를 입은 스티브 잡스의 프레젠테이션을 떠올리지만, 실제로 애플을 지탱하는 것은 당연히 수많은 직원과 거대한 기업 조직이다. 마찬가지로 "나는 생각한다. 고로 존재한다."라는 표면적인 문장도 물론 중요하지만, 그보다 그 말이 함축하고 있는 비전과 구상이 더욱 중요하다. 실제로 세계에 큰 영향을 미쳤던 것은 바로 그 뒷이야기이다.

데카르트는 지동설 등의 근대적인 과학 이론을 뚝심 있게 주장하다가 교회로부터 가택 연금 처분을 받았던 갈릴레이와 동시대 사람이다. 데카르트가 생각하기에 그가 살았던 17세기에 이르기까지 확실한 지식의 체계가 세워지지 않고 나라마다, 문화마다, 종교마다 서로 다른 지식이 난립하는 형국이 벌어지고 있었던 까닭은 확실한 토대가 없었기 때문이다. 갖가지 지식 체계가 저마다 허약한 토대 위에 세워져 있었던 것이다. 따라서 데카르트는 제대로 된 토대 위에 견고하고 객관적인, 문화나 종교 등에 상관없이 모두가 인정할 수밖에 없는 보편적인 지식의 체계를 세우려고 한다. 객관적이고 보편적인 지식의 체계. 어딘가에서 많이 본 느낌이 들지 않는가? 그렇다. 데카르트의 이 토대주의 기획은 근대과학과 정신을 공유한다. 현재 우리에게 익숙한 과학이라는 지식 체계의 구조는 데카르트에게서 제대로 시작한 것으로 볼 수 있다.

사실 데카르트는 철학자이기도 했지만, 과학자이자 수학자이기도 했다. 그는 자석의 원리를 과학적으로 설명하고자 시도했으며, 수학 시간에 배우는 좌표계를 최초로 창안한 사람이기도 하다. 그런데 이와 비슷한 과학 활동은 데카르트 이전 사람들도 계속해오던 것이었다. 그렇다면 그의 활동은 이전 사람들의 활동과 무엇이 달랐길래 근대과학의 시초 역할을 할 수 있었던 것일까? 데카르트의 과학과 철학이 특별한 이유는 "모든 것을 길이로 파악하라!"라는 모토를 내세웠기 때문이었다. 그가 직접 이 모토를 말하지는 않았지만, 그가 세운 지식의 체계는 분명 이 모토를 따르고 있다. 모든 것을 길이로 파악하라니. 이게 도대체 무슨 소리일까?

길이가 무엇인지를 이해하기 위해 데카르트가 들었던 예시를 하나 살펴보자. 밀랍을 불에 가까이 가져가면 액체가 되면서 빛깔이 변하고 맛과 향기가 날아간다고 한다. 자, 그러면 밀랍은 사라진 것일까? 그렇지 않다. 밀랍은 분명 거기에 그대로 남아 있다. 감각적으로 얻을 수 있는 밀랍의 모든 정보는 달라졌지만, 분명히 밀랍은 거기에 그대로 있다. 이로써 우리는 촉감, 빛깔, 냄새, 맛 같은 것은 밀랍을 이루는 진정한 특성이 아니라 밀랍이 우연히 갖게 된 성질에 불과함을 알 수 있다. 그렇다면 진정한 밀랍은 도대체 무엇으로 설명되어야 할까?

데카르트는 밀랍의 진정한 정체는 거기에 어떤 길이를 차지하고 존재하는 그것이라고 말한다. 아무리 겉모습과 특성들이 바뀌어도 밀랍은 그 자리에 무언가 길이가 있는 사물로서 존재한다. 밀랍이 아무리 변해도 길이를 가진 어떤 것이라는 사실은 절대로 변하지 않으며, 애초에 거기에 길이를 갖고 있었던 무언가는 누가 옮기지 않는 이상 그대로 거기에 있다. 감각이 전달하는 밀랍의 정보는 때때로 변하기에 확실한 진리의 기준이 될 수 없다. 어쩌면 나는 버터를 밀랍이라고 착각할지도 모른다. 그러나 그게 특정한 길이를 가진 사물이라는 것은 절대 변하지 않는다.

생각해보면 세상에 존재하는 모든 사물은 다 길이를 갖는 것 같다. 길이를 갖지 않는 사물은 아무것도 없다. 나의 핸드폰은 가로 7㎝에 세로 15㎝이다. 책상은 약 2m 정도 길이이며, 컵에 담긴 물은 300㎖ 정도 된다. 이보다 더 작은 단위로 들어가면 물 분자의 길이를 재는 것이 가능할 테고, 그보다도 더 작게 들어가면 수소와 산소 원자의 길이, 그보다 더 작게는 양성자, 중성자, 전자의 길이를 재는 게 가능할 것이다. 어, 이거 물리학에서 하는 일이 아닌가? 그렇다. 데카르트는 이렇게 세상 사물들의 기본적인 정체성을 길이로부터 파악해야 한다고 주창한 최초의 사람이었다. 그에게 빛깔, 맛, 냄새 같은 것들은 얼마든지 변할 수 있으므로 한 사물의 정체성을 규정할 수 있는 기준이 못 됐다. 한 사물은 그것이 특정한 길이를 갖는다는 사실을 통해 비로소 제대로 규정될 수 있다. 세상의 사물들에 대한 확실한 지식은 각 사물이 어떤 길이를 갖고 있으며, 얼마만큼의 길이를 운동하는지를 알아냄으로써 얻어진다!

데카르트 이후에 과학이 해야 할 중점적인 일은 세계를 길이의 관점에서 파악하는 것이 된다. 그 일을 위해 중요해진 것이 수학이다. 수많은 사물의 길이를 재고 그것들이 얼마만큼 움직이는지를 계산하려면 수학이 필수적이기 때문이다. 세상을 이렇게 수학적이고 기계적인 관점에서 바라보기 시작하면서 서구 사회에서는 지식이 폭발적으로 늘어난다. 그전까지는 나무를 볼 때 잎의 색, 열매의 냄새 같은 것 정도를 봤다면, 이제는 온갖 수치를 다 측정하고 기록하기 시작한 것이다. 더 나아가 색깔, 냄새 같은 것들도 길이의 차원에서 이해하기 시작했다. 색깔은 빛 파장의 길이로, 냄새는 특정한 길이를 가진 냄새 분자의 운동으로 파악된다. 심지어 나중에 가서는 사회현상들도 통계자료를 바탕으로 일종의 길이를 잴 수 있는 것으로 파악하게 되었으며, 최근에는 인간의 마음마저 뇌 속의 길이를 재서 파악하려는 시도까지 생겨났다.

이렇게 길이를 바탕으로 세상을 이해하려는 경향성의 출발점이 데카르트였다. 확실한 지식을 찾아 헤맸던 그의 노력은 근대과학의 폭발적인 성장으로 이어졌다. 그리고 여전히 우리는 데카르트의 세계관에서 살아간다. 여전히 우리는 수학적으로 길이를 측정한 지식이 다른 지식에 비해 더욱 확실하다고 생각한다. 누구는 이러한 사고방식을 데카르트의 망령이라고도 부른다. 망령이라는 말은 사람들이 수학과 과학을 지나치게 신뢰하는 나머지 세상을 차가운 곳으로 만들어버린다며 데카르트의 영향을 부정적으로 평가하는 이들이 주로 사용하는 말이다. 그러나 긍정과 부정을 떠나서 지금도 우리는 데카르트가 만들어낸 커다란 파장 안에서 살아간다. 이것이 "나는 생각한다. 고로 존재한다."의 이면에 숨겨진 뒷이야기이다.

가장 잘 당하는 사람이
가장 힘 있는 사람이다

── 스피노자

Baruch Spinoza, 1632~1677

네덜란드 출신의 철학자. 본래 유대인이었지만, 유대교 교리를 비판하다가 유대인 사회에서 추방당했다. 그 후 평생을 렌즈 깎는 장인으로 살며 홀로 철학적 활동을 했다. 자연 세계가 곧 신이라고 말하는 범신론으로 잘 알려져 있다.

"이 세상에 존재하는 모든 것은 실제로는 단 하나의 실체다."

BENEDICTUS DE SPINOZA.
IUDEUS ET ATHEISTA.

힘에는 두 가지 종류가 있다. 첫째는 다른 존재에게 나의 의지대로 무언가를 행하는 힘이다. 우리는 다른 존재의 위치나 특성 등을 바꾸거나, 다른 사람이 내가 원하는 대로 행동하도록 할 수 있을 때 힘이 있다고 말한다. 여기 있는 상자를 저쪽까지 옮기거나, 통마늘을 다져서 다진 마늘로 만들거나, 엄마가 아이에게 심부름시켜서 두부를 사 오도록 하는 것은 모두 힘이 있어서 가능한 일이다. 힘이 없으면 내 의지대로 다른 존재의 상태를 바꿀 수 없다.

하지만 힘이 항상 이렇게 내 쪽에서 다른 존재 쪽으로 행사되기만 하는 건 아니다. 내가 다른 존재를 바꾸는 것 이외에, 다른 존재에 의해서 내가 바뀔 수 있는 것 역시 힘이라고 불린다. 따라서 힘의 두 번째 의미는 다른 존재로부터 어떤 영향을 받을 수 있는 상태에 있는 것이다. 예를 들어서, 청력(聽力)은 소리를 듣는 힘을 뜻한다. 소리를 들음으로써 주변의 상황을 인지하고 정보를 이해하고 내 생각을 바꿀 수 있는 능력. 이 능력은 우리 삶에서 결코 사소한 게 아니다. 어쩌면 수십, 수백 명을 부리는 힘을 갖는 것보다 소리를 듣는 힘을 갖는 게 한 인간의 인생에서 더 중요할지도 모른다.

시력, 청력 등의 감각적인 힘 말고도 다른 존재에서 영향을 받는 힘은 아주 다양하다. 공감 능력, 감수성, 이해력 같은 것들은 모두 내 의지를 발휘해서 다른 존재에게 압력을 행사하는 데 중점이 맞춰져 있지 않다. 그보다는 다른 존재로부터 출발해서 내게 오는 것들을 더욱 폭넓고 깊이 있게 받아들이고, 그럼으로써 내 상태를 바꿀 수 있는 능력과 연관된다.

네덜란드 철학자 스피노자는 이런 수동적인 의미의 힘을 매우 중요시했다. 이는 그의 독특한 철학적 견해와 연결된다. 스피노자가 세상을 바라보는 방식은 그 당시 유럽을 기준으로도 그랬고 지금의 시각으로 봐도 그렇고 꽤 이상하다. 스피노자는 세상이 단 하나라고 생각했다. 이 현실 세계만 실제로 있고, 판타지 세계 같은 다른 세계는 허구에 불과하다는 이야기가 아니다. 그보다 스피노자가 말하고자 했던 것은 이 세상에 존재하는 모든 것은 실제로는 단 하나의 실체라는 것이다. 이게 무슨 의미일까?

이렇게 이해하면 좀 쉽다. 창밖에 나무가 있고, 그 위에 새가 앉아 있다고 해보자. 그러면 우리는 자연스럽게 나무와 새라는 서로 다른 생명체가 있다고 생각한다. 이는 분명 사실이다. 나무와 새는 서로 따로따로 살아가는 생명체다. 새는 언제든지 다른 나무로 날아갈 수 있다. 그런데 한번 다른 관점에서 생각해보면, 나무와 새는 각각 모두 이 세상의 하나의 부분이다. 나무도 이 세상 안에 있는 것이고, 새도 결국에는 이 세상을 이루는 하나의 부분이다. 그렇다면, 비록 우리의 사고 체계는 나무와 새를 항상 따로 분리해서 생각하지만, 사실 나무와 새는 이 세계라는 전체를 이루는 한 부분이라고 생각할 수도 있다.

한번 단위를 좁혀서 나무 하나를 기준으로 생각해보자. 나무 안에도 여러 부분이 있다. 뿌리, 줄기, 잎 등등. 그보다 더 작게 들어가면 미세한 조직 하나하나가 있기도 하다. 그런데 우리는 그 부분들이 결국에는 나무라는 전체를 이루고 있다고 생각한다. 관점에 따라 뿌리 따로, 줄기 따로, 잎 따로 다 별개의 존재라고 생각할 수도 있다. 하지만 그 모든 것이 나무라는 전체를 이루는 부분이라고 생각할 수도 있다. 마찬가지로, 이를 확장해서 세계 전체와 각 존재자 사이의 관계에 적용해보면, 나와 다른 사람들, 나무와 새, 컴퓨터와 건물 등은 모두 세계라는 전체의 일부분이라고 생각할 수 있다. 실체는 단 하나뿐이고 세상의 모든 것은 그 하나의 실체가 순간순간 부분적으로 나타나는 모습이라는 것이다.

만약 정말로 스피노자의 말대로 세상의 모든 것이 결국에는 단 하나의 실체라고 한다면, 하나의 존재가 다른 존재에게 힘을 행사하는 것은 전체의 관점에서 보면 결국 자신이 자신에게 힘을 행사하는 것이 된다. 예를 들어서 엄마가 아이에게 심부름시키는 것은 어떤 의미에서는 엄마가 자기 자신에게 심부름을 시키는 것이다. 왜냐하면 엄마와 아이는 결국 하나로 연결되어 있기 때문이다. 말장난을 해보자면, 엄마가 아이에게 심부름시키는 것은 엄마가 엄마에게 심부름시키는 것이고, 아이가 엄마에게 심부름시키는 것이고, 아이가 아이에게 심부름시키는 것이다. 엄마와 아이는 하나이기 때문이다.

스피노자의 생각이 이렇다 보니, 그는 영향을 끼치는 것과 영향을 받는 것 사이의 엄격한 구분을 거부했다. 내가 누군가에게 영향을 준다는 것은 곧 내가 그만큼 영향을 받는다는 것이며, 내가 누군가에게 영향을 받는다는 것은 곧 내가 그만큼 그 사람에게 영향을 주는 것이기도 하다. 스피노자는 이렇게 힘을 양방향적인 관계 안에 놓여 있는 것으로 이해했다.

이는 단지 말장난이나 쓸데없는 공상에 불과한 것이 아니다. 실제 생활에서도 우리는 영향력을 행사함으로써 오히려 역으로 영향을 받는 경험을 자주 한다. 예를 들어서 위험에 처한 사람을 도와주는 것은 내 힘을 통해 다른 사람이 처한 상황을 바꾸는 것이다. 하지만 그 도움으로 인해 변화하는 것은 단지 상대방뿐만 아니라 나이기도 하다. 도움을 주는 과정에서 내 심리와 내 성격과 내 생각 등은 조금이라도 변화를 겪는다. 또한 공감을 통해 다른 사람의 마음을 이해하는 것은 얼핏 보기에 내가 그 사람으로부터 일방적으로 영향을 받는 것처럼 보이지만, 실은 그 공감의 상황을 통해 영향을 받는 것은 상대방이기도 하다.

스피노자는 단지 현실과 동떨어진 문제에 관해서만 이야기한 사람이 아니었다. 그는 정치적인 문제, 즉 사람들이 어떻게 공동체를 이루고 사회가 어떻게 굴러가야 하는지에 대해서도 관심이 많았다. 스피노자에 따르면 성공적인 정치적 결과를 만들기 위해서는 다른 사람들에게 영향을 잘 받는 힘이 필요하다. 다른 사람의 의견을 듣고 자신의 그릇된 생각을 고칠 수 있는 능력, 다른 사람과 토론하면서 이전에는 생각하지 못했던 것을 떠올릴 수 있는 능력 같은 것이 잘 갖춰져 있을수록 좋은 정치적 결정을 내릴 가능성이 커지기 때문이다.

이런 이유에서인지 스피노자는 민주주의를 옹호했고, 각 계층의 사람들이 고루고루 모여서 정치적인 결정을 내려야 한다고 생각했다. 그래야 다양한 목소리를 듣고 거기에 공감하며, 다양한 사람의 주장에 영향을 받아 더 좋은 생각을 발전시킬 수 있기 때문이다. 외부로부터 오는 영향력을 거부하고 나 혼자 고립된 상태로 만들어낼 수 있는 것은 아주 제한적이다. 좋은 생각과 행동은 다른 사람들의 영향력을 잘 흡수하고 발전시킴으로써만 생겨날 수 있다. 이렇게 생각하면, 다른 존재에게 가장 영향을 잘 받는 사람이 역설적으로 가장 힘이 있는 사람이라고 말할 수 있다.

원인이란 과연 무엇일까

—— 흄

David Hume, 1711~1776

영국 스코틀랜드의 철학자. 경험을 중심에 놓고 세상에 대한 지식을 판별해야 한다고 믿는 경험주의의 대표주자다. 영미권의 철학에 많은 영향을 끼친 인물 중 한 명이고, 뒤이어 등장하는 칸트에게도 큰 영향을 미쳤다.

"원인과 결과는 존재하지 않는다."

어느 날 아이들이 바깥에서 야구를 하고 있었다. 그런데 어느 아이가 공을 잘못 쳐서 하필이면 우리 집 창문으로 공이 날아왔다. 그렇게 공에 맞은 창문은 와장창 깨져버리고 말았다. 이때 우리의 일반적인 반응은 (아이들에게 성을 내는 것 말고 철학적인 반응 말이다.) 야구공이 창문에 부딪혔기 '때문에' 창문이 깨졌다고 생각하는 것이다. 한마디로 공이 날아와 창문에 부딪힌 것이 '원인'이고, 창문이 깨진 것이 그 원인의 영향을 받아 생겨난 '결과'이다. 이것보다 더 확실한 사실도 없을 것 같다. 이 너무나도 명백한 원인과 결과의 관계에 누군가 의문을 제기한다면, 사람들은 그의 정신이 온전한지를 의심할 것이다.

그런데 이런 너무나 당연해 보이는 사실에도 의문을 제기한 철학자가 있다. 바로 영국의 철학자 데이비드 흄이다. 흄의 생각을 간단히 스케치해보자면 다음과 같다. 야구공이 날아와 창문이 깨진 사건을 바라볼 때, 반드시 원인과 결과의 관계를 끌어들여서 그 사건을 분석할 이유는 없다. 생각해보면, 이 사건은 그냥 두 가지 사건으로 나눠서 바라볼 수도 있다. 첫째는 야구공이 날아와 창문에 부딪혔다는 것이고, 둘째는 창문이 깨졌다는 것이다. 그 둘 사이를 '원인과 결과의 관계'로 이어주려면, 뭔가 새로운 것이 필요하다. (일상을 살아가는 우리 처지에서는 이 두 사건이 원인과 결과의 관계로 이어져 있다는 게 너무나 당연하게 느껴지지만, 한번 이 기상천외한 철학자의 생각을 이해하기 위해 일상적인 선입견에서 벗어나 조금 더 열린 마음으로 생각해보자.)

어쩌면 야구공이 날아와 창문에 부딪힌 것은 창문이 깨진 진짜 원인이 아닐지도 모른다. 어쩌면 기가 막히게 그 타이밍에 엄청난 강풍이 불어서 창문이 깨진 것일 수도 있고, 원래 미세하게 금이 가 있었던 창문이 안 그래도 누가 건드리지 않아도 그 타이밍에 저절로 깨질 예정이었는데 기가 막히게 그 깨지는 찰나에 공이 날아온 것일 수도 있다. 이런 주장이 너무 억지처럼 느껴진다면 한번 다른 방향에서 생각해보자.

만약 창문이 방탄유리로 되어 있었다면, 야구공이 날아와도 깨지지 않았을 것이다. 꼭 방탄유리가 아니더라도, 야구공의 충격을 견딜 수 있을 만큼 단단한 유리였다면 창문은 깨지지 않았을 것이다. 또는 야구공의 속도가 조금 더 느렸다면, 아니면 야구공이 조금 더 푹신했다면, 아니면 야구공이 조금 더 가벼웠다면 창문이 깨지지 않았을지도 모른다. 이렇게, 야구공이 날아와 부딪혀 창문이 깨지는 과정에서 몇 가지 조건이 바뀐다면 창문이 깨지는 '결과'가 발생하지 않을 수도 있다.

사정이 이렇다고 한다면, 정말로 창문을 깨지게 한 진짜 원인은 무엇일까? 야구공이 날아온 것일까, 아니면 창문이 충분히 단단하지 않은 것일까, 그것도 아니라면 야구공이 단단하고 무겁다는 것일까? 사실상 이 중에서 진짜 원인이 무엇인지를 판단하는 것은 불가능할지도 모른다. 우리가 흔히 생각하는 '원인'이라는 것은, 흔히 '결과'로 생각되는 것이 발생하기까지의 과정에 놓인 수많은 요소 중 하나에 불과하다. 또한 그 요소 중 단 하나가 바뀌어도 그 '원인'은 결코 원인이 되지 못할 수도 있다. 그렇다면, 과연 그것을 '원인'이라고 부르고 그것에 이어져서 일어난 사건을 '결과'라고 부르는 게 정말 의미가 있을까?

흄은 그렇지 않다고 생각했다. 만약 '원인'이라고 불리는 그 어떤 것도 사실은 정해진 결과를 반드시 불러오지는 못한다면, 그것을 원인이라고 생각하는 것은 어쩌면 환상에 불과할지도 모른다. 유리창이 깨지는 단순한 물질적인 현상에서도 진정한 원인을 판단하기가 어려운데, 하물며 훨씬 더 복잡한 맥락이 있는 인간의 행동이나 심리 같은 것은 어떻겠는가? 예를 들어서, 우리는 흔히 누군가가 내게 욕을 하면 그것이 원인이 되어 내 마음에 화가 치밀어오르는 결과가 발생한다고 생각한다. 그런데 만약 내가 조금 더 넓은 마음을 갖고 있어서, 기분의 상함 없이 욕을 들을 수 있었다면? 그러면 내 마음에 화가 치밀어오르는 결과가 발생하지 않았을 것이다. 그렇다면 이때 내가 화를 내는 원인은 상대방의 욕에 있을까, 아니면 상대의 욕에 화로 반응하는 내 마음에 있을까?

흄은 실제로 원인과 결과 같은 것은 존재하지 않는다고 생각했다. 만약 정말로 원인과 결과가 존재한다면, 그 둘 사이가 특별한 힘으로 연결되어 있어야 할 것이다. 그런데 우리가 세상에서 실제로 관찰할 수 있는 것은 A라는 사건 다음에 B라는 사건이 일어났다는 사실뿐이다. 그 사이를 원인과 결과의 절대적인 관계로 이어주는 특별한 힘 같은 건 어디에서도 발견할 수 없다. 원인과 결과는 실제 경험으로 얻어지는 제대로 된 지식이 아니다. 그저 생각 속에 존재하는 것에 불과하다.

그렇다면 왜 우리는 일상에서 원인과 결과를 매일 생각하며, 야구공이 날아와 창문이 깨진 것을 보고 너무나 당연하게도 원인과 결과의 관계를 떠올리는 걸까? 흄은 습관 때문이라고 말한다. 우리는 평소에 원인과 결과의 관계 안에서 사건을 바라보는 것에 습관적으로 익숙해져 있다. 습관에 따른 판단이 이어져 나중에는 그 관계를 너무나 당연한 것으로 여기게 되고, 더 나아가 그 관계가 우리의 생각을 넘어서 실제 세계에도 존재한다고 착각한다는 것이다.

물론 아무 때나 원인과 결과의 틀대로 사건을 바라보는 것은 아니다. 주로 사건 A와 사건 B가 시공간적으로 가까울 때, 그리고 A 다음에 B가 일어나는 일이 잦을 때 우리는 A가 B의 원인이라고 생각하게 된다.

원인과 결과가 도대체 무엇인지에 대해서는 여전히 의견이

분분하다. 원인과 결과는 허상에 불과하다는 흄의 생각에 모든 사람이 동의하지는 않는다. 하지만 그와 별개로 흄이 가졌던 생각의 핵심은 여전히 큰 가르침을 준다. 그는 우리가 평소에 당연히 존재한다고 여기는 많은 것이 사실은 우리의 생각 안에만 존재하고 실제 세계에는 존재하지 않을 수도 있다고 생각했다. 우리는 때때로 그런 유령 같은 것들에 집착하면서 실제 세상의 중요한 일을 결정하는 기준으로 삼기도 한다. 흄은 그런 불명확한 것들을 찾아내고 제거하고자 했으며, 경험을 통해 확인할 수 있는 것들에 집중하고자 했다. 이런 그의 경험주의적 정신은 합리적인 현대 학문의 발전에 큰 영향을 끼쳤다.

과연 원인과 결과는 실제로 존재할까? 또한 만약 존재한다면, 우리는 그것을 경험으로써 확인할 수 있을까?

칸트의 윤리학:
나비효과로 살인을 저질렀다면

—— 칸트

Immanuel Kant, 1724~1804

독일의 철학자로, 서양 근대 철학에서 매우 큰 영향력을 가졌던 인물이다. 세상의 '진짜' 모습은 결코 알 수 없으므로, 인간이 세상을 어떻게 '인식'하는지를 탐구하는 것이 중요하다고 주장했다. 이는 사상사에서 흔히 '코페르니쿠스적 전회'라고 불린다.

"선의지만이 그 자체로 선하다."

선과 악은 자주 말해지는 주제이다. 영화에는 선한 주인 공 무리가 있고, 악한 반동인물 무리가 있다. 현실에서도 마찬가지다. 선하고 충실하게 삶을 살아가는 사람들이 있는 반면, 악에 가득 차 나쁜 짓을 하며 살아가는 사람들도 있다. 그런데 이렇게 익숙한 선과 악이라는 현상과 관련해 우리가 가끔 묻곤 하지만, 결코 결론이 나지 않은 채로 지나치게 되는 질문이 하나 있다. 과연 무엇이 선한 걸까?

무엇이 선한 것인지에 대해 완벽한 답변을 내놓을 수 있는 사람은 없다. 만약 그런 사람이 있었다면 지금쯤 세상이 조금은 덜 복잡하지 않았을까. 하지만 무엇이 선한지에 대해 철학자들은 나름의 좋은 설명을 내놓으려 오랫동안 노력해 왔다. 그리고 그중에서도 조금 독특한 생각을 했던 철학자가 있다. 바로 그 유명한 칸트이다. 선에 대한 칸트의 생각은 정말 독특하지만 묘하게 설득력이 있어서 지금까지도 많은 사람에게 지지와 사랑을 받는다.

칸트의 생각이 독특한 점은 우연히 선한 것과 우연하지 않게 선한 것을 강하게 구별했다는 것이다. 자, 지금도 이 세상에서는 당연히 수많은 사람이 선한 일을 하고 있을 것이다. 그런데 누군가는 자신의 의지로 선한 일을 하지만, 누군가는 그저 우연히 선한 일을 하게 되기도 한다. 예를 들어서 한 사업가가 그저 돈을 많이 벌 수 있다는 이야기를 듣고 풍력발전소 건설에 투자했는데 나중에 알고 보니 자신이 투자하여 건설한 풍력발전소 덕분에 우리나라의 미세먼지가 크게 줄었다고 해보자. 이때 그 사업가는 분명히 선한 일을 한 것이지만, 그 선한 일은 그저 우연히 일어난 것이다. 그저 돈 때문에 투자했을 뿐인데 선한 결과가 뒤에 따라붙은 것이기 때문이다. 반면 한 청년이 강가를 지나가다가 강에 빠진 어린아이를 보고 마음속에 선한 의지가 끌어올라 얼른 물에 뛰어들어 아이의 목숨을 구했다고 해보자. 이때 이 청년은 전혀 우연에 의존하지 않고 선한 일을 한 것으로 보인다.

관점에 따라서 선한 행동이 우연히 일어난 것이냐 그렇지 않으냐는 그리 중요한 사안이 아닐 수도 있다. 결과적으로 선한 행동을 한 것이 중요하지, 그 과정은 어떠해도 상관없는지도 모른다. 게다가 사실 행동의 결과만 놓고 보면 사업가의 선한 파급력이 훨씬 더 클 수도 있다. 그가 풍력발전소에 투자한 덕분에 공기의 질이 개선되면 미세먼지 관련 질환으로 목숨을 잃을 수도 있었던 수만 명의 사람이 목숨을 건질 수 있을 것이다. 반면 청년은 그저 한 아이의 목숨을 구했을 뿐이다. 결과를 중시하는 관점에서 보면 청년보다 사업가가 더욱 선한 일을 했다고도 말할 수 있을 것 같다.

하지만 이런 설명은 어쩐지 받아들이기에 거부감이 든다. 아무리 결과적으로 선한 행동을 했다고 해도 그 선한 결과가 그저 우연에 의한 것이라면, 처음부터 선한 의지로 한 행동에 비해 더 선하다고 볼 수 없는 것 같기 때문이다. 칸트는 바로 이 부분에 집중했다.

우리가 하는 행동은 언제나 우연적 요소의 영향을 받기 마련이다. 내가 의도한 대로 모든 게 이뤄진다면 얼마나 좋겠는가. 그러나 현실에서의 행동은 많은 경우 의도한 그대로의 결과로 이어지지 않으며, 때로는 의도한 것과 정반대의 결과로 이어지기도 한다. 그저 주차하려던 것뿐인데 옆 차를 긁기도 하고, 흔들리는 버스에서 내가 넘어지지 않으려고 다리에 힘을 꽉 줬을 뿐인데 넘어지려는 옆 사람을 지탱해주기도 한다. 한마디로 우리는 우리의 행동이 어떤 결과로 이어질지 통제할 수 없다.

그렇다면 과연 행동의 결과를 바탕으로 선과 악을 따지는 것이 정당할까? 누구나 자기 행동이 어떤 결과로 이어질지 완전히 알 수 없다. 완전히 선한 의지로 행동했는데 세상에 파멸을 가져올 수도 있고, 완전히 악한 의지로 행동했는데 세상에 구원을 가져올 수도 있다. 우리가 의지를 품는 시점부터 그게 결과로 이어지기까지 그사이에는 수없이 많은 우연의 연쇄 작용이 있다. 어쩌면 내가 오늘 버스터미널에서 다리가 불편하신 할머니를 부축해드려 고속버스를 놓치지 않도록 도와드렸는데, 그 할머니가 고속버스 운행 중에 버스 기사와 말다툼하는 바람에 고속도로에서 10중 추돌사고가 발생해 수십 명의 무고한 사람이 죽을지도 모른다. 그렇다면 그 할머니를 도왔던 나의 선행은 순식간에 수십 명을 죽음으로 이끈 참혹한 결과로 이어지게 되는 것이다. 이렇듯 우리는 내 행동이 어떤 결과로 이어질지 결코 완벽히 예측할 수 없다. 과장을 보태자면 결과는 무작위다. 그렇다면 결과가 아닌 다른 데서 선과 악을 찾아야 하는 것이 아닐까?

이런 맥락에서 칸트는 오직 선의지만이 그 자체로 선하다고 말한다. 버스터미널에서 할머니를 도와드렸을 뿐인 행동이 수십 명을 죽음으로 내모는 참혹한 결과를 가져왔을 때, 누군가는 애초에 그 할머니를 도와드렸던 나를 비난할지도 모른다. "뭐 하러 그 할머니를 도와드려서 수십 명을 죽게 했냐." 이렇게 따질지도 모른다. 그러나 칸트의 주장은 어떤 결과가 발생하든지 그것과 상관없이 선한 의지만큼은 그 자체로 선하다는 것이다. 만약 결과를 기준으로 선과 악을 따진다면, 선이 되는지 악이 되는지는 일종의 도박에 달려 있게 될 것이다. 내 행동이 어떤 나비효과를 불러일으켜 기상천외한 결과로 이어질지는 아무도 알 수 없기 때문이다. 이런 점을 고려하면 결과보다는 오히려 의지에서 선을 찾아야 하는 것인지도 모른다. 어떤 결과로

　　　　　　　　　　　　　　　　　　　임마누엘 칸트

이어지건, 애초에 선하고자 하는 의지만큼은 누구도 나무랄 수 없는 순수한 것이기 때문이다.

하지만 모든 이론이 그렇듯이 이러한 칸트의 입장도 완벽하지는 않다. 결과가 아니라 의지를 기준으로 선과 악을 따져야 한다는 칸트의 입장과 달리, 현실 세계에서는 결과도 선과 악을 따지는 데 매우 중요한 기준이 되는 것으로 보인다. 아무리 선한 의지로 행동했어도 그게 나쁜 결과로 이어지면 선하다고 인정하기가 싫어진다. 예를 들어서 어떤 정부가 농민을 돕겠다는 선한 의지로 농민보호정책을 시행했는데 그게 결과적으로 농업생산력 저하로 이어져 식자재 가격이 올라가고 수많은 가난한 사람이 손해를 입었다면? 그래도 정부의 그 의지만큼은 선했다고 인정해줘야 할까? 이 문제에 대해서는 논란이 있을 것 같다. 물론 칸트의 견해를 고수한 상태에서 이런 문제에 나름의 논리를 만들어 해결책을 내놓을 수 있을 것이다. 그 작업은 여러분이 직접 해보는 것도 재밌는 철학 훈련이 될 것이다.

칸트의 미학: 예술은 놀이다

── 칸트

Immanuel Kant, 1724~1804

"예술의 아름다움은 상상력과 지성 사이에 벌어지는 놀이에 기초
한다."

Kant

우리는 예술을 좋아한다. 물론 모든 사람이 좁은 의미에서 예술작품이라고 불릴 만한 것들을 좋아하지는 않는다. 미술관에 가면 볼 수 있는 미술품이나 멋들어진 시, 심오한 소설, 웅장한 음악처럼 역사에 발자취를 남길 만큼 묵직한 예술작품은 비교적 소수의 사람만이 향유한다. 하지만 예술의 의미를 조금 더 넓게 생각하면 우리가 일상적으로 접하는 모든 가요와 드라마, 웹툰, 애니메이션 같은 것들도 예술작품이다. 이런 넓은 의미의 예술까지도 전혀 즐기지 않는 사람은 매우 드물다. 누구나 취향껏 어느 정도는 예술을 즐기면서 살아간다. 예술을 좋아하고 그 안에서 즐거움을 찾는 것은 인간에게 매우 본성적인 일이다.

　　예술은 오래전부터 많은 철학자의 관심을 사로잡았다. 왜냐하면 예술에는 천재적인 무언가가 깃들어 있기 때문이다. 뛰어난 예술작품을 보면 분명 그 안에는 뭐라고 설명하기가 어려운 천재적인 에너지가 살아 숨 쉬며 우리의 마음을 움직인다. 철학자들은 항상 말로 표현하기 어려운 것을 설명하려는 사람들이 아니겠는가. 그래서 예로부터 많은 철학자가 우리를 즐겁게 하고 감동하게 하며 때로는 무아지경에 몰아넣기까지 하는 예술의 힘이 무엇인지 설명하려고 해왔다.

그중에서도 윤리학을 주제로 방금 소개했던 칸트는 예술에 대해서도 아주 재밌는 견해를 제시했다. 그의 이론은 오늘날까지 예술을 탐구하는 사람들에게 많은 사랑을 받고 있다.

칸트는 예술의 본질이 놀이에 있다고 생각했다. 그런데 우리가 흔히 생각하는 말뚝박기나 술래잡기 같은 놀이를 말한 건 아니다. 그가 말한 놀이는 우리의 머릿속에서, 정신 속에서 벌어지는 놀이이다. 더 정확히 말하자면 칸트는 예술의 아름다움이 우리 정신의 상상력과 지성 사이에 벌어지는 놀이에 기초한다고 생각했다. 이게 과연 무슨 뜻인지 알아보도록 하자.

칸트가 말하는 상상력과 지성의 뜻은 우리가 평소에 사용하는 단어의 뜻과 매우 다르다. 우리는 외부로부터 감각을 통해 정보를 받아들인다. 예를 들어서 창문을 보는데 창틀에 고양이 한 마리가 앉아 있다고 해보자. 그러면 우리는 그 정보를 시각이라는 감각적인 능력을 통해서 받아들인다. 그런데 사람이 세상을 인식하는 과정은 단순히 디지털카메라처럼 고양이가 창틀에 앉아 있는 그 화면만 딱 캡처하고 끝나는 게 아니다. 우리는 그 화면의 정보, 즉 시각적인 정보를 바탕으로 '고양이가 창틀에 앉아 있다.'라는 지식을 얻어낸다. 그렇다면 이 지식은 어떻게 얻어지는 걸까?

칸트는 우리가 개념을 통해서 생각하는 지성이라는 능력을 갖추고 있어서 그런 지식을 얻을 수 있다고 생각했다. 만약 우리가 '고양이'라는 개념을 전혀 생각하지 못한다면, 혹은 '창틀'이라는 개념, '앉다'라는 개념을 전혀 이해하지 못한다면 결코 '고양이가 창틀에 앉아 있다.'라는 지식도 얻지 못할 것이다. 지성을 통해 개념적으로 생각할 수 있기에 창가의 장면을 보고 고양이가 창틀에 앉아 있다는 지식을 얻을 수 있다.

그런데 문제가 하나 있다. 지성을 통해 '고양이'라는 개념을 이해하고 있어도 실제 세상에서 보는 고양이는 모두 다르게 생겼다. 우리가 세상에서 고양이를 볼 때, "여기 보세요. 이것은 고양이입니다. 이제부터 고양이라고 생각하시면 됩니다." 이렇게 적혀 있지는 않다. 우리는 순전히 털이 있고, 이빨이 날카롭고, 가끔 자기 앞발을 핥는 그런 물체의 모습을 보고 그것이 '고양이'라는 걸 알아낸다. 이런 일이 어떻게 가능할까? 어떻게 개념이라곤 전혀 찾아볼 수 없는 감각정보가 개념을 통해 생각하는 지성과 연결되어 세상에 대한 지식이 탄생하는 걸까?

칸트는 인간이 상상력이라는 능력을 갖추고 있어서 이런 일이 가능하다고 생각했다. 상상력은 우리가 감각을 통해 얻는 정보들에서 특징을 잘 추려내 우리가 가진 적당한 개념들과 짝지어주는 역할을 한다. 그저 디지털카메라 화면에 불과한 시각정보에서 '고양이'라는 개념에 잘 맞는 물체를 발견하고 비로소 그것을 고양이라고 인식할 수 있도록 만들어주는 것이다. 만약 고양이를 보고 '호랑이'나 '사자' 같은 개념을 짝지어버리는 사람은 상상력이 약간 특이한 사람일 것이다. (이런 사람을 보고 우리는 상상력이 풍부하다고 말하곤 한다.)

자, 그렇다면 이제 다시 예술 이야기로 돌아가 보자. 우리는 평소 일상적인 대상들을 볼 때 상상력과 지성을 통해 세상을 파악하는 데 별다른 어려움을 겪지 않는다. 커피를 보면 커피, 기타를 보면 기타, 컴퓨터를 보면 컴퓨터, 이런 식으로 별로 어렵지 않게 정보에 딱 맞는 개념을 찾아내고 그 개념을 통해 세상을 바라본다.

그런데 예술작품은 이런 도식에 잘 들어맞지 않는 독특한 경험을 제공한다. 좋은 예술작품을 볼 때, 우리는 뭐라 말로 표현할 수 없는 것을 느낀다. 즉, 감각정보는 분명히 들어오고 있는데 상상력이 제대로 일을 하지 못해서 지성으로까지 연결되지 않는 것이다. 평소라면 어렵지 않게 이거는 이거, 저거는 저거, 이런 식으로 확실히 판단을 내려버렸을 텐데, 훌륭한 예술작품을 마주하면 그렇게 확실하게 판단이 내려지지 않는다. 그 앞에서 우리는 말을 잃는다.

만약 이런 경험을 부정적으로 해석하면 인간의 정신이 제 할 일을 제대로 못 하고 있다고 생각할 수도 있다. 하지만 조금 더 긍정적으로 이 상황을 바라보면, 그만큼 인간의 상상력이 자유로운 상태에 있는 것이기도 하다. 생각해보면, 어렸을 때 우리는 분명 상상력을 자유롭게 발휘하면서 세상을 바라봤다. 연필이 화살이라고 생각하거나 비닐 포대를 썰매라고 생각하면서 말이다. 그런데 점점 나이가 들어가고 특정한 방식으로 세상을 바라보는 데 익숙해지면서 상상력은 제한되었다. 이제 상상력은 지성의 시녀가 되어서, 딱딱 맞아떨어지는 경직된 사고만을 하게 된 건지도 모른다. 이미 해오던 틀대로, 또는 남들이 하는 대로만 상상력을 발휘하게 된 것이다.

그런데 예술을 마주하면 상상력이 자유로운 상태가 된다. 물론 모든 예술작품이 다 그런 건 아니다. 식상하고 틀에 박힌 예술작품들은 오히려 우리의 상상력을 묶어둔다. 반면 좋은 예술작품은 상상력이 자유롭게 놀도록 만들어준다. 평소 학교나 직장에서는 주어진 상황에 대해 뭐라고 말로 표현할 수 없으면 능력 없는 사람이 된다. 하지만 예술을 경험하면서 말로 형용할 수 없는 느낌을 받는다면 그것은 오히려 그만큼 예술을 잘 즐기고 있다는 증표이며, 그 작품이 그만큼 좋은 작품이라는 뜻이다. 그 안에서 우리의 정신은 자유를 경험하고 더 큰 가능성의 관점에서 세상을 바라본다.

정언명령 쉽게 이해하기

—— 칸트

Immanuel Kant, 1724~1804

"의무라는 이유 그 자체만으로 따라야 하는 것이 바로 도덕이다."

"오늘이 마지막 날인 것처럼 살아라." 참 멋진 말이다. 이 멋진 문장은 명령문의 구조를 띠고 있다. 이 말을 하는 사람은 우리에게 어떠어떠하게 살아가도록, 특정한 방식을 따라서 행동하도록 명령하고 있다. 그런데 당연한 사실 한 가지는 이 명령을 따르지 않는다고 해서 어떻게 되는 것은 아니다. 누가 잡아간다거나, 나에게 큰 불상사가 생긴다거나 그렇게 되지는 않는다. 형식은 분명 명령문이긴 한데, 육군훈련소에서 "엎드려!" 하고 외치는 조교의 명령과는 그 성격이 다르다. 조교의 명령에 거역했다간 그날 체력이 남아나지 않을 때까지 벌을 받을 테지만, 오늘이 마지막 날이 아닌 것처럼 살지 않는다고 해서 누군가가 나에게 위해를 가하지는 않는다. 지켜도 그만, 지키지 않아도 그만인 명령인 것이다.

　　그런데 칸트의 관점에서 보면 이 두 가지 명령에는 공통점이 있다. 바로 어떤 조건을 전제하는 명령이라는 것이다. 이 두 명령은 모두 우리가 가치 있다고 생각하는 목적을 전제한다. 그리고 '그 목적을 성취하고 싶으면 이 명령을 따르라.'라고 요구한다. "오늘이 마지막 날인 것처럼 살아라."라는 명령이 전제하는 조건은 흔히 행복이라는 목적이다. "진정으로 행복하고 싶은가? 그러면 마치 오늘이 마지막 날인 것처럼 살아라. 그래야 하루하루를 후회 없이 행복하게 살 테니까." 이렇게 이 명령은 행복이라는 목적이 조건으로서 갖춰져 있으므로 의미가 있는 명령이다.

"엎드려!"라는 명령이 전제하는 조건도 크게 보면 행복으로 요약할 수 있다. 물론 당장은 더 심한 체벌을 피하고 무사히 훈련을 통과하는 게 목적이긴 하지만, 결국 그러고자 하는 이유는 나의 행복을 중요한 목적으로 추구하고 있기 때문이다. 그렇다면 훈련소 조교의 "엎드려!"라는 명령의 구조는 다음과 같이 분석할 수 있다. "너에게는 행복이 중요하지? 그런데 지금 내 말을 듣지 않으면 너는 육체적, 정신적 고통에 처하게 될 거야. 그뿐만 아니라 정상적으로 훈련을 완수할 수 없을지도 모르지. 그러면 너의 병역의무에 차질이 생기고, 인생이 꼬일지도 몰라. 그렇게 되면 네 행복에 큰 지장이 생기겠지. 그러니 행복을 지키고 싶다면 당장 내 명령대로 엎드려야 해."

이렇게 위 두 명령은 모두 조건을 갖는 명령이다. 이 말인즉슨, 그 조건을 받아들이지 않는 사람에게는 이 명령들이 소용없다. 행복에 별 미련이 없는 사람에게는 오늘 어떻게 살건, 훈련소에서 무슨 일이 생기건 그다지 상관이 없을 수 있다. 이 명령들은 모두 명령을 듣는 사람이 행복이라는 목적이 있을 때 이를 성취하기 위해 들어야 하는 명령이다.

칸트의 용법에 따르면 이렇게 어떤 목적을 성취하기 위해 따라야 하는 명령을 가언명령이라고 한다. 아마 우리는 일상생활에서 마주하는 대부분 명령을 은연중에 가언명령으로 해석하고 있지 않나 싶다. 법의 명령을 따라야 하는 이유는 감옥에 가지 않기 위해서이고, 부모님의 명령을 따라야 하는 이유는 용돈을 받거나 가족관계를 해치지 않기 위해서일 것이다.

반면 칸트가 말하는 또 다른 명령인 정언명령은 어떤 목적을 성취하기 위해서가 아니라, 그것이 명령이라는 이유 그 자체만으로 따라야 하는 명령이다. 한번 잘 생각해보자. "부모님을 공경해라."라는 명령을 따라야 하는 이유는, 물론 집안을 평화롭게 유지하고 나보다 연륜이 더 높은 부모님이 가진 삶의 지혜를 잘 배우기 위해서이기도 하지만, 그냥 부모님을 공경해야 하기 때문인 것 같기도 하다. 부모님을 공경하는 이유는 물론 어떤 다른 목적을 성취하기 위한 것이기도 하지만, 어떤 다른 설명이나 조건도 필요로 하지 않는, 그 자체만으로도 따라야만 하는 명령인 것 같기도 하다. 칸트는 바로 이러한 정언명령이 존재한다고 생각했고, 이 정언명령이야말로 진정한 도덕이 자리하는 곳으로 여겼다.

진정한 도덕이란 과연 무엇일까? 어떤 목적을 성취하기 위해서 지켜야 하는 게 도덕일까? 행복하기 위해서, 평화롭게 서로 공존하기 위해서, 세상을 더 좋은 곳으로 만들기 위해서 따라야 하는 게 도덕인 걸까? 얼핏 보기에는 맞는 것 같다. 그런데 칸트는 바로 이러한 상식에 반대했다. 칸트가 보기에 도덕적 의무는 어떤 다른 목적을 갖는 게 아니다. 그보다 의무라는 이유 그 자체만으로 따라야 하는 것이 바로 도덕이다.

예를 들어서 어떤 아이가 "왜 거짓말을 하지 말아야 해요?" 이렇게 물어보면, 우리는 보통 "거짓말하면 다른 사람이 피해를 보거나 상처받거든. 서로 믿을 수 있는 행복한 세상을 만들려면 거짓말을 하지 말아야 하는 거야." 이런 식으로 대답할 것이다. 그러나 칸트의 생각은 다르다. 칸트는 거짓말을 하지 말아야 하는 이유는 어떤 다른 목적을 위해서가 아니라, 그것이 보편적인 법칙이 되어야 하는 도덕적 의무이기 때문이라고 생각했다. 거짓말을 하지 말아야 하는 이유는 어디 다른 곳에 있는 게 아니라 그 도덕적인 의무 자체에 있는 것이기 때문에, 설령 거짓말을 해야 다른 사람이 상처를 입지 않고 세상이 더욱 좋은 곳으로 바뀐다고 할지라도 우리는 여전히 거짓말을 하지 말아야 한다.

이런 칸트의 생각은 소위 '꼰대' 마인드처럼 들릴지도 모른다. 마치 "왜 부모님께 효도해야 해요?"라고 묻는 어린아이에게 어떤 다른 이유를 들어서 설명하기보다는 "에헴…. 효도는 예로부터 누구나 따라왔던 의무니까 너도 따라야 하는 것이니라."라고 말씀하시는 고지식한 할아버지의 이미지가 떠오르기

임마누엘 칸트

도 한다.

하지만 칸트는 이런 종류의 고지식함과는 약간 거리가 있다. 칸트는 어떤 것이 도덕적 의무인지를 우리 스스로 이성을 통해서 판단할 수 있다고 믿었다. 단순히 조상님이 지켜왔던 전통이라서, 종교 경전에 나와 있어서, 아니면 다른 어떤 이유로 특정한 명령을 비판 없이 따르는 것은 칸트가 생각하는 도덕과 전혀 다르다. 칸트는 무엇이 도덕적 의무인지를 결정할 수 있는 것은 오로지 우리 자신이 가진 이성의 힘이라고 생각했다.

그 자체로 따라야 하는 명령, 즉 정언명령을 만들어내는 것은 다른 누구도 아닌 우리 자신이며, 그 명령을 따를지 말지를 결정하는 것도 우리 자신이다. '거짓말을 하지 말아야 하는 것이 과연 정언명령일까?', '부모님께 효도해야 하는 것이 과연 정언명령일까?' 이런 질문을 스스로 품어보고 나름의 대답을 내놓으며, 서로 이성적인 토론을 통해 더 나은 도덕의 체계를 세울 수 있다는 것이 칸트가 그린 그림이었다. 정언명령은 정해져 있는 게 아니다. 우리 스스로 찾아 나서는 것이다.

공포가 선사하는 즐거움

—— 버크

Edmund Burke, 1729~1797

영국의 철학자이자 정치인. 미학적으로는 숭고함과 아름다움에 관심이 많았으며, 정치철학적으로는 사유재산권을 강조하는 보수주의의 아버지라는 평가를 받는다.

"인간은 두렵고
무질서한 것에서
강렬한 즐거움을
느낀다."

인간은 행복하고 아름다운 것을 추구한다는 말은 매우 상식에 부합하는 이야기 같다. 그런데 행복이 항상 아름다운 것과 연결되는 것은 아니다. 오히려 우리는 때로 아름다움과 완전히 반대되는 것에서 행복을 찾기도 한다. 예를 들어 우리는 공포영화를 보거나, 잔혹한 내용의 소설을 읽거나, 아니면 폭력적으로 무언가를 때리고 파괴하는 장면을 보는 것에서도 즐거움을 느낀다. 사람에 따라 정도는 조금씩 다르겠지만, 누구나 아름답게 균형 잡혀 있는 것을 파괴하고 무질서로 질서를 압도해버리는 것을 목격하는 것에서 조금씩이나마 은밀한 즐거움을 느낀다.

　영국의 정치인이자 철학자였던 버크는 일찍이 이런 인간의 묘한 본성을 철학적으로 성찰한 바 있다. 버크는 이 사회가 어떻게 구성되어야 하는지를 논한 정치철학자로 유명하며 근대 정치사상의 발전에 커다란 영향을 끼쳤지만, 그에 앞서서 그는 인간의 특성 자체를 깊이 탐구했다. 아마 그가 정치철학자로서 성공할 수 있었던 이유는 정치의 대상이 되는 인간 자체에 큰 관심을 가졌기 때문일 것이다.

파괴적이고 폭력적인 것에서 묘한 즐거움을 느끼는 현상과 관련해서 버크는 기본적으로 다음과 같은 인간의 특성에 주목했다. 바로 사람이 느끼는 강한 감정들은 결코 긍정적인 감정이 아니라 부정적인 감정이라는 것이다. 예를 들어서 우리가 평소에 느끼는 강력한 긍정적 감정에 뭐가 있는지 생각해보자. 아주 맛있는 음식을 먹었을 때의 쾌감? 고대하던 택배가 도착했을 때의 즐거움? 대학교에 합격하거나 취업에 성공했을 때의 기쁨? 십수 년간의 노력 끝에 내 집 마련에 성공했을 때의 짜릿함? 이런 것들 모두가 아주 크고 강렬한 긍정적인 감정이지만, 아무리 이 감정들이 강해봤자 반대의 사건들이 발생했을 때의 부정적 감정에 비하면 약하다.

맛이 없는 음식을 먹을 수밖에 없을 때의 비참함, 택배 배송에 문제가 생겼을 때 덮쳐오는 짜증, 대학교에 떨어지거나 취업에 실패했을 때의 절망감, 십수 년간의 노력에도 불구하고 내 집을 마련하지 못했을 때의 박탈감. 이런 부정적 감정의 강도는 긍정적 감정의 강도를 훨씬 넘어선다.

또한 가장 극단적인 긍정적 감정과 부정적 감정을 비교해보면 차이는 더 극명해진다. 우리가 평생 느낄 수 있는 것 중 가장 강렬한 긍정적 감정은 뭐가 있을까? 대통령에 당선됐을 때의 짜릿함? 세계 1위 부자가 됐을 때의 기쁨? 정확히는 모르겠지만, 이런 감정보다 더 강한 긍정적 감정을 상상하기도 힘들다. 그런데 반면에 가장 강력한 부정적 감정에는 뭐가 있는가? 가장 사랑하는 사람이 갑자기 죽었을 때의 슬픔, 누명을 쓰고 고문을 당하게 되었을 때의 고통과 절망감, 누군가의 폭력에 의해 죽을 위험에 처했을 때의 공포 등등…. 이런 극단적인 부정적 감정의 강렬함은 긍정적 감정이 선사하는 강도를 훨씬 넘어선다.

버크의 주장은 이렇다. 기본적으로 훨씬 더 강렬한 강도를 갖는 그런 부정적인 감정이 적절한 변화를 겪게 되면, 그 강렬함은 남아 있으면서 마냥 고통스럽지만은 않고 어쩐지 즐거운 무언가로 변화할 수가 있다. 특히 부정적인 사건을 충분한 거리를 두고 바라볼 때 그런 일이 자주 일어난다. 예를 들어서 당장 우리 집에 연쇄살인범이 들이닥치게 되면 거기에는 어떤 즐거움도 발생할 여지가 없다. 오직 두려운 감정만이 지배할 것이고, 얼른 저 악당을 물리치거나 여기서 탈출해야겠다는 생각밖에 들지 않을 것이다. 그런데 오래전에 발생했던 연쇄살인 사건 이야기를 TV 프로그램으로 접하면, 어딘지 모르게 푹 빠져들어 적절한 긴장감을 느끼면서 이야기를 듣고 있는 자신을 발견하게 된다. 그 이유는 그 연쇄살인범과 나 사이에 충분한 거리가 있어 공포가 즐거움에 가까운 무언가로 변화할 여유 공간이 생겼기 때문이다.

공포영화나 폭력적인 액션영화를 보고 불쾌감만 드는 게 아니라 그 안에서 나름의 쾌감을 느끼는 이유 역시 충분한 거리를 두고 무섭고 폭력적인 사건을 바라보기 때문이다. 그 거리 덕분에 부정적인 감정이 약간의 조정을 거쳐 즐거움으로 변할 여지가 생긴다. 그 결과 얻게 되는 즐거움은 단순히 아름답고 조화로운 것을 볼 때 느끼는 긍정적인 즐거움보다 훨씬 강렬하다. 아름다운 그림 〈모나리자〉를 볼 때보다 공포영화 〈컨저링〉을 볼 때 훨씬 강도가 강한 감정을 느끼게 된다.

버크의 생각에 따르면 우리가 느끼는 즐거운 공포는 나의 힘으로 이해할 수 없는 것, 내가 어떻게 해볼 수 없는 것, 나를 압도하는 것 속에서 주로 발생한다. 예를 들어 공포영화에서 가장 무서운 분위기는 우리의 시점에서 제대로 들여다볼 수 없는 어두운 숲속이나 이해할 수 없는 소리, 정체를 드러내지 않지만 스멀스멀 자신의 존재를 알려오는 악당으로부터 생겨난다. 우리는 그렇게 강력하게 나를 압도해오는 불분명한 힘 속에서 묘한 쾌감을 느낀다. 바닥이 보이지 않는 거대한 절벽 속을 바라볼 때 느끼는 감정도 비슷한 맥락에서 설명할 수 있다. 한눈에 파악할 수 없는 거대함이 나를 압도할 때, 우리는 무서워하면서도 동시에 경외감 같은 즐거운 감정을 느낀다. 우리가 〈배트맨〉의 조커를 탁월한 악당 중 하나라고 생각하는 이유는 그가 바닥을 알 수 없는 거대하고 어두운 내면의 깊이를 가졌기 때문이다.

버크는 우리가 느끼는 즐거운 고통이 인간 사회의 여러 현상 속에서 중요한 역할을 한다고 생각했다. 예를 들어서 국민은 거대한 국가의 권력 앞에서 경외감을 느낀다. (요즘은 많이 사라진 감정이지만, 예전에는 그랬을 것이다.) 국가라는 거대하고 강력한 체계는 내가 어찌해볼 수 없고 완전히 이해할 수도 없는 권력과 규모를 가졌다. 사람들은 그런 국가를 한편으로 증오하겠지만, 다른 한편으로는 그 압도적인 힘을 목격하는 것 속에서 즐거운 공포를 느낀다. 종교 또한 비슷한 감정을 준다. 내가 가진 최고의 이성으로도 이해할 수 없는 무한한 신의 존재와 그 신을 모시는 거대한 종교 조직은 한편으로 두렵게 다가오지만 다른 한편으로는 묘한 쾌감을 선사한다.

버크의 이러한 분석이 약간 기분 나쁘게 느껴질지도 모른다. 조화롭고 질서 있는 것만을 추구하는 게 아니라 두렵고 무질서한 것에서 강렬한 즐거움을 느끼는 특성이 인간 안에 깃들어 있다는 것을 인정하고 싶지 않기 때문이다. 그러나 냉철하게 객관적인 시선으로 바라보면 인간은 분명 아름다운 존재이지만은 않다. 버크의 분석은 우리 자신 안에도 어쩌면 조커의 내면과도 같이 끝을 알 수 없는 거대하고 깊은 어두움이 도사리고 있는 게 아닌지 생각해보게 한다. 어쩌면 그 내면의 어두움이 우리가 공포를 즐기도록 하는 게 아닐까?

예술을 배워야 하는 철학적 이유

—— 실러

Johann Christoph Friedrich von Schiller, 1759~1805

독일 계몽주의 시대의 의사, 극작가, 시인, 철학자. 철학적으로는 칸트에게 많은 영향을 받았으며, 예술이 인간 정신의 자유에 심대한 영향을 끼친다고 주장했다.

"몸의 욕구를 포기하고 이성의 욕구만을 따르는 것은 인간을 반쪽뿐인 존재로 만든다."

유치원 때부터 고등학생 때까지 (일반계 고3은 거의 제외되지만) 교육기관에서는 꾸준히 예술교육을 시행한다. 미술, 음악, 춤, 연극 등등 각각 교육기관이 재량에 맞게 학생들이 예술 활동을 배우고 체험할 수 있도록 돕는다. 물론 입시 경쟁이 워낙 치열한 한국 사회에서 예술교육에 많은 자원을 쏟는 경우는 드물지만, 어쨌든 예술은 꾸준히 조금씩이나마 교육되고 있다.

　동서고금을 막론하고 예술은 교양인으로서 꼭 배워야 하는 것으로 널리 받아들여졌다. 한국에서 대대로 선비들은 시와 서예와 그림을 즐겨 배웠다. 중국에서도 비슷한 전통이 있었다. 고대 그리스의 아테네에서는 음악교육이 널리 시행됐으며, 중세 유럽에서도 시와 음악교육이 중요한 자리를 차지했다. 그렇다면 왜 인간은 예술을 배울까?

　이유야 정말 많겠지만, 그중에서도 독일 계몽주의 시대의 극작가이자 시인이자 철학자였던 (심지어 원래는 의사였던) 프리드리히 실러는 예술교육이 인간의 완성에 있어서 핵심적인 위치를 차지한다고 생각했다. 그가 말하는 인간의 완성이 무엇인지 이해하려면 먼저 그 당시 계몽주의 사상가들이 세상을 바라보던 방식을 이해할 필요가 있다.

계몽주의라는 말부터가 벌써 어렵지만 당황할 필요는 없다. 계몽은 간단히 말하자면 어두운 상태를 밝게 만드는 것을 뜻한다. 계몽주의 시대의 사상가들은 이제까지 인간이 온갖 비합리적인 믿음과 미신에 지배당해 왔다고 생각했다. 그래서 이제는 그런 어두운 과거에서 벗어나서 합리적인 방식으로 얻어진 과학적이고 신뢰성 있는 지식을 추구하면서 살자고 제안했다.

취지는 좋다. 그런데 가만히 보면 계몽의 정신은 합리적인 것과 비합리적인 것을 이분법적으로 나눈다는 것을 알 수 있다. 그렇다면 무엇을 기준으로 합리적인 것과 비합리적인 것을 나눌 수 있을까?

계몽주의자들은 인간이 가진 이성의 힘으로 자연을 잘 통제하고 지배하는 것은 합리적인 것의 발판이 되고, 반대로 이성의 힘을 잘 발휘하지 못하고 자연의 힘에 지배당하는 것은 비합리적인 것으로 이어진다고 생각했다. 예를 들어서, 이성을 통해 얻어낸 공동체의 규칙을 바탕으로 사람들 사이의 동물적인 욕망과 감정을 잘 통제해서 사회에 평화와 질서를 실현해내는 것은 세상을 더욱 합리적으로 만든다. 반대로 동물적인 욕망과 감정에 지배당해 공동의 규칙을 무시하고 서로를 해치게 되면 사회는 비합리적인 상태로 빠져들게 된다. 즉, 인간이 어둠에서 벗어나 밝은 영역으로 들어선다는 것은 곧 이성의 힘을 통해 동물적인 것을 잘 통제할 수 있게 된다는 것을 뜻했다.

그런데 실러는 이런 계몽주의자들의 생각이 어쩐지 마음에 들지 않았다. 원래 의사로서 사람들의 몸을 살펴보는 일을 주로 했었던 그에게는 인간의 이성적인 능력이 동물적인 몸과 아주 밀접한 관련을 맺고 있다는 사실이 너무나 명백해 보였다. 물론 실러 역시 크게 보면 계몽주의의 흐름 안에 속해 있었던 사람으로, 이 세상에 밝고 합리적인 질서를 세워야 한다는 생각은 남들과 똑같았다. 그런데 그는 그 합리적인 질서를 실현해 나가는 과정은 역설적으로 이성의 힘만으로는 달성될 수 없다고 생각했다. 그가 보기에 인간은 제아무리 다른 생명체와 달리 이성을 가진 존재라고 해도, 어쨌든 기본적으로 동물적이고 감각적인 몸을 가진 존재였다. 따라서 그는 인간이 정말로 좋은 상태로 나아가고 이 세상을 더욱 살기 좋은 곳으로 만들기 위해서는 이성뿐만 아니라 감각적인 몸의 능력을 잘 발전시킬 필요가 있다고 생각했다. 인간의 모든 활동과 생각은 결국 몸에서 나오기 때문이다.

실러는 인간의 몸은 계속해서 변화를 원하지만, 인간의 이성은 고정불변하는 것을 추구한다고 생각했다. 몸은 오늘 먹었던 게 질리면 내일은 다른 걸 먹어야 하고, 오늘 10시에 잠이 왔다가도 내일은 11시에 잠이 오며, 몇 달 전까지만 해도 좋아했던 사람이 지금은 싫기도 하다. 반면 이성은 변화하지 않는 법칙을 자꾸 찾아내려 한다. 과학자가 하는 일은 이성의 힘을 이용해 변화하지 않는 자연의 법칙을 찾는 것이다. 법학자는 쉽게 변하지 않는 법질서를 세우려고 하며, 철학자는 변하지 않는 세상과 인간사의 이치를 발견하려 한다.

실러 이전에 칸트 같은 계몽주의자는 이 중에서 웬만하면 신체적인 욕구, 즉 자꾸만 변화하는 것을 추구하려는 욕구를 포기하고 이성의 욕구, 즉 변화하지 않는 것을 좇는 욕구를 따라야 한다고 생각했다. 하지만 실러는 인간도 어디까지나 동물적인 몸을 가진 존재이기 때문에 그렇게 몸의 욕구를 포기하고 이성의 욕구만을 따르는 것은 인간을 반쪽뿐인 존재로 만들어버리는 길이라고 생각했다. 그는 오히려 몸과 이성의 욕구 양쪽을 모두 잘 신경 쓰고 둘 사이에 균형을 잡으려 노력하는 것이 가장 이상적인 인간의 상태에 이르는 길이라 생각했다.

몸과 이성 사이의 균형을 잡는 가장 좋은 수단으로 그가 생각했던 게 바로 예술을 배우는 것이었다. 예술은 기본적으로 감각적이다. 즉, 예술은 시각, 청각, 촉각 (요즘에는 후각과 미각으로까지 예술의 영역이 넓어지고 있다.) 등 몸의 감각을 매개로 해서만 전달될 수 있다. 눈이 없으면 그림을 볼 수 없고, 귀가 없으면 음악을 들을 수 없으며, 촉각이 없으면 춤을 제대로 배우고 즐길 수 없다. 이런 측면에서, 예술은 무엇보다도 우리의 몸이 좋아하며 그 안에서 몸이 즐거움을 느끼는 활동이다.

그런데 예술은 그저 신체적인 것에 불과한 게 아니다. 예술 안에는 이성적인 욕구, 즉 변하지 않는 것을 찾으려는 욕구가 실현되어 있다. 종교적인 예술은 변하지 않는 신의 질서를 표현하려 하며, 많은 시, 음악, 영화, 연극, 춤은 변하지 않는 인간사의 단면을 포착하고 있다. "나를 버리고 가시는 임은 십 리도 못 가서 발병 난다."라는 〈아리랑〉의 구절은 오랜 시간이 흐른 지금까지도 사랑하는 사람에 대한 인간의 변하지 않는 심리를 잘 전달해준다. 예술 안에서는 이렇게 몸뿐만 아니라 이성도 자신의 욕구를 충족하며 나름의 즐거움을 느낀다.

이렇듯 예술은 몸과 이성이라는 인간의 두 중요한 부분이 추구하는 것들 사이를 왔다 갔다 하며 둘 사이에서 균형을 잡도록 도와준다. 오직 오감의 즐거움만 추구하고 보편적인 질서를 추구하지 않는 사람은 무질서하고 남에게 해를 끼치는 사람이 될 것이다. 반면 오감의 즐거움을 포기하고 이성적인 질서만 추구하는 사람은 딱딱하고 재미없는 사람이 될 것이며, 진짜로 좋은 삶이 무엇인지, 행복이란 무엇인지를 도무지 이해할 수가 없을 것이다. 따라서 실러는 예술을 배우고 즐기면서 이 두 상반되는 충동 사이에서 균형을 잡아나가는 게 인간의 삶에서 매우 중요하다고 생각했다.

3이라는 수를 사랑했던 철학자

── 헤겔

Georg Wilhelm Friedrich Hegel, 1770~1831

칸트와 더불어 독일 근대 철학의 양대 산맥. 역사상 가장 거대한 철학 체계를
만든 사람이다. 공산주의를 출발시킨 마르크스에게 지대한 영향을 끼쳤으므
로, 현실에 대한 파급력도 막대했다고 볼 수 있다.

"세상의 많은 것에 실제로 3에 해당하는 구조가 들어 있다.

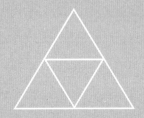

베를린대학 학생들과 함께 있는 헤겔(F. T. 쿠글러의 스케치, 1828.)

3이라는 수는 참 매력적이다. 삼각형은 가장 적은 변을 가진 평면도형이다. 적어도 변이 세 개는 있어야 평면 위에 도형을 이룰 수 있다. 세 개의 변이 모이기 전까지는 결코 완결된 닫힌 모양이 만들어지지 않는다. 또한 3은 기독교 전통에서 특별한 의미를 갖는 수이기도 하다. 기독교는 예수와 성령, 하나님이 하나의 존재라는 삼위일체 교리를 갖고 있다. 게르만 신화는 오딘, 빌리, 베 삼 형제가 우주를 창조했다고 하며, 고조선 신화에서도 환인, 환웅, 단군으로 이어지는 세 명의 신적인 존재가 등장한다. 이렇게 3이라는 수는 인류 문화의 여러 곳에서 사랑을 받아왔다.

철학자 중에서도 3을 특별히 사랑했던 사람이 있었다. 바로 독일의 유명한 철학자 중 한 명인 헤겔이다. 헤겔은 거의 모든 글을 세 부분으로 나눠서 썼다. 헤겔은 정말 다양한 주제에 대해서 방대한 철학적 분석을 남겼는데, 그 분석들이 대부분 3단계로 이뤄져 있다. 예를 들어서 논리학, 역사분석, 예술의 발전에 대한 분석 등등에서 헤겔은 모두 3단계의 발전에 대해서 말하고 있다.

3에 대한 헤겔의 사랑은 우연이 아니다. 헤겔은 세상의 많은 것에 실제로 3에 해당하는 구조가 들어 있다고 생각했다.

한번 3에 대해서 조금만 더 생각해보자. 우리는 어떤 것의 진행 단계를 말할 때 처음, 중간, 끝에 대해서 말한다. 그런데 이것이 과연 우연일까? 그렇지 않다. 굳이 따지자면 처음, 처음에 가까운 중간, 마지막에 가까운 중간, 끝 이렇게 네 부분으로 나눌 수도 있고, 처음, 처음에 가까운 중간, 진짜 딱 중간, 마지막에 가까운 중간, 끝 이렇게 다섯 부분으로 나눌 수도 있고, 이런 식으로 얼마든지 다른 수로 전체를 나눌 수 있다. 그렇지만 처음, 중간, 끝이라는 기본적 틀은 차별화된 탁월함을 갖는다. 왜냐하면 처음은 말 그대로 일의 시작을 나타낸다는 점에서 일이 이미 시작된 후인 중간과는 완전히 다르며, 또한 끝은 일이 다 끝나는 시점을 나타낸다는 점에서 일이 여전히 진행되고 있는 중간과 구별되기 때문이다. 반면 중간 부분을 아무리 자잘하게 나눠도 그것들은 전부 결국에는 중간이라는 점에서 통일성을 갖는다.

3은 정신의 특별한 구조를 나타내는 수이기도 하다. 우리는 정신을 통해서 물건을 의식한다. 예를 들어서 지금 손에 핸드폰을 쥐고 있다고 해보자. 그러면 우리는 정신을 통해서 그 핸드폰을 의식할 수가 있다. 그런데 이 핸드폰을 의식하는 과정

안에는 기본적으로 3단계가 들어 있다. 첫 번째로 일단 핸드폰이 있다. 두 번째로 핸드폰의 반대편에 우리의 정신이 있다. 그리고 마지막 세 번째로 그 둘이 만나며 핸드폰에 대한 나의 의식이 생겨난다.

"내가 그의 이름을 불러주었을 때/ 그는 나에게로 와서/ 꽃이 되었다."라는 김춘수의 시구절은 헤겔이 봤던 정신의 3단계 구조를 잘 나타낸다. 나의 정신이 그를 의식하기 전까지는 그는 그냥 그이다. 거기로부터는 아무것도 시작되지 않는다. 그런데 그의 반대편에 있는 나의 정신이 그와 만나게 되면 그로부터 완전히 새로운 게 시작된다. 이전에는 없었던 그에 대한 나의 의식이 생겨나며, 그는 꽃이라는 의미를 지닌 존재로 나의 정신 안에 새롭게 피어난다.

헤겔에게 있어서 정신은 지금 우리가 흔히 생각하는 것보다 훨씬 더 중요했다. 그렇기에 그의 철학 안에서 정신의 3단계 구조는 매우 핵심적인 의미가 있다. 당시 헤겔을 비롯한 많은 철학자는 정신이 이 세상의 근원이라고 생각했다. 지금이야 우리는 대부분 물질이 세상의 근원이라고 생각한다. 예를 들어서 눈앞에 책상이 먼저 있고, 그다음에 우리가 정신을 통해서 그 책상을 보는 것이라고 생각한다. 하지만 헤겔을 비롯한 당시 많은 철학자의 생각은 달랐다. 그들은 정신이 먼저고, 물질은 그 정신 안에 나타나는 것이라고 생각했다. 이런 사고방식을 가리켜서 관념론이라고 부른다. 생각해보면 이 관념론의 주장도 그럴듯하다. 내가 정신을 통해서 책상을 바라보지 않는다면 책상이 있는지 없는지 알게 뭐란 말인가? 책상이 있다는 것을 알려주고 담보해주는 것은 오로지 내 정신뿐이다. 어쩌면 내 정신이 없어지면 책상 또한 사라져버릴지도 모른다.

헤겔은 무엇보다도 정신이 이 세상에서 가장 근원적인 것이라고 생각했기에, 정신의 3단계 구조는 곧 세상의 가장 근원적인 원리라고 불러도 손색없을 정도로 아주 중요한 원리다.

헤겔 하면 가장 유명한 것이 변증법이다. 이 변증법도 정신이 가진 3의 구조를 생각하면 그리 어렵지 않게 그 의미를 이해할 수 있다. 변증법은 영어로 'dialectics'인데, 이는 대화를 뜻하는 'dialogue'와 어원이 같다. 대화는 1이라는 수만으로 이뤄지지 않는다. 나 혼자서 아무리 떠들어봤자 그것은 대화가 아니다. 대화에는 상대방이 필요하다. 2라는 수가 충족됐다고 곧장 대화가 완성되는 것은 아니다. 나와 상대방이 서로 멀뚱히 서 있거나, 아니면 서로의 이야기를 듣지 않고 각자 자신이 하고 싶은 말만 내뱉는다면 대화는 성립되지 않는다. 진정한 대화는 나와 상대방이 서로의 이야기를 들으며 서로를 이해한다는 제3의 새로운 현상을 만들어낼 때 이뤄진다.

헤겔은 변증법적인 정신을 따라 진리가 정립, 반정립, 종합의 3단계를 거쳐 이루어진다고 생각했다. 정립은 일단 처음 제기되는 주장을 가리킨다. 반정립은 그 처음 제기된 주장의 반대편에서 제기되는 주장을 가리킨다. 그리고 마지막으로 종합은 정립과 반정립이 서로를 극복해 더 나아간 상태의 새로운 단계에 이르는 것을 가리킨다.

우리는 흔히 진리는 '예' 또는 '아니오'라고 생각한다. 누군가 하나의 주장을 내놓았으면 그것은 옳거나 틀리다고 생각한다. 그리하여 그 주장은 진리이거나 아니면 또 다른 더 나은 주장을 통해서 극복되고 폐기되어야 할 거짓이라고 생각한다. 하지만 3을 좋아했던 헤겔의 생각은 달랐다. 헤겔은 1번 주장과 2번 주장이 서로 대립하면서 서로를 극복하고 더 나은 제3의 길로 가는 그 과정 전체가 진리를 이루는 일부라고 생각했다. 즉, 누군가의 주장은 단순히 옳다, 그르다의 이분법으로 나눠서 파악할 수 있는 문제가 아니라, 그게 옳건 틀리건 그것은 더 나은 제3의 길을 구성하는 일부의 역할을 하게 된다는 것이다.

처음, 중간, 끝 그중 어느 하나만 있어서는 아무런 전체도 이루어지지 않듯, 헤겔의 생각에 따르면 세상의 진리는 어느 하나의 주장으로 포착할 수 있는 게 아니라, 오고 가고 종합되는 삼각형의 순환이 끝없이 반복되며 이루어지는 전체적인 과정이다.

배부른 돼지보다는 배고픈 소크라테스가 될래

── 밀

John Stuart Mill, 1806~1873

영국의 철학자. 자유주의 사상에 가장 큰 영향을 끼친 사람으로 평가받는다.
여성참정권과 노동자 권리 문제에 직접 발 벗고 나선 정치인이기도 했다.

"질 높은 행복은 쾌락의 양이 적다고 하더라도 질 낮은 행복보다
더 나은 행복이다."

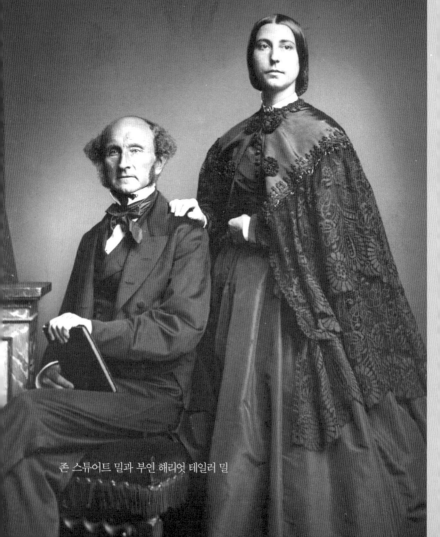

존 스튜어트 밀과 부인 해리엇 테일러 밀

언제나 그렇듯이 천재는 태어난다. 1806년 영국에서 한 아이가 태어났다. 그 아이는 세 살에 그리스어를 배우기 시작해 여덟 살에는 고대의 철학 서적을 읽었다. 또 얼마 지나지 않아 그리스어에 싫증을 느꼈는지 라틴어를 배우기 시작해 고대의 기하학과 논리학 서적을 탐독했으며, 열두 살에는 아리스토텔레스의 원전과 정치경제학을 공부했다. 이 신동의 이름은 밀이다. 많은 신동이 나이가 들어갈수록 빛을 잃고 세상살이에 지쳐가지만, 밀은 자신의 영특한 두뇌를 썩히지 않고 철학 연구에 바쳤다. 그 결과 근대 정치철학과 윤리학의 한 획을 그은 학자로 지금까지 이름을 남기게 되었다. 정치에 관심이 많은 독자라면 얼마 전 한국에서도 유명한 지식인들 사이에서 밀의 『자유론』을 둘러싼 논쟁이 벌어졌다는 소식을 들어봤을 것이다. 그만큼 밀의 책은 정치나 사회윤리의 분야에서 확고부동한 고전의 위치를 차지하고 있으며, 국가나 사회, 도덕 등에 대해 그가 정립한 이론은 여전히 많은 현대적인 이론의 기반 역할을 하고 있다.

　여기서는 밀의 공리주의 사상을 소개하고자 한다. 공리주의는 영어의 'utilitarianism'을 번역한 말로, 'utility', 즉 효용을 바탕으로 도덕적인 옳고 그름을 따지는 사고방식을 뜻한다. 'utility'는 쓸모를 뜻하는 'use'와 어원이 같다. 경제학을 공부한 사람이 아니라면 효용이라는 말이 어색할 수 있다. 국어사전을 보면 '효용'은 보람 있게 쓰거나 쓰임, 혹은 인간의 욕망을 만족시킬 수 있는 재화의 효능이라는 뜻이다. 밀이 사용했던 효용이라는 말은 어떤 행동을 할 때 그 행동이 가져다주는 욕망 충족과 쾌락과 이익을 뜻한다. 따라서 밀이 말한 공리주의는 최대한 많은 사람이 최대한으로 많은 효용을 갖도록 하는 행동, 즉 최대한 많은 사람이 최대한으로 자신의 욕망을 충족시키고 행복을 얻도록 하는 행동이 도덕적으로 옳다는 입장을 가리킨다. '최대 다수의 최대 행복'이라는 유명한 말이 이 맥락에서 나왔다.

　이에 대해서 물론 '욕망이란 무엇인가?', '욕망을 충족시키는 것이 정말로 좋은가?', '무엇이 쾌락인가?' 등을 둘러싸고 복잡한 논의가 가능하지만, 일단은 그냥 일반적으로 사람에게 좋다고 생각되는 것들을 늘려주면 큰 효용을 갖고, 얼마 못 늘려주면 적은 효용을 갖는다고 이해하면 편하다. '맹자와 셸러'를 다룰 때 이야기했던 예시를 다시 떠올려보자. 기차를 몰고 있는 기관사가 원래 정해진 선로대로 운행하면 다섯 명의 인부가 기차에 치여 죽고, 만약 선로를 급하게 틀면 두 명의 인부만 죽을 때, 효용을 기준으로 판단하면 선로를 틀어야 할 것이다. 다섯 명을 죽게 하는 것보다는 두 명을 죽게 하는 게 불행을 더 감소시킬 수 있고, 바꿔 말하면 두 명을 살리는 것보다 다섯 명을 살리는 것의 효용이 더 크기 때문이다. 이런 간단한 계산을 근거로 한 판단은 여전히 많은 사람이 일상적으로 도덕적인 옳고 그름을 판단할 때 사용하는 판단 방식이다.

밀의 아버지의 친구이자 공리주의를 창시한 사람으로 알려진 벤담(J. Bentham, 1748~1832)은 한 행동이 가져다주는 효용의 양을 계산할 수 있다고 믿었다. 효용의 양은 그 행동의 결과로 사람들이 얻게 되는 행복의 총합이 될 것이다. 그런데 여기서 어떤 기준으로 사람들의 행복을 측정할 것이냐 하는 문제가 생긴다. 어떤 경우에는 행복의 측정이 쉬워 보인다. 예를 들어서 아이스크림을 좋아하는 아이는 아이스크림을 하나만 고를 수 있을 때보다 두 개를 고를 수 있을 때 더욱 행복할 것이다. 그런데 계산은 생각보다 쉽지 않다. 아이가 아이스크림을 사 먹을 때, 지금 단기간을 기준으로 보면 아이는 아이스크림 두 개를 고르는 게 더 행복하겠지만 장기적인 관점에서는 아이스크림을 하나만 고르는 것이 잠재적으로 그 아이의 건강에 도움이 되기 때문에 아이의 행복에도 더 도움이 되는 것일 수 있다. 그렇다면 여기서 아이스크림을 하나만 고르는 것이 더 행복한 것인가, 아니면 두 개를 고르는 것이 더 행복한 것인가?

이 문제에 대해 아마 벤담은 행복의 양을 기준으로 후자가 더 낫다고 말할 것이다. 왜냐하면 아이스크림을 하나만 먹는 것이 장기적으로 더 큰 양의 행복을 가져다주기 때문이다. 이렇게 벤담은 좋고 나쁨을 판단할 때 행복의 총량을 기준으로 판단을 내렸다.

그런데 밀은 이와 달리 행복에는 양뿐만 아니라 질도 있다고 생각했다. 그는 질 높은 행복은 쾌락의 양이 적다고 하더라도 질 낮은 행복보다 더 나은 행복이라고 생각했다. 이에 대해 한 학자는 이렇게 설명한다. 만약 당신이 지금 지구상에 한 생명체로 태어나기 직전이고, 천사가 당신에게 어떤 생명체로 태어나고 싶은지 묻는다고 상상해보라. 당신은 하이든과 굴 중에 하나를 선택할 수 있다. 만약 하이든의 삶을 선택하면, 당신은 어린 나이에 놀랍도록 아름다운 교향곡을 작곡하고 세계를 여행하면서 살 것이다. 하지만 당신은 어린 나이에 죽는다. 반면 만약 당신이 굴의 삶을 선택하면, 비록 아무런 업적도 이루지 않을 것이지만 따뜻한 물속에서 목욕하는 기분으로 당신이 원하는 만큼 오래 살 수 있다. 이때 당신은 어떤 삶을 선택할 것인가?

이 문제를 두고 간혹 사람들은 굴을 선택하곤 한다. 왜냐하면 굴의 삶이 더 많은 육체적 쾌락과 안정감을 가져다주기 때문이다. 하지만 밀의 기준에서는 굴의 삶보다 하이든의 삶이 훨씬 더 값지고 행복한 삶이다. 왜냐하면 이성과 지성의 능력을 발휘하는 것은 단지 육체적인 쾌락이 주는 것보다 훨씬 더 고상한 쾌락을 가져다주기 때문이다. 물론 하이든의 삶이 굴의 삶보다 쾌락의 양이 더 적을 수 있다. 하이든은 일찍 죽어야 하고 바쁘게 교향곡을 작곡해야 하므로 육체적인 쾌락에 쏟을 수 있는 시간이 많지 않다. 하지만 하이든의 삶은 놀랍도록 지적이고 창조적이라는 측면에서 굴이 갖는 많은 양의 육체적 쾌락을 질적으로 능가한다. 이러한 뜻에서 밀은 "만족한 돼지가 되는 것보다는 불만족한 인간이 좋고, 만족한 바보보다는 불만족한 소크라테스가 낫다."라는 유명한 말을 남겼다.

밀의 이러한 생각은 공리주의가 가진 딱딱한 계산적인 측면을 많이 보완해준다. 최대 다수의 최대 행복을 목표로 삼는 공리주의에서 만약 행복의 질을 따지지 않고 오로지 양만을 추구한다면, 우리는 모든 사람을 굴과 같은 상태로 만들어버리자는 해괴한 목표를 갖게 될지도 모른다. 육체적 쾌락과 정신적 성장이라는 두 선택지 중 전자만을 좇게 될 수도 있다. 과연 모든 사람이 매일 미쉐린 3스타 레스토랑에서 밥을 먹는 세상이 더 좋은 세상일까, 아니면 조금 덜 맛있는 음식을 먹더라도 모두가 철학, 문학, 음악같이 우리의 정신을 고양해주는 것을 향유하는 세상이 좋은 세상일까? 양만을 따진다면 전자가 더 좋을지도 모른다. 그러나 질을 고려한다면 후자가 더 좋을 것이다. 여러분의 선택은?

신은 죽었다의 진짜 의미

── 니체

Friedrich Wilhelm Nietzsche, 1844~1900

독일의 문헌학자이자 철학자로, 현대 철학을 출발시킨 사람이라고 일컬어진
다. 합리주의적 사고가 주류를 이뤘던 서양 근대의 분위기에 일침을 가하며,
인간의 어두운 에너지에 주목했다.

"사람들이 이성을 너무 따르다 보니 정신적으로 병들어가고 있다."

"신은 죽었다."라는 말만큼 유명한 철학의 명언도 없을 것이다. 이 말은 유명한 철학자 중 한 명이자 현대 철학을 시작한 사람으로 널리 받아들여지는 독일 철학자 니체가 한 말이다. 그런데 이 말만 딱 놓고 보면 왜 이렇게까지 명성을 얻게 된 건지 조금 의아하다. 왜냐하면 니체가 살았던 19세기 후반 유럽에서는 이미 종교가 쇠퇴하고 있었기 때문이다. 진화론의 등장과 여타 근대과학의 발전으로 많은 사람이 점점 기독교적인 신앙심을 잃어가고 있었다. 한마디로, 니체가 선포하기 이전에도 이미 유럽에서 신은 죽어가고 있었으며, 다만 누가 장례를 치러주냐의 문제가 되어가고 있었다. 그렇다면 나올 만한 타이밍에 나온 "신은 죽었다."라는 말이 이렇게까지 명성을 얻게 된 건 어째서일까?

　보통 명언 뒤에는 방대한 배경이 있기 마련이다. 니체의 명언도 마찬가지이다. 사람들이 "신은 죽었다."라는 말에 깊은 인상을 받은 까닭은, 그 뒤에 자리 잡은 니체의 커다란 철학 체계와 연관시켜서 생각해봤을 때 큰 울림을 주는 말이기 때문이다. 니체가 현대 철학의 시작을 알렸다고 일컬어지는 이유는 그가 기존에 당연하게 받아들여지던 유럽의 이성주의적 사고방식에 정면으로 돌덩이를 던졌기 때문이다. 아니, 바윗덩어리라고 해야 더 정확할까? 기독교는 니체가 파괴하고자 했던 거대한 이성주의적 체계의 일부분에 불과하다. 따라서 니체의 "신은 죽었다."라는 말은 단순히 기독교가 몰락했다고 선언하는 데에서 그치는 게 아니다. 이 말은 아주 오랫동안 이어졌던 이성주의적인 전통이 이제 깨질 때가 됐다는, 또한 그렇게 낡은 시대가 지나가고 이제 현대가 시작한다는 선언을 담은 말이다.

그렇다면 이성주의가 뭐가 그리 잘못됐길래 니체는 그것을 파괴하려고 했던 걸까? 우리는 흔히 이성을 좋은 것으로 생각한다. 이성을 따르면 세상이 문제없이 돌아가고, 이성에서 벗어날 때 문제가 생기는 게 일반적인 것 같다. 그런데 니체는 이런 일반적인 생각을 깼다. 그는 사람들이 이성을 너무 따르다 보니 정신적으로 병들어가고 있다고 주장했다. 이게 무슨 소리일까?

가끔 주변을 둘러보면 너무 이성적으로만 모든 것을 생각하려고 해서 오히려 일을 그르치는 사람들을 보게 된다. 주식 투자가 대표적인 예이다. 이성적으로 실적과 주가를 계산해보면 절대로 사면 안 되는 주식이 있다. 그런데 꼭 그런 주식이 이슈를 타고 갑자기 몇 배가 오르곤 한다. 또는 철저한 계산 끝에 안전한 우량주라고 생각해서 산 주식이 나락으로 가는 일도 종종 있다. 이처럼 이성만을 따라가는 게 좋은 결과를 보장해주지는 못한다.

하지만 이성은 인간 사회에 놀라운 변화를 일으키고 지금까지 인류를 좋은 방향으로 이끌어왔다는 것도 분명해 보인다. 우리가 매일매일 의존하고 있는 과학기술이 아주 수준 높은 이성의 산물이니 말이다.

그래서 오해하지 않는 것이 중요하다. 니체는 이성 전체를 문제 삼은 게 아니다. 과학자들이 열심히 세상의 진리를 알아내고자 이성적으로 애쓰는 데 니체가 가서 돌을 던진 게 아니다. 그보다 니체가 진정으로 반대하고자 한 것은 이성과 비이성의 양 진영을 엄격하게 나누고, 이성이 이 세상을 지배해야 한다고 생각하면서 비이성은 가둬버리는 불균형적인 전통이다.

유럽 사회에서 이성은 오랜 역사를 자랑한다. 고대 그리스에서부터 이성은 세상을 관통하는 객관적인 원리이자 질서로 이해되었다. 전통적으로 이성과 항상 함께 묶였던 것이 질서와 빛이다. 그리스 로마 신화에서 태양신 아폴론은 이성의 신이자 질서의 신, 빛의 신이다. 이런 이미지 아래에서 이성은 찬란하게 세상을 비추고 질서 정연하게 세상 만물을 정돈하는 힘으로 생각되었다. 반면 이성과 항상 반대되는 것으로 생각되었던 것이 혼돈과 어둠이다. 도취, 감정의 폭발, 광란 같은 것들이 이성에 반하는 것들로 생각되어 왔다.

이런 이분법적인 구도는 기독교의 전통 아래에서 더욱 강화된다. 그리스 로마 신화까지는 그래도 질서의 힘과 혼돈의 힘이 서로 뒤섞이는 방식으로 세상이 이해되었다면, 기독교의 전통 아래에서는 전지전능한 신이 절대적인 이성을 가지고 세상의 모든 것을 통제하고 밝게 비추는 세계관이 만들어진다. 이런 이성주의적 세계관의 영향 아래, 신과 이성의 이름에 반하는 것은 모두 사탄이 된다. 약간 비정상적인 생각을 하는 사람은 귀신 들린 사람으로 취급되며, 질서 밖에 나는 여성은 마녀가 된다.

니체가 "신은 죽었다."라는 말을 통해 파괴하고자 한 것은 바로 이렇게 이성과 비이성의 경계를 나누고 이성 밖에 나는 모든 것을 통제함으로써 오직 이성의 힘만으로 질서 정연한 세상을 만들고자 하는 열망이다. 이성의 힘으로 세상을 질서 있게 통제할 수 있다고 믿는 사람들은 그런 믿음 아래 오히려 더 비이성적이고 꽉 막힌 처사를 하게 된다. 때로 그들은 더욱 잔인한 폭력을 휘두르기도 한다. 신의 이성과 질서를 선한 것으로 보고 사탄의 비이성과 혼돈을 악한 것으로 생각했던 중세 유럽인은 마을의 질서에서 벗어난 사람을 마녀로 규정해 고문하고 처형했다. 제2차 세계대전 때 나치 독일은 어느 집단보다도 사회를 더욱 질서 있게 통치하고자 했다. 그 결과는 끔찍한 전쟁과 수백만 유대인의 학살이었다.

이성과 질서에 전통적으로 가져왔던 환상과 다르게, 실제 세상은 항상 비이성과 혼돈의 힘이 함께 작용하고 있다. 사람

안에는 질서를 추구하는 마음가짐, 법칙에 따라 세상을 통찰하려는 정신만큼이나 혼돈과 일탈을 추구하는 경향이 함께 들어 있다. 따라서 비이성을 부정적인 것으로 프레임 씌워 내몰아버리고, 오직 이성의 관점에서만 세상을 파악하고 사회를 조직하려는 일은 결국 인간의 정신과 사회를 절름발이로 만들어버리고 만다.

니체는 비이성이 어둠에 갇히고 이성이 모든 영광을 가져가는 이분법적 구조에 바윗덩어리를 던졌던 사람 중 한 명이다. 그는 이전 사람들보다 더 솔직하고자 했다. '솔직히 우리 다 속으로는 무질서한 생각, 나쁜 생각 하고 있잖아?' 니체는 이런 물음을 사람들에게 던지고자 했다. 이성, 질서, 빛, 신, 선함 등등을 묶어서 생각하고 그 안에서 삶과 세계의 의미를 규정하고자 했던 예전 사람들에게 니체의 이런 파격적 질문은 큰 충격이었다. 니체의 이러한 문제 제기 이후로, 많은 사람이 이제 이성과 비이성을 모두 이해하고 그 둘 모두의 관점에서 세상을 바라봐야 한다고 느끼게 되었다. 이 변화는 현대의 정신과 밀접한 관계를 맺고 있다.

규칙을 파괴하는 자, 초인

—— 니체

Friedrich Wilhelm Nietzsche, 1844~1900

"인간은 그 자체로 목적이 아니라 건너가야 할 다리일 뿐이다."

삶의 무게는 무겁다. 공부, 가정, 노동 등등 모든 것이 때로는 짐처럼 느껴진다. 가끔은 그저 숨 쉬고 있는 것만으로도 벅차다고 느껴질 때가 있다. 물론 매일같이 이렇게 삶을 무겁게만 느낀다면 그건 마음이 심각하게 병들어가고 있다는 이야기일 테니 얼른 해결책을 찾아야 한다. 하지만 그렇게 매일같이 삶의 무게를 극적으로 느끼지는 않더라도, 누구나 살다 보면 가끔은 무언가가 위에서 나를 짓누르는 것 같거나 가슴 어딘가 한구석이 옥죄어 오는 느낌을 받을 때가 있다. 그건 내가 잘못해서가 아니다. 지금까지 잘못 살아와서 벌을 받는 게 아니다. 삶은 본성적으로 누구에게나 무거운 것이며, 그 무게를 인식하면서 살아간다는 것은 오히려 나의 정신이 그 무게를 느끼지도 못할 만큼 퇴락하지는 않았다는 증거다.

그렇게 삶의 무게가 느껴질 때, 거기에는 분명 몇 가지의 선택지가 펼쳐져 있다. 그냥 그렇게 계속 살아가거나, 아예 무너져버리거나, 그 상황을 극복하고 더 위대한 사람이 되어 더욱 높이

고양된 상태에 이르거나⋯. 다양한 선택지가 우리 앞에 펼쳐진다. 하지만 대부분 우리는 그러한 선택지를 인식하지 못한다. 삶이 무겁다는 사실까지는 어렴풋이 인식하지만, 거기서 그냥 기존에 살아가던 굴레에 맞게 계속해서 비슷한 패턴을 반복하며 살아가는 것이 대부분 사람이 무의식적으로 택하는 길이다.

그런데 때때로 우리 중 어떤 사람은 삶의 무게가 바위처럼 나를 짓누르는 순간 그 바위를 깨뜨리고, 샘솟는 긍정적 에너지로 모든 무력함을 극복해내곤 한다. 그는 삶의 노예가 되기를 거부하며, 오히려 삶의 주인이 되고자 한다. 니체는 그런 사람을 초인이라고 불렀다. 초인은 우리를 부정적인 에너지가 감도는 낮은 땅에 묶어두는 족쇄를 끊어낸다. 그리고 보다 높은 곳으로 올라가서 상쾌한 공기를 마시며 삶을 긍정한다.

니체가 말하는 초인은 초능력자 같은 게 아니다. 초인은 인간을 나약한 존재로 남게 하고, 계속해서 낮은 곳에 묶어두려는 수많은 족쇄를 벗어던질 수 있는 사람을 가리킨다. 니체의 생각에 따르면 우리 주변의 많은 관습, 도덕 규칙, 다른 사람의 말 같은 것들은 우리의 삶을 짓누르며 우리를 낮은 곳에 묶어두는 가장 대표적인 힘이다. 겉보기에는 합리적으로 보이고 당연히 따라야 할 것처럼 보이는 규칙과 관습은 사실 현 상태를 어찌어찌 잘 유지하고 적당히 타협하면서 살아가기 위해 만들어진 나약한 사람들의 규칙에 불과하다. 니체의 생각에 따르면, 다수의 나약한 사람들, 즉 삶을 짓누르는 바위를 던져낼 힘이 없는 다수의 사람이 소수의 강한 사람을 견제하고, 적당히 쳇바퀴 돌 듯 살아가는 자신들의 약한 삶을 안정화하기 위해 만들어낸 것들이 온갖 규칙과 관습이다.

예를 들어서 "다른 사람을 해치지 말아라."라는 도덕적인 규칙을 우리는 너무나 당연하고 정당한 것으로 받아들이지만, 니체는 이런 규칙이 사실 약한 다수의 사람이 강한 소수의 사람을 상대로 우위를 점하기 위해서 만들어낸 규칙에 불과하다고 생각했다. "네가 싫어하는 것을 남에게 하지 말아라." 같은 규칙도 마찬가지다. 이 외에도, 너는 이렇게 살아야 한다, 저렇게 살아야 한다, 이렇게 사는 게 좋은 거다, 저렇게 사는 게 좋은 거다 등등 주변 사람들이 관습적으로 반복하는 수많은 틀에 박힌 말은 삶의 무게를 충분히 극복해내지 못하는 다수의 기준에 맞춰서 생겨난 말들일 뿐인지도 모른다.

약한 다수의 사람에 의해서 생겨난 규칙과 전통에 잘 복종해서 살아봤자, 나에게 돌아오는 것은 더 묵직해진 삶의 짐뿐이다. 그 전통을 만들어내고 지켜온 사람들도 삶의 무게를 극복하지 못하고 남들이 시키는 대로 살아왔을 뿐인데, 그들의 말을 따라 똑같은 삶을 산다고 해서 무엇이 달라지겠는가?

초인은 그런 기존의 규칙을 과감히 거부한다. 여러 규칙과 주변의 말에 날카로운 비판의 칼날을 들이댄다. 내가 생각하기에 아닌 건 과감히 아니라고 말한다.

이런 니체의 초인 사상은 매우 공격적이고 폭력적이고 반동적으로 들리기도 한다. 그러면 남에게 해를 끼치란 말인가? 범죄자나 전쟁광이 되라는 말인가? 실제로 히틀러는 자신의 폭력적인 행보를 정당화하는 데 니체의 철학을 이용하려고 했었다.

하지만 니체의 말을 반드시 범죄나 폭력과 연결할 필요는 없다. 니체는 기존의 평화적인 체제를 깨뜨리고 폭력을 일삼으라고 주문한 것이 아니다. 니체는 기존에 우리가 당연하게 정당한 것으로 받아들이던 규칙이나 세상과 삶에 대한 여러 프레임이 우리의 자유와 후련함을 가로막는 족쇄라는 사실을 인식하고, 그것을 과감하게 깨어버릴 필요가 있다고 말했던 것이다. 즉, 삶이 짐으로 느껴질 때면 '내가 그동안 너무 당연하게 따르던 것들에 어느새 내가 종속되어 거기에 묶여버린 건 아닐까?', '내가 남들이 세워놓은 가치의 노예가 되어버린 것은 아닐까?', '그런 상태를 파괴해버리는 게 가능할 수도 있지 않을까?' 이런 질문을 던져보라는 이야기이다.

'힐링'이라는 단어가 한창 유행할 때가 있었다. 너 자신을 사랑해. 그대로도 괜찮아. 조금 쉬어도 괜찮아. 너는 그 자체로 사랑받을 만한 사람이야. 이런 이야기들과 함께 힐링의 바람이 불었었다. 그러나 니체가 주변의 규칙과 족쇄를 깨어버리라고 한 것은 힐링의 방향성과는 크게 다르다. 니체는 인간이 목적이 아니라 다리라고 말했다. 힐링을 강조하는 사람들은 인간이 목적이라고 말한다. 그 자체로 소중한 무언가라고 말이다. 하지만 니체는 인간은 목적이 아니라 건너가야 할 다리라고 생각했다. 즉, 인간은 극복되어야 할 존재, 더 위대한 존재로 거듭나야 할 존재라는 것이다.

니체는 인간은 그 자체로 목적이고 지금 이대로도 괜찮다고 생각하는 사람은 지금의 삶을 묶어두는 족쇄를 끊어버릴 용기도 힘도 없는 사람이라고 생각했다. 그들은 겉으로 보면 삶을 긍정하는 것 같지만, 사실은 쳇바퀴 굴러가듯 돌아가는 삶에서 벗어날 긍정적 에너지를 가지지 못한 사람들이다. 그들은 삶이 짐처럼 느껴질 때 그 짐을 고스란히 끌어안고 '이 짐은 그 자체로 소중한 거야.'라고 생각하며 현 상황과 타협한다.

니체는 힐링의 방향성과는 전혀 다른 강력한 정신을 추구했다. 삶이 짐처럼 느껴질 때, 그 짐을 산산조각 내버리고 자신의 새로운 질서를 창조하는 정신 말이다. 그런 강한 정신이 삶을 더 '좋게' 만들어줄지는 모르겠다. 사실 니체는 삶의 '좋음'을 다른 사람이 이미 만들어놓은 기준에 따라 평가하려는 시도 자체에 반대했다. 자신만의 좋음을 만드는 것, 그게 그의 철학의 핵심이라 할 수 있다.

니체의 주장에 꼭 동의할 필요는 없다. 힐링이 자신에게 큰 힘이 된다고 느낀다면 힐링을 추구해도 된다. 자신의 기준에서 니체를 욕해도 좋다. 니체의 말이 무조건 옳다고 생각하면서 거기에 따르려는 것이야말로 니체의 사상에 가장 반하는 일이다.

해리포터는 존재할까

—— 마이농

Alexius Meinong, 1853~1920

오스트리아의 철학자이자 심리학자. 인간의 모든 사고는 특정한 대상을 '향해서' 이루어진다는 이론을 지지했다. 이후 초기 분석철학자들에 의해 주목받았다.

"둥근 삼각형은 존재한다."

나는 존재한다. 충청남도는 존재한다. 대한민국은 존재한다. 반면 대한민국 제30대 대통령은 아직 존재하지 않는다. 충청서도는 존재하지 않는다. 소한민국은 존재하지 않는다. 이렇게 우리는 무엇이 존재하고 무엇이 존재하지 않는지를 아무런 문제 없이 말할 수 있는 것처럼 보인다. 그런데 생각보다 존재라는 것은 수수께끼 같다. 다음 사례를 보면 존재가 얼마나 사람을 헷갈리게 하는지 알게 될 것이다.

둥근 삼각형은 존재할까? 한번 5초 정도 생각해보시기를 바란다. 적절한 이성을 갖춘 사람이라면 둥근 삼각형은 당연히 존재하지 않는다고 답할 것이다. 어떻게 삼각형이 둥글겠는가? 둥글다면 그건 이미 삼각형이 아니다. 삼각형은 그 정의상 반드시 직선 세 개로 이루어져 있어야 하기 때문이다. 둥글다는 것은 직선이 아니라는 이야기이므로 둥근 삼각형은 존재할 리가 없다.

그런데 마이농이라는 철학자는 놀랍게도 둥근 삼각형이

존재한다고 말했다. 그의 논리는 다음과 같다. 만약 둥근 삼각형이 정말로 존재하지 않는다면, 둥근 삼각형을 포함한 어떤 참된 문장도 말할 수 없어야 한다. 왜냐하면 어떤 문장이 참되다는 것은 그 문장이 유의미하다는 것인데, 존재하지 않는 것과 관련해서는 어떤 유의미한 것도 말해질 수 없어야 하기 때문이다. 그런데 우리는 둥근 삼각형을 포함하는 참된 문장을 말할 수 있다. 예를 들어서 "둥근 삼각형은 인간에 의해 상상될 수 없다."라는 문장은 분명 참인 것처럼 보인다. 이 문장이 참일 수 있는 이유는 이 문장에 들어 있는 '둥근 삼각형'이라는 말이 분명 무언가를 가리키고 있기 때문이다! 만약 '둥근 삼각형'이라는 말이 그 어떤 것도 가리키지 않는다면 어떻게 저 문장이 참이 될 수 있겠는가? 따라서 '둥근 삼각형'이라는 말이 가리키는 무언가가 존재해야만 한다. 그러므로 둥근 삼각형은 존재한다. 정말로 괴상한 논리이지만, 어쩐지 설득당한 것 같기도 하다.

그렇다고 마이농이 둥근 삼각형을 한라산처럼 눈으로 보이고 손으로 느껴지는 존재라고 주장한 것은 당연히 아니다. 한라산과 둥근 삼각형은 분명 서로 다른 방식으로 존재한다. 한라산은 실제 세계에 존재하는 반면, 둥근 삼각형은 어딘가 다른 곳에 존재하는 것 같다. 그렇다면 실제 세계에 존재하는 것과 눈에 보이는 세계가 아닌 어딘가 다른 곳에 존재하는 것 사이에는 어떤 차이가 있을까?

그런 것을 생각해서 무슨 소용이냐 싶을 수 있지만, 우리가 매일 접하는 많은 것이 실제 세계에 존재한다기보다는 어딘가 다른 곳에 존재한다. 많은 전설 속, 소설 속, 영화 속의 인물들은 실제 세계에 존재하지는 않는다. 그렇다고 그들이 완전히 존재하지 않는가? 여기에 선뜻 "그렇다."라고 대답하기는 어렵다는 느낌을 받는 사람이 많을 것이다. 내가 좋아하는 영화의 주인공은 분명 이 실제 세계에 존재하지는 않지만, 그렇다고 완전히 존재하지 않는 것은 아닌 것 같기도 하다. 한번 이 문제를 조금 더 생각해보자.

해리포터는 존재할까? 한번 나름대로 생각하고 답을 내려보시기를 바란다. 어떤 사람은 해리포터가 존재한다고 생각할 것이고, 어떤 사람은 해리포터가 존재하지 않는다고 생각할 것이다. 아마 해리포터가 존재한다고 생각하는 사람은 해리포터라는 캐릭터가 소설 혹은 영화 속에 있다는 의미에서 해리포터가 존재한다고 생각할 것이고, 해리포터가 존재하지 않는다고 생각하는 사람은 실제 이 세계에 존재하면서 정말로 영국에서 볼드모트를 물리친 사람은 없다는 의미에서 해리포터가 존재하지 않는다고 생각할 것이다.

그렇다면 이런 의문이 든다. 소설 속에 존재하는 것과 정말로 이 세계에 존재하는 것의 차이는 무엇일까? 정말로 이 세계에 존재한다는 것의 의미는 나름 이해하기 쉬워 보인다. 실제로 만질 수 있거나, 냄새 맡을 수 있거나, 볼 수 있거나, 들을 수 있거나, 느낄 수 있는 그런 게 실제로 이 세계에 존재하는 것일 테다. 그런데 소설 속에 존재한다는 것은 도대체 뭘까? 소설 속은 과연 어디일까? 그저 글자들의 나열을 의미하는 것일까? '해', '리', '포', '터'라는 글자가 책 속에 나열되어 있다는 의미에서 해리포터가 소설 속에 존재한다고 말하는 걸까? 그건 아닌 것 같다. 해리포터가 소설 속에 존재한다고 말할 때 대부분 사람이 뜻하는 바는, 호그와트가 있고 헤르미온느와 볼드모트가 있는 소설 속의 나라에 해리포터라는 인물이 살고 있다는 것이다. 그렇다면 그 소설의 나라는 도대체 무엇일까? 소설의 나라가 이 세계에 정말로 존재하지 않는 것은 확실하다. 대한민국이 존재하듯이 호그와트가 존재하지는 않는다. 그렇다면 호그와트와 해리포터는 도대체 어떤 방식으로 존재하는가?

이 물음에 대답하기는 정말로 어렵다. 한 가지 가능한 답변은, 해리포터 소설의 나라는 우리의 마음속에 있다는 것이다. 하지만 이 답변에 많은 사람은 만족하지 못할 것이다. 마음속에 있다는 게 무엇인지가 잘 와닿지 않기 때문이다. 우리의 마음은 과연 무엇인가? 마음이 무엇인지도 제대로 답변하기가 힘든데, 소설의 나라가 마음속에 있다는 것이 무엇인지 어떻게 이해하겠는가. 그래서 조금 더 현대인의 입맛에 맞는 답변을 찾아본다면, 해리포터 소설의 나라는 우리의 뇌 속에 있다는 것이다. 우리 뇌에 흐르는 전기화학 신호의 일정한 패턴이 해리포터 소설의 나라를 형성한다는 것이다. 일견 말이 돼 보이긴 하지만, 그렇다고 해서 '해리포터 = 뇌의 특정한 전기화학 신호'라는 도식을 곧이곧대로 인정하고 싶어 하는 사람은 그리 많지 않을 듯하다. 보통 우리가 해리포터는 존재한다고 말할 때, 정말로 뇌의 전기화학 신호를 염두에 두고 말하는 것은 아니기 때문이다. 그보다는 뇌와 상관이 있을지도 모르지만 어쨌든 완전히 뇌와 동일시될 수는 없는 어떤 소설의 나라에 해리포터가 있다는 그림을 머릿속에 그리는 것 같다.

소설 속에 존재하는 것과 실제로 이 세계에 존재하는 것 사이의 정확한 차이가 무엇인지에 대해 완전히 명쾌한 답변을 제시할 수 있는 사람은 없어 보인다. 꼬리에 꼬리를 무는 의문이 이어질 수 있으며, 거기에 최대한 말이 되는 답변을 해보고자 노력하는 것이 최선일 것이다. 중요한 점은, 존재는 생각보다 알쏭달쏭한 것이며 우리가 실제 이 세계에 존재한다고 생각하는 많은 것이 사실은 소설 속 존재처럼 불분명하게 존재한다는 것이다. 예를 들어서 서울은 과연 이 세계에 실제로 존재할까? 무엇이 서울일까? 서울 시민들의 집합? 서울의 땅? 서울시 행정체계? 어느 날 서울의 이름이 너울로 바뀌면 서울은 더는 존재하지 않는 걸까? 답을 내리기 쉽지 않다.

잠시 멈추고 태도를 바꾸면
새롭게 보이는 것들

—— 후설

Edmund Husserl, 1859~1938

독일의 철학자. 현상학이라는 커다란 철학 분야의 창시자이다. '판단중지'에 대
한 견해로 잘 알려져 있으며, 하이데거의 스승으로 유명하다.

"그 순간에 보이고 느껴지는 것에 집중해서 세상을 바라보라."

태도를 갖지 않고 살아가는 사람은 없다. 누구나 특정한 태도를 갖추고서 살아간다. 태도는 일정하지 않고 그때그때 바뀐다. 스포츠를 할 때면 보통 경쟁적이고 열정적인 태도를 갖게 되며, 무언가 관찰할 일이 있으면 차분한 태도를 취하게 되고, 친구들과 놀 때면 사회적이며 농담에 열려 있는 태도를 취하게 된다.

이렇게 상황에 따라 바뀌는 일시적인 태도가 있는가 하면, 오랜 시간 지속되거나 삶 전체를 관통하며 유지되는 태도도 있다. 어느 정도 지적 호기심이 있는 아이가 학구열이 강한 가정환경에서 자라고 공부 경쟁이 심한 지역에서 학창 시절을 보내게 되면, 성장하는 동안 지식을 습득하는 데에 관심을 보이는 태도를 유지할 가능성이 클 것이다. 악당에게 소중한 사람을 잃은 사람은 평생 그 악당에게 복수하려는 태도를 갖고 살아가게 될 수 있다.

태도는 순간순간의 선택을 결정하고 삶의 방향성을 설정

해 나가는 데 큰 영향을 끼친다. 상사 앞에서 어떤 태도를 보이느냐에 따라 회사 생활의 향방이 좌우될 수도 있다. 어떤 태도로 친구들을 대하느냐에 따라 평생 내 옆에 남는 사람이 결정된다. 어떤 태도로 손님을 대하느냐에 사업의 성패가 갈린다.

그런데 태도는 단지 어떻게 살아가며 무엇을 얻고 무엇을 이루느냐의 차원에서만 중요한 게 아니다. 태도는 무엇을 알게 되는지에도 결정적인 영향을 끼친다. 지식을 얻으려면 지식에 열려 있는 태도를 갖춰야 한다. 공부를 죽어도 하기 싫어하는 학생은 절대로 지식을 얻을 수 없다. 지식 자체를 거부하는 태도를 보이는 학생은 아주 간단한 지식조차 얻을 수 없다. 나는 많은 학생에게 수학을 가르쳐 본 적이 있는데, 정말로 공부에 거부감을 보이는 학생은 일차방정식 같은 기초적인 지식조차 흡수하지 못한다. 지능이 낮아서가 아니다. 태도 때문이다. 지식을 얻으려면 무엇보다도 지능이 필요할 것 같지만, 아무리 지능이 있어도 태도가 지식을 거부하면 아무런 소용이 없다. 적절한 태도를 갖추는 것은 지식을 얻는 데 필수 요건이다.

그런데 지식에는 여러 종류가 있다. 수학, 과학, 철학, 사회학 등 학문의 분야에도 여러 종류가 있지만, 그 외에도 사회생활에 필요한 지식, 생존에 필요한 지식, 주변을 꾸미기 위해 필요한 지식 등 지식에는 아주 많은 종류가 있다. 이 각각의 지식을 얻는 데에는 각기 다른 태도가 필요하다. 수학적인 태도만 갖추고 있고 철학적인 태도에는 열려 있지 않은 사람은 복잡한 수식은 쉽게 이해하지만, 간단한 철학적 명제도 이해하지 못할 수 있다. 철학적 태도를 갖추고 있지만 미적 태도를 결여한 사람은 아주 기초적인 아름다움도 이해하지 못할 수 있다.

독일의 철학자 에드문트 후설은 지식과 태도의 밀접한 관계에 주목한 바 있다. 후설은 특정한 종류의 지식을 얻기 위해서는 태도를 바꾸는 작업이 꼭 필요하다고 주장했다. 평소 우리는 별 의식 없이 특정한 태도를 취한다. 수학을 공부할 때 '나 이제부터 수학을 공부하기 위한 태도를 취해야지!'라고 결심하고 수학적인 태도를 취하는 사람은 거의 없다. 보통은 수학을 공부하는 상황이 되면 자동으로 수학적인 태도를 취하게 된다.

그런데 문제는 자동으로 태도가 바뀌지 않는 경우이다. 어떤 학생들은 수학 시간을 알리는 종이 울려도 수학적 태도를 취하지 않는다. 그런 학생들은 아무리 훌륭한 지적 능력을 갖추고 있어도 간단한 함수조차 이해하지 못하고 만다.

후설은 이런 일이 지식인들의 세계에서도 자주 벌어진다고 생각했다. 자신이 속한 지식의 전통에 익숙한 사람은 이미 특정한 태도를 오랫동안 무의식적으로 취해 온 상태이다. 그들은 대부분 자신이 그런 태도를 취하고 있다는 사실조차 알지 못한다. 예를 들어서, 물리학자들은 대부분 자신이 물리학적 태도를 취하고 있다는 사실을 알지 못한다. 이는 평소에는 아무런 문제가 되지 않는다. 그런데 물리학적 태도로는 결코 이해할 수 없는 새로운 사안을 이해해야 할 상황이 되면 문제가 생긴다. 수학적 태도를 결여한 학생이 아무리 똑똑해도 수학을 이해할 수 없는 것처럼, 다른 태도에 열려 있지 않은 물리학자는 아무리 노벨상을 받을 만큼 똑똑해도 다른 분야의 지식을 결코 이해할 수가 없다.

그렇다면 태도를 바꿔서 다른 분야의 지식도 이해할 수 있으려면 어떻게 해야 할까? 수학적 태도를 취하지 않는 학생을 위해서 야단을 치는 선생님도 있고, 재밌는 이야기로 주의를 끄는 선생님도 있다. 가장 훌륭한 교육 기술을 보유한 수학 선생님은 학생이 자신도 모르는 사이에 수학적 태도를 취하도록 만들어준다. 이렇듯 태도 변경에 있어서 최고의 방법은 자신도 모르는 사이에 태도를 바꾸도록 만들어주는 것이다. 이런 일은 문학이나 예술이 잘 해낸다. 감동적인 문학작품을 읽은 사람은 자신도 모르게 세상을 조금 더 따뜻한 태도로 바라보게 된다. 환경보호를 주제로 한 인상 깊은 영화를 본 사람은 그 어떤 논리적인 설명을 들었을 때보다도 더 환경보호를 위해 노력하는 태도를 취하게 된다.

하지만 후설은 이런 세련된 방법을 사용하지는 않았다. 후설은 수학자 출신의 철학자였다. 그는 딱딱한 논리학 연구에 수십 년을 바친 사람이었다. 그에게 마치 세련된 예술가나 타고난 일타강사처럼 교묘한 방법을 써서 사람들이 자신도 인지하지 못한 사이에 태도를 바꿔 더 많은 지식을 이해하도록 만들어주기를 기대하기는 어렵다.

후설은 조금 더 직접적이고 투박한 방법을 제안했다. 그것은 바로 '판단중지'이다. 판단중지란 평소에 세상을 바라보던 판단의 방식을 잠시 멈추고 순수하게 그 순간에 보이고 느껴지는 것들에 집중해 세상을 바라보는 것을 뜻한다. 예를 들어서 침대를 항상 눕는 곳이라고 생각해왔다면, 한번 침대는 눕는 곳이라는 판단을 제외하고 침대를 바라봐보자. 그러면 평소에 보이지 않던 침대의 새로운 면모가 보이면서 침대에 대한 더 나은 이해에 도달하게 될 수도 있다.

마찬가지로, 평소에 자신이 회사원의 시각에서만 회사를 바라봤다면, 학생의 시각에서만 학교를 바라봤다면, 국민의 관점에서만 국가를 바라봤다면, 한번 지금까지 당연하게 내렸던 판단을 중지하고 순전히 그때 떠오르는 느낌대로 그 대상을 고찰해보자. 그러면 그간 자신의 유연하지 않은 태도 때문에 막혀 있었던 이해의 통로가 뚫릴 수도 있다. 이런 판단중지는 철학자나 여타 학자에게도 중요하지만, 다양한 지식을 얻으며 세상을 살아가는 모든 사람에게도 도움이 될 만한 것이다.

철학의 천재가 뒤집은 존재에 대한 생각

—— 하이데거

Martin Heidegger, 1889~1976

독일의 철학자. 현상학과 실존주의 모두와 관련되며, 유럽의 현대 철학에 막대한 영향을 끼친 인물 중 한 명으로 꼽힌다. '철학의 천재'라는 별명이 있을 정도로 뛰어난 학문적 성취를 보였지만, 나치에 협력한 전력이 있어 많은 비판을 받기도 한다.

"눈앞에-있음과 손안에-있음이라는, 서로 다른 존재의 방식이 있다."

하이데거는 많은 철학자에게 철학의 천재라고 불린다. 대부분의 유명한 20세기 유럽 철학자들은 하이데거와 직간접적으로 관계를 맺고 있다. 사르트르, 푸코, 아도르노, 하버마스 등의 철학자들은 모두 하이데거의 철학을 잘 알고 있었으며 그로부터 많은 영향을 받았다. 실존철학의 거장으로 유명한 사르트르의 가장 유명한 책『존재와 무』는 하이데거의 『존재와 시간』의 오마주라고 할 수 있다. 또 요즘 많은 주목을 받는 푸코도 한 인터뷰에서 "하이데거를 읽으면서 내 철학적인 생각이 형성되었다."라고 말한 바가 있다. 물론 하이데거는 철학적인 천재성에도 불구하고 나치에 협력했던 전력 때문에 아주 많은 안티 팬을 거느리고 있기도 하다. 그런데도 철학사적 영향력이 워낙 대단해서 정치적 올바름과 상관없이 여전히 많은 사람이 그의 사상을 공부하고 있다.

　　하이데거가 특별한 점은 존재가 무엇인지에 대해서 우리가 기존에 갖고 있던 이해를 송두리째 바꿔놓을 만한 강력하고 파격적인 새로운 시각을 보여줬다는 것이다. 존재는 정말 독특한 주제이다. 왜냐하면 존재는 세상 어디에나 있고 모두에게 있으며 언제나 있는 것이기 때문이다. 세상은 존재하는 것들로 가득 차 있다. 주위에 보이는 책상, 컴퓨터, TV, 부모님, 친구, 나무, 참새, 그리고 나 자신…. 이 모든 것은 다 존재한다. 존재하지 않는 것은 아무것도 없다. 존재한다는 것 자체가 말 그대로 이 세상에 있다는 것이니 말이다.

말장난인 것 같지만, 이 문제를 골똘히 생각해보면 존재는 매우 심오한 주제라는 것을 알 수 있다. 철학자는 항상 세상의 가장 내밀한 비밀을 밝혀내고 싶어 한다. 그런데 한번 잘 생각해보면 세상에 있는 모든 것이 가진 공통점은 그것들은 모두 존재한다는 것이다. 마치 지구상의 모든 사물은 중력의 영향을 받듯이, 이 세상에 있는 모든 것은 그게 구체적으로 어떤 것이건 어쨌거나 존재한다. 존재의 그물망은 이 세상 전체에 걸쳐서 어디 하나 남는 구멍 없이 뻗쳐져 있다. 그렇다면 존재야말로 이 세상의 가장 내밀한 비밀이 숨겨져 있는 상자가 아닐까?

그런데 등잔 밑이 어둡다는 말이 있듯이, 이렇게 존재가 언제나 모든 곳에, 누구에게나 걸쳐 있는 것이기 때문에 오히려 아무도 존재에 대해서 제대로 생각하려 하지 않았다는 게 하이데거의 문제 제기였다. 하이데거 이전 시기까지, 즉 20세기 이전까지는 대부분 사람이 존재라는 것에 무언가 특별히 생각할 구석이 있다는 것을 감지하지 못했다. 마치 주변 사람들 모두가 부자인 환경에서 살다 보면 자신이 부자라는 것을 깨닫지 못할 수 있듯이, 세상 모든 것은 존재한다는 게 너무 당연하다 보니 거기에 뭔가 질문을 던져볼 수 있다는 생각을 하지 못한 것이다. 한마디로 인류는 아주 오랫동안 '존재한다는 게 도대체 뭐지?'라는 질문을 제대로 던져보지 못했다는 게 하이데거의 주장이다. 그리고 그는 스스로 그 질문을 던졌다.

하이데거는 존재에는 서로 다른 방식이 있다고 생각했다. 보통 우리는 모든 존재가 기본적으로 똑같다고 생각한다. 예를 들어서 나무의 존재나, 사람의 존재나, 강아지의 존재나, 컴퓨터의 존재나 그 구체적인 대상은 모두 다르지만, 존재한다는 측면에서는 똑같다고 생각한다. 사람도 존재하고 강아지도 존재한다. 그 측면에서는 서로 구별될 것이 없다.

그런데 하이데거는 '눈앞에-있음'과 '손안에-있음'이라는 서로 다른 존재의 방식이 있다고 생각했다. 먼저 눈앞에-있음이란, 어떤 사물이 객관적인 존재자로서 존재하는 걸 뜻한다. 우리가 보통 생각하는 존재가 바로 이 눈앞에-있음이다. 눈앞에 있는 사물은 기본적으로 나와 아무런 상관이 없다. 예를 들어서 꽃병이면 일단 그 꽃병으로서 독립적으로 존재한다. 내가 그 꽃병에 대해서 갖는 감정이나 그 꽃병에 얽힌 나의 경험 같은 것은 그 꽃병의 존재를 이루지 않는다. 일단 먼저 꽃병이 있고, 그다음에 내가 꽃병과 관계를 맺을 뿐이다.

그런데 다른 각도에서 한번 생각해보면, 일상을 살아가

면서 우리가 물건이나 생명체를 마주할 때 그것들은 대개 나와 어떤 관련을 맺는 것으로 먼저 경험된다. 예를 들어서 내 방에 있는 꽃병은 그냥 꽃병이 아니라 내가 키우는 꽃을 담고 있는 꽃병이고, 내 핸드폰은 그냥 핸드폰이 아니라 내가 편리하게 이용하는 핸드폰이고, 내 방이라는 공간은 그냥 객관적인 3차원 공간이 아니라 내가 잠을 자고 생활하는 공간이다. 이런 의미의 존재를 하이데거는 손안에-있음이라고 부른다. 손안에 있는 존재자는 단지 눈앞의 객관적인 사물로서 주어지는 게 아니다. 오히려 내 손안에 움켜쥐고 뭔가를 하거나 내가 먹거나 하는 등, 어떤 방식으로든 내 삶과 관련이 있는 것으로서 주어진다.

한번 잘 생각해보면, 어떤 존재자가 우리에게 정말로 나와 관련이 없는 객관적인 사물로 주어지는 경우는 굉장히 드물다. 예를 들어서 지금 주변 공간 안에서 나와 아무런 관련을 맺지 않은 사물을 하나라도 찾아보려고 하면, 아마 발견할 수 없을 것이다. 심지어 정말 작은 티끌까지도 그것은 단지 눈앞에-있는 티끌이 아니라 내가 치우고 싶은 티끌, 거슬리는 티끌, 지저분한 티끌, 아니면 그냥 나와 함께 있어도 괜찮은 티끌이다. 티끌을 객관적이고 눈앞에 있는 티끌로 바라보는 것은 아주 드문 일이다.

사실, 순전히 객관적인 시선에서 세상의 사물이나 생명체를 바라보는 것은 거의 불가능하다. 과학자 또는 철학자나 가끔 그런 일을 할 수 있을까 말까지, 일상을 살아가면서 우리가 마주치는 대부분 것은 다 나와 관련을 맺고 있고 내 의지와 감정이 그 대상 안에 섞여 들어가 있는, 손안에-있음의 차원에서 존재하는 것이다. 이렇게 우리는 평소에 존재를 '경험'할 때는 거의 손안에-있음으로 경험한다. 그런데 이상하게 존재에 대해서 '생각'해보라고 하면 자꾸만 눈앞에-있음의 관점에서 생각하려고 한다. 하이데거는 이게 뭔가 이상하다고 생각했다. '눈앞에-있음의 관점에서 세상 사물의 존재를 바라보는 일은 매우 드문데, 왜 대부분 학자는 눈앞에-있음이 근원적인 존재라고 생각할까? 분명한 건, 사람은 항상 손안에-있음을 오히려 먼저 경험한다는 것이다. 그렇다면 사실 손안에-있음이 근원적인 존재인 게 아닐까?'

어찌 보면 사소해 보일 수도 있는 이 발상의 전환은 많은 것을 바꿔놓는다.

엄마는 나의 존재를 이루고 있다

—— 하이데거

Martin Heidegger, 1889~1976

"주변 세상과 분리된 백지상태의 '나'는 없다."

우리는 보통 나 자신의 존재를 생각할 때 다른 사물이나 다른 사람과는 독립적으로 존재한다고 생각한다. 예를 들어서 나는 내 친구 철수와 상관없이 존재하는 것 같다. 철수가 없었어도 나는 나다. 반대로 내가 없었어도 철수는 철수일 테다. 이렇게 서로 독립적인 두 사람이 나중에 만나 생겨난 관계가 지금 나와 철수의 관계일 것이다.

　　그런데 하이데거는 이런 사고방식을 바꾸기를 요구했다. 하이데거의 아이디어에 따르면 이미 내 존재 안에는 다른 사람들이 들어와 있다. 한마디로 철수와 독립적인 나 같은 것은 없다. 그런 건 환상에 불과하다. 나의 존재는 철수를 비롯해 수많은 주변 사람과 뉴스에서 접한 여러 소식, 주변 환경, 주변 물건이 스며 들어와 구성되어 있다. 일단 독립적인 내가 존재하고 그다음에 내가 그것들과 관계를 맺은 게 아니다. 그런 것들과 얽히고설켜서 생겨난 것이 나의 존재다. 이건 엄청난 사고의 전환이다.

이와 관련해서 한 심리학 연구를 주목할 만하다. 아기가 자기 자신을 의식하기 시작하는 시기는 보통 18~20개월 정도로 알려져 있다. 그 이전까지는 아기한테 거울을 보여줘도 그게 자기인지를 모른다. 그런데 다른 사람이 자신한테 주는 관심은 아기가 2~3개월부터 의식하기 시작한다는 연구 결과가 있다. 또한 아기는 다른 사람이 주변 사물에 보이는 관심의 경우 약 9~12개월 정도에 의식하기 시작한다고 한다. 놀라운 사실이다. 아기는 자기 자신을 의식하기 훨씬 전부터 다른 사람이나 주변 사물을 의식하는 것이다.

하이데거의 철학을 이것과 비슷한 관점에서 이해해볼 수 있다. 인간의 경험을 잘 살펴보면, 언제나 무엇에 '대한' 경험이다. 새를 보든, 나무를 보든, 음악을 듣든, 꽃향기를 맡든, 인간의 경험은 언제나 나 말고 다른 것과 관계한다. 심지어 나 혼자 머릿속으로 골똘히 생각할 때도 그건 지금까지 살면서 다른 사람들에게서 들었던 수많은 의견과 정보를 조합해서 나의 색깔로 변형하는 과정이라고 볼 수 있다. 게다가 내 생각은 언어로 이루어져 있다. 다른 사람들한테 배운 언어가 없이는 나는 아무것도 제대로 생각할 수 없다. 이렇게 인간의 모든 경험은 항상 나 말고 다른 무엇을 필요로 한다. 나는 항상 주변 세상을 향해 손을 뻗고 시선을 던지면서 존재하고 있다.

그런데 우리는 그런 세상의 다른 것들과 나를 일단은 구별하는 게 자연스럽다고 생각한다. 나는 나고 철수는 철수고,

새는 새고, 꽃향기는 꽃향기고. 이런 식으로, 일단 나를 비롯해 각 사물은 저마다 독립적으로 먼저 존재하고, 그런 상태에서 다른 것들과 관계를 맺으면서 사건과 경험이 생겨난다고 보는 게 당연한 것 같다. 이는 우리가 과학 시간에 배운 지식과 상통한다. 과학 시간에는 독립적인 입자들이 존재한다고 배운다. 일단 독립적인 최소 입자들이 있고, 그다음에 그 입자들이 운동하고 서로 부딪히고 결합하면서 만들어지는 게 세상만사라고 배운다. 이런 생각을 인간과 주변 사물의 존재로까지 확장하면, 인간과 주변 사물은 일단 각각이 물리적인 실체로서 존재하고, 그다음에 서로 만나고 관계하면서 경험도 생겨나고 여러 사건도 생겨나고 기억도 생겨나고 의미도 생겨나고 하는 게 당연한 것 같다. 그런데 하이데거는 바로 이 사고방식을 깨뜨리기를 요구한다.

하이데거에 따르면 그렇게 주변 세상과 분리된 백지상태의 '나' 같은 것은 없다. 나는 항상 이미 주변 세상으로 뻗어나가 있는 채로 존재한다. 반대로 말하면, 주변 세상은 이미 내 안으로 들어와 있다. 아무리 세상에서 벗어나려고 해도 나는 결코 세상에서 벗어날 수 없다. 세상이 없으면 나도 없다. 때로는 물건도 마찬가지다. 우리가 결코 관계를 끊어낼 수 없는 그런 물건들이 있다. 예를 들어서 내가 매일 사용하는 핸드폰과 나는 어떤 의미에서는 서로 구별되지 않는다. 나의 존재 안에는 이미 내 핸드폰이 너무나 중요한 구성 성분으로 들어와 있다. 특히 핸드폰에 심하게 중독된 사람이라면, 어쩌면 핸드폰이 없이는 그 사람이 아예 존재할 수 없을지도 모른다. 그 사람의 존재 안에는 핸드폰이 마치 왕처럼 군림하고 있다. 그래서 핸드폰이 사라지면 그 사람은 아예 다른 사람이 되어버릴지도 모른다. 정말 극단적인 경우 핸드폰이 사라지면 그 사람은 목숨을 포기함으로써 자신의 존재를 완전히 상실해버릴지도 모른다.

또 가족의 존재를 한번 생각해보자. 가족 없이 나는 존재할 수 없다. 물론 엄마와 아빠가 없었으면 태어나지 못했고 길러지지 못했을 테니까 그런 것이기도 하다. 하지만 그와 별개로 나의 삶 안에서 내가 품은 목표, 삶의 지향점, 가치판단의 체계, 일상의 경험이 모두 가족과 많은 관계를 맺고 있기에, 가족 없는 나는 어떤 의미에서는 더 이상 나라고 할 수 없다. 물론 가족이 한순간에 모두 사라져버린다고 해도, 또는 내가 가족에 관한 기억을 모두 잃어버린다고 해도 나는 여전히 숨 쉬고 존재할 것이다. 그러나 그때 나의 존재는 완전히 다른 어떤 존재가 되어버릴 수밖에 없다. 이런 의미에서 가족은 나의 존재 안에 이미 들어와 있고, 나는 항상 가족을 향해 뻗어나간 채로 존재하고 있다. 내가 우선하여 존재하는 상태에서 가족들의 존재가 와서 추가로 옆에 달라붙는 게 아니다. 오히려 가족이 처음부터 나의 존재를 구성한다.

반대로 가족들 안에 나의 존재가 들어가 있기도 하다. 부모님이 없으면 나라는 존재도 없듯이, 내가 없다면 부모님의 존재도 없을 것이다. 엄마의 삶은 이미 나와 근본적으로 얽혀 있어서, 어느 날 엄마가 나에 관한 기억을 모두 잊어버린다면 엄마는 어떤 의미에서는 더 이상 엄마로서 존재하기를 멈출 것이다.

사물의 존재도 같은 관점에서 생각해볼 수 있다. 내 방 장롱 속 축구 유니폼은 물론 폴리에스테르 직물로 이루어진 물리적 실체다. 그렇지만 다른 한편으로는 고등학교 시절 친구들과 단체로 맞춰 입고 축구 대회에 나갔었던 의미가 있는 옷이기도 하다. 이제는 바빠서 서로 더는 자주 만나기 어려워진 친구들, 한여름의 뜨거웠던 운동장의 열기, 그때 친구들과 나눠 마셨던 음료수, 그 시절의 꿈과 치기와 자유분방함…. 그런 것들이 모두 그 옷 안에 스며들어 있다. 그런 모든 요소가 이미 그 축구 유니폼의 존재를 이루고 있어서, 그 요소들 없이는 그 축구 유니폼의 존재 또한 없다. 축구 유니폼의 존재가 먼저 있고 난 뒤에 나머지 요소가 가서 부착된 게 아니다. 그 축구 유니폼의 존재가 처음부터 나의 그 경험들과 함께 형성되었던 것이다.

순서의 차이다. 어떤 순서로 세상을 바라볼 것인가?

존재는 시간이다

── 하이데거

Martin Heidegger, 1889~1976

"가장 근원적인 시간은 우리가 미래를 예감하고 과거를 떠올리면서 현재를 살아가는 시간이다."

강아지도 시간을 알까? 이 질문에 대답하기는 쉽지 않다. 시간이 무엇인지, 그리고 안다는 것이 무엇인지를 둘 다 정의해야 하는데, 둘 다 매우 어려운 일이다. 그래도 나름대로 생각이 가는 대로 따져볼 수는 있다.

　주인이 밖에 나가면 강아지는 주인을 기다린다. 정말로 기다리는지 기다리지 않는지 강아지의 마음속을 헤아려볼 방법은 없겠지만, 어쨌든 여러 정황으로 미루어보아 강아지는 분명히 주인을 기다리는 것 같다. 그런데 기다린다는 것은 시간에 대한 어느 정도의 인지를 전제로 한다. 무언가를 기다린다는 것은 그것이 앞으로 다가올 것을 기다린다는 것인데, 앞으로 다가온다는 것은 미래의 시간을 나타내는 것이기 때문이다. 미래에 대한 어떤 감각이 없다면 무언가를 기다리는 것은 불가능하다. 이런 관점에서 보면 강아지는 시간을 아는 것 같다.

　하지만 강아지는 1초, 1분, 한 시간, 하루 등의 양적인 시간을 이해하지는 못하는 것 같다. 1초가 60개 모이면 1분이 된다는 것도, 한 시간이 24개 모이면 하루가 된다는 것도 강아지는 이해하지 못한다. 당연한 말이다. 강아지가 산수를 할 리는 없으니 말이다. 또한 강아지는 시간 축을 그려 그 위에 점을 찍는다든지, 달력을 보면서 하루하루가 지나감을 체크한다든지 하는 등 시간의 흐름을 추상적으로 이해할 수도 없다. 그리고 가장 결정적으로 강아지는 '시간'이라는 개념이 무엇인지를 도무지 이해하지 못한다. 이런 시각에서 보면 강아지는 시간이 뭔지 모르는 것 같다.

이렇게 강아지가 과연 시간을 아는지에 대해 상반된 두 관점에서 바라볼 수 있다. 첫째는 강아지는 분명 시간 안에서 살아가며, 과거에 일어났던 일을 어느 정도 기억하는 것 같기도 하고, 미래를 어느 정도 예감하고 기대하는 것 같기도 하다는 것이다. 이런 관점에서 보면 강아지는 시간이 무엇인지 이해하지는 못하지만 적어도 시간 안에서 살아갈 줄 알며, 시간에 대한 기초적인 감각 정도는 가진 것 같다. 둘째는 강아지는 시간에 대한 추상적 이해에는 결코 이르지 못한다는 것이다. 아무리 영특한 강아지라 할지라도 시간이 무엇인지에 대해 가장 기초적인 물리학적, 수학적 이해에 이르는 것조차 불가능하다.

인간은 다행인지 불행인지 강아지와 다르게 시간에 대한 추상적 이해에 이를 수 있다. 인간은 강아지처럼 단순히 시간 안에서 과거, 현재, 미래에 대한 어렴풋한 감각만을 느끼면서 살아가지는 않는다. 인간이라면 누구나 1초, 2초 지나가는 양적인 시간을 이해할 수 있다. 짧은 시간이 모여 긴 시간을 이루고, 긴 시간을 나누면 짧은 시간이 된다는 수학적 계산을 누구나 어렵지 않게 수행할 수 있다. 한마디로 인간은 단순히 시간을 체험할 뿐만 아니라 추상적인 이해의 대상으로 바라볼 수가 있다.

그런데 흥미로운 점이 하나 있다. 우리는 "시간은 무엇인가요?"라는 질문을 들으면 체험하는 시간보다는 추상적인 시간을 곧장 떠올린다는 것이다. "시간은 무엇인가요?"라는 질문을 듣고 '퇴근하고 딸이 있는 집으로 돌아가기까지의 과정' 혹은 '고등학교를 졸업한 후에 지금까지 지나왔고, 앞으로 취직의 문이 기다리고 있는 길'처럼 자신이 체험하는 시간을 떠올리는 사람은 매우 드물 것이다. 그보다는 대개 '1초, 2초 흘러가는 것'이라는 양적이고 추상적인 시간을 떠올릴 것이다.

하이데거는 바로 시간에 대한 우리의 이러한 이해 방식이 진정한 시간을 보지 못하도록 가로막는다고 생각했다. 하이데거가 생각하기에 가장 근원적인 시간은 우리가 미래를 예감하고 과거를 떠올리면서 현재를 살아가는 그런 시간이다. 여름이 오기를 간절히 바라면 여름까지의 시간이 앞에 펼쳐진다. 어린 시절 가족과 함께했던 여행을 추억하면 과거로 시간이 쭉 뻗어나간다. 만약 이렇게 우리가 그 안에서 의미를 부여하는 대상과 사건이 없다면, 즉 우리가 기대하고, 두려워하고, 바라고, 후회하고, 추억하는 그런 고유의 의미들이 있는 지점이 없다면 시간은 그저 동일하게 쭉 펼쳐진 사막 혹은 아무것도 존재하지 않는 우주공간같이 느껴질 것이다. 그 안에서는 아무런 기준점도 존재하지 않기에 거기서 1초, 2초를 잰다는 것조차 불가능할 것이다. 즉, 체험하는 시간을 통해 주어지는 의미가 없다면 추상적인 시간에 대한 이해에도 이를 수 없다.

온통 눈으로 뒤덮여 하얀색 이외에는 아무것도 보이지 않는 벌판에서는 시간도, 공간도 모두 잊게 된다고 한다. 그래서 눈길을 행군하는 병사들은 이따금 나무를 발로 차서 갈색 가지를 봐야지만 미치지 않고 버틸 수 있다고 한다. 그들은 그 갈색 가지를 기준으로 삼아 온통 하얀색뿐인 공간 안에서 자기 자신을 잃어버리지 않을 수가 있는 것이다. 마찬가지로 시간 안에서도 만약 저마다 나름대로 의미를 부여하는 지점들이 존재하지 않는다면 온통 똑같이 펼쳐진 거대한 시간 안에서 자기 자신의 모든 것을 잃어버리고 말 것이다. 그렇게 되면 시간을 잴 생각조차, 양적이고 추상적인 시간에 대한 이해에 이르려는 생각조차 하지 못하고 모든 것을 놓친 채 속수무책으로 살아갈 것이다.

하이데거의 생각에 따르면 엄마가 오시길 기다리는 마음이나 어제의 즐거웠던 데이트처럼 의미가 있는 지점들이 있어야만 비로소 시간을 '셀 수 있다.' 엄마를 기다리면서 하나, 둘, 셋하며 시간을 세어보는 경험이 있어야만 시간이 흘러간다는 게 뭔지, 시간을 더하면 더 긴 시간이 된다는 게 뭔지, 긴 시간과 짧은 시간이 무엇인지 등에 대한 이해에 이를 수 있다. 기대했던 것보다 엄마가 빨리 오시면 그 시간은 '짧은' 것이고, 기대했던 것보다 엄마가 늦게 오시면 그 시간은 '긴' 것이다. 만약 이러한 시간의 짧고 긺에 대한 체험적인 이해가 없다면, 5분과 1시간 사이의 차이를 결코 이해하지 못할 것이다. 온통 하얀색뿐인 벌판 안에서는 한 걸음을 가든 만 보를 가든 달라지는 것은 아무것도 없듯이, 체험적인 의미가 있는 지점들이 없다면 5분이나 한 시간이나 아무런 차이도 없을 것이다.

하이데거가 생각하기에 이런 의미가 있는 시간을 가장 극적으로 드러내는 사건은 죽음이다. 아무리 평소에 시간을 그저 양적이고 추상적인 것으로만 생각하는 사람이더라도 자기 죽음을 떠올리면 의미가 있는 시간이 무엇인지 이해할 수 있다. 내가 죽으면 모든 것이 끝난다. 물론 내가 죽어도 남대문과 63빌딩은 그대로 서 있겠지만, 거기에 나는 없다. 내가 죽어도 양적인 시간은 언제 무슨 일이 있었냐는 듯 잘만 흘러가겠지만, 그 시간은 어떤 의미에서는 더는 시간이 아니다. 물리 시간에 배우는 시간이기는 하지만, "너 시간 있어?"라고 물어볼 때의 그 시간은 아니다.

죽음 이전까지로 한정된 채 뻗어 있는 나의 시간은 내가 무언가 느끼고 생각하고 행동할 수 있는 그런 시간이다. 그 시간은 단순히 타이머로 잴 수 있는 시간 이상의 의미가 있다. 그 시간은 내가 '존재'하는, 그런 시간이다. 이것이 무슨 의미인지를 단번에 이해하는 것은 쉽지 않을 것이다. 오히려 죽음 이전까지 나에게 주어진 시간을 쭉 걸어가면서 가슴속에 품고 오랫동안 곰곰이 의미를 생각해볼 만한 문제라고 생각한다.

악마에 대하여

── 힐데브란트

Dietrich von Hildebrand, 1889~1977

독일의 철학자로, 천주교와 관련한 윤리학적 저작을 많이 남겼다. 후설의 밑에
서 공부하기도 했으며, 종교적 관점과 현상학적 관점을 종합하여 인간의 가치
적 삶을 논했다.

"가치에 대한 무감각이야말로 선한 삶의 심각한 장애물이다."

얼마 전 친구와 이야기를 나누다가 어린아이를 학대한 범죄자의 뉴스가 언급됐다. 그러자 친구가 말했다. "그 사람은 사람이 아니라 악마야!"

우리는 간혹 뉴스에서 정말로 악마 같은 사람의 이야기를 접한다. 그들이 저지른 악의 내용은 사람을 까무러치게 하고 소름 돋게 한다. 그 악함이 너무나 절대적이어서 인간적인 이해와 사정의 범위를 초월하는 것으로 느껴진다. 이때 사람들은 그 죄인을 더는 인간으로 부르기를 거부한다.

우리가 악마라고까지 부르면서 최악의 비판을 가하는 사람들의 특징 중 하나는 가치에 대한 무감각이다. 보통 자신의 행위가 나쁜지를 알면서 어떤 다른 이유 때문에 악을 저지르는 사람은 악마라고까지 불리지는 않는다. 반면 자신이 나쁜 가치를 세상에 실현하고 있다는 사실이 명백함에도 그 점을 전혀 느끼지 못하고, 너무나 태연하게 악을 저지르는 사람은 인간적 상식의 수준을 넘었다고 여겨지며 최악의 비판을 받는다.

어린아이를 심각하게 학대하면서 그것이 마땅히 해야 하는 일이라고 생각하는 사람, 수많은 사람을 학살하면서도 자신은 그저 상부의 지시에 따를 뿐이라며 전혀 뉘우치지 않는 사람, 동물을 잔인하게 죽이면서도 그것을 자랑스럽게 여기며 그 과정을 인터넷에 공공연히 공유하는 사람 등등. 이 사람들의 공통점은 윤리적인 가치에 무감각하다는 점이다. 우리는 무엇보다도 가치판단과 관련된 감각의 부재, 마음속에서 일어나는 도덕적인 거리낌의 부재에서 비인간의 면모를 발견한다.

20세기 독일 철학자 힐데브란트는 가치와 관련한 무감각에 큰 관심을 보였다. 그는 윤리적인 옳고 그름이 단순히 형식적으로 규칙을 지키느냐 지키지 않느냐에 있다고 보지 않았다. 겉으로는 옳은 행위를 하면서 속으로는 끔찍한 마음을 품고 있다면 그 사람은 윤리적으로 올바른 사람이라고 볼 수 없다. 그는 옳은 행위를 해야 할 외적인 이유가 사라지면 쉽게 끔찍한 일을 저지르고 말 것이다. 힐데브란트는 배운 대로 행동하는 사람이 아니라 내적으로 윤리적인 가치를 느낄 수 있는 사람이, 단순히 옳은 행위를 하는 사람이 아니라 옳은 마음을 품을 수 있는 사람이 진정으로 올바른 사람이라고 생각했다. 이런 맥락에서 그는 가치에 대한 무감각이 다른 어떤 것보다도 선한 삶에 있어서 심각한 장애물이라고 생각했다.

힐데브란트는 가치와 관련한 무감각에 다양한 종류가 있다고 주장했다. 어떤 사람은 많은 윤리적인 가치를 잘 느끼지만 특정한 가치에 대한 감각만 결여하고 있다. 예를 들어서 온화함에 대해서는 좋은 감각을 가졌지만, 진실함에 대해서는 무딘 사람을 생각해볼 수 있다. 그런 사람은 평소 다른 사람을 따뜻한 마음으로 대하는 것과 관련해서는 좋은 모습을 보이겠지만, 거짓말을 하는 데 있어서는 별다른 죄책감을 느끼지 않을 것이다. 사실 대부분 사람이 이런 식으로 몇몇 부분에서는 모자란다. 누구나 몇몇 가치에는 무디다. 따라서 단순히 몇 가지 가치에 감각이 없다고 해서 인간의 범위를 벗어난 악한 존재라고 여겨지지는 않는다.

보통 우리가 악마라고 생각하는 사람들은 가치에 총체적으로 무감각하다. 만약 어떤 악인이 한 가지 윤리적인 가치에 대해서만이라도 깊은 감각을 갖고 있다면, 우리는 그 사람 안에서 마지막 인간적인 모습을 발견할 것이다. 예를 들어서 오랜 시간 어린아이들을 학대하면서 살아온 사람이 어느 날 지하철 선로에 쓰러진 노인을 구하려고 자기 몸을 희생했다면, 우리는 그 사람을 악마라고 생각하기보다는 악마적인 면모를 지니고 있었던 사람 혹은 악마에게 지배당했던 사람이라고 생각할 것이다. 반면 평생 선한 가치와 관련해 어떤 제대로 된 것도 느끼지 않고 악을 저지르며 사는 사람은 진정한 악의 화신이라 여겨질 것이다.

그런데 단순히 윤리적인 가치에 총체적으로 무감각한 사람이라고 해서 전부 다 악마적인 사람인 건 아니다. 가치를 제대로 느끼지 못하는 사람 중에는 능동적인 악인이 되기보다는 무기력한 사람이 되는 경우도 있다. 가치에 대한 감각이 없으므로 적극적으로 선을 행할 이유가 없고, 그렇다고 해서 굳이 악을 행할 이유도 없기에 큰 동기부여가 없이 살아가는 그런 사람들 말이다.

반면 우리가 악마 같다고 여기는 사람들 안에서는 무기력함을 넘어서는 능동적인 힘이 발견된다. 그들은 악을 행하는 것 안에서 어떤 의미를 찾으며, 악 안에서 자신의 정체성을 발견한다. 힐데브란트는 이들은 가치에 전적으로 무감각한 게 아니라, 가치의 '내용'은 느끼지 못하고 오로지 가치가 가진 '힘'의 측면만을 이해하는 사람들이라고 말한다. 조금 난해한 이야기지만, 예시를 통해서 이해해보자.

능동적으로 어린아이나 동물을 학대하는 사람은 생명의 가치가 지닌 내용을 전혀 이해하지 못한다. 그런데 그 사람은 생명의 가치에 무관심하기보다는 적대심을 품는다. 그 이유는 그가 생명이 가진 힘에 대해서만큼은 예민한 감각을 갖고 있기 때문이다. 생명은 사람들을 감동하게 하며 이 세상의 모든 의미가 창출되는 근원의 역할을 한다. 이렇게 생명이라는 가치 안에는 그 고유의 내용으로부터 뿜어져 나오는 힘이 있다. 보통 사람은 생명의 내용과 힘을 균형 있게 모두 이해하기에 생명의 힘이 부정적인 힘이 아니라 선한 힘이라는 걸 안다. 따라서 우리는 생명의 힘 앞에서 적대감을 느끼기보다는 경외감을 느낀다.

반면 오로지 생명이 가진 힘의 측면만을 이해하는 사람은 그 힘이 자신에게 위협이 된다고 느낀다. 그에게는 어린아이의 웃음소리나 고양이의 여유로운 몸짓 같은 것이 자신 안의 평정을 깨뜨리는 위협으로 다가온다. 마치 저 멀리서 정체불명의 사람이 접근해올 때 우리가 위협을 느끼듯이, 생명의 내용에 대한 이해 없이 오로지 힘만을 느끼는 사람은 그 힘이 자신을 파괴해버릴지도 모른다고 느낀다. 정리 강박이 있는 사람에게는 방바닥에 흐트러진 옷이 자신의 삶을 뒤흔드는 힘으로 다가오듯이, 가치의 내용 없이 오로지 힘만을 아는 사람은 선한 가치에도 까무러치는 반응을 보인다. 그는 그 가치가 자신의 존재를 위협한다고 느끼며, 얼른 그것을 자신의 통제 아래 복속시켜야 한다고 느낀다.

끔찍한 연쇄살인범 같은 희대의 악인들 안에서는 다른 존재 안의 가치를 짓밟고 파괴해버려야 한다는 강박을 발견할 수 있다. 왜냐하면 그 사람들은 선한 가치를 자신의 삶을 위협하는 힘으로 느끼기 때문이다. 우리는 가끔 다른 사람의 선한 의도를 오로지 악하게만 해석하고, 다른 사람의 호의에도 적개심을 품는 사람들을 발견한다. 힐데브란트는 이 가치에 대한 무관심을 넘어서는 적개심을 가장 전형적인 악마적인(diabolisch) 특성, 사탄의 가장 두드러지는 특성이라고 주장했다.

똑똑함이 무서움으로 변할 때

—— 호르크하이머

Max Horkheimer, 1895~1973

독일의 철학자이자 사회학자. 프랑크푸르트학파의 대표주자다. 동료 아도르노와 함께
쓴 『계몽의 변증법』이 잘 알려져 있다. 그 외에도 가치 의식이 텅 빈 이성이 가지는 위
험성을 경고하는 작업을 많이 했다.

"도구적 이성은 무엇이 이로운지 무엇이 해로운지 판단하지 않는다."

출처 upani news

"머리가 나쁘면 몸이 고생한다."라는 말이 있다. 지능적으로 일을 처리하지 못하면 육체적인 힘으로 부족한 효율을 메워야 한다는 말이다. 그런데 반대로 "너무 똑똑하면 피곤하다."라는 말도 일상생활에서 종종 사용한다. 단순하게 생각해도 될 것을 머리가 좋아서 괜히 복잡하게 생각하다가 일을 꼬이게 만들고, 심리적으로 힘들어하는 경우도 많기 때문이다.

이렇게 똑똑함에 대해서는 두 가지 상반된 시각이 존재한다. 첫째는 똑똑함은 좋다는 것이고, 둘째는 똑똑함은 나쁘다는 것이다. 물론 대부분 상황에서는 똑똑함이 좋다는 견해가 더 우세하다. 너무 똑똑해서 다른 사람과 아예 말이 통하지 않을 정도가 되면 문제겠지만, 그 정도가 아닌 이상 보통 똑똑하지 않은 것보다는 똑똑한 게 더 낫다. 똑똑하면 공부도 쉽게 하고, 좋은 대학에도 쉽게 들어가고, 자격증도 쉽게 따고, 취업도 쉽게 하고, 사회에서 더 좋은 지위를 차지하는 데에도 당연히 유리할 테고…. 좋은 게 매우 많다. 똑똑함 때문에 피곤해지는 경우도 물론 있겠지만, 웬만한 피곤함 정도는 달게 감수할 수 있을 정도로 똑똑함이 주는 이득이 아주 많아 보인다.

그런데 똑똑함이 단순히 피곤한 정도의 피해를 불러오는 것으로 끝나지 않을 때도 있다. 똑똑함은 때로 매우 잔혹하고 폭력적이고 무자비한 파멸로 우리를 이끌기도 한다. 사실 인간사의 아주 많은 파멸적인 일들이 똑똑함 때문에 일어난다.

대표적으로, 아주 효율적인 대량 살상 무기를 개발하는 경우를 생각해보자. 웬만큼 똑똑해서는 그런 무기를 개발할 수 없다. 생화학 무기 중에는 아주 끔찍한 것이 많다. 순식간에 가스를 퍼뜨려 그 가스가 피부에 닿은 사람들이 온몸에 거대한 물집이 잡히고 그것이 터져서 죽게 만드는 무기도 있고, 바이러스를 퍼뜨려서 수많은 사람이 질병으로 죽게 만드는 무기도 있다. 그리고 실제로 인간은 제1차 세계대전 이후로 다양한 대량 살상 무기를 사용해 왔다. 만약 인간이 이렇게까지 똑똑해지지 않았다면 그렇게까지 끔찍한 무기를 만들어서 사람들을 죽게 할 수도 없었을 것이다. 물론 현대적인 대량 살상 무기가 없이도 인간은 항상 수많은 살인을 저질러 왔다. 하지만 첨단 과학의 도움을 받은 현대적인 무기들은 그 일을 훨씬 더 쉽게 만들어줬다. 똑똑함은 참 많은 것을 쉽게 만들어준다. 공부와 취업도 쉽게 만들어주지만, 폭력과 살인도 더 쉽게 만들어준다.

똑똑함을 가치 있는 방향이 아니라 이상한 방향으로 발현하는 사람을 두고 흔히 헛똑똑이라고 부른다. 만약 헛똑똑

막스 호르크하이머

이가 그냥 약삭빠르게 이익을 잘 챙겨가지 못하고 미련하게 손해를 보는 정도라면 크게 문제될 것은 없다. 그냥 그 사람 한 명이 조금 더 고생스러운 일들을 겪을 뿐이다. 그런데 헛똑똑이는 이것보다 훨씬 더 무서운 방향으로 나아갈 수도 있다. 만약 아주 똑똑한 사람이 연쇄살인을 저지르는 데에 자신의 지능을 사용한다면? 아주 끔찍한 일이 일어나고 말 것이다. 아주 치밀하고 은밀하게 계획을 세울 것이고, 지능적으로 수사망을 피해가면서 훨씬 더 많은 사람에게 해를 끼칠 것이다.

이로써 알 수 있는 것은 똑똑함은 그 자체로 좋은 게 아니라는 것이다. 방향성이 옳아야만 똑똑함은 비로소 긍정적인 가치를 갖게 된다. 나쁜 방향성을 취한 똑똑함은 악이 더 쉽고 빠르고 효율적으로 퍼지도록 만들 뿐이다. 최악의 경우 똑똑함은 아주 파멸적이고 무시무시한 것이 될 수도 있다.

독일 철학자 막스 호르크하이머는 '도구적 이성'이라는 표현을 사용해서 똑똑함의 위험성을 나타내고자 했다. 도구적 이성은 어떤 목적을 이루기 위한 수단을 잘 찾아내는 이성을 뜻한다. 예를 들어서, 서울에서 부산까지 가는 목적이 있다고 할 때, 주어진 상황에서 가장 효율적으로 부산까지 갈 수 있는 수단을 찾아내는 것이 도구적 이성의 역할이다.

도구적 이성은 우리 생활에서 아주 중요하다. 도구적 이성이 제대로 갖춰지지 않은 사람은 목적을 이루기 위해 매번 돌아가야만 할 것이다. 보통 똑똑한 사람들은 다 훌륭한 도구적 이성을 갖추고 있다. 수학 문제를 풀겠다는 목적이 있으면 가장 효율적으로 문제를 푸는 방법을 찾아내고, 회사의 문제 상황을 해결하려는 목적이 있으면 그것을 해결할 수 있는 제일 좋은 방법을 찾아내고, 가게 매출을 늘리겠다는 목적이 있으면 손님을 끌어오는 훌륭한 수단을 찾아내는 사람들 말이다. 이들은 모두 팔팔하게 기능하는 도구적 이성을 갖추고 있다.

그런데 도구적 이성의 문제는 그것 안에 방향성에 관한 이야기가 전혀 없다는 것이다. 도구적 이성은 마치 컴퓨터와 같다. 컴퓨터는 여러 계산을 편리하게 해주고 많은 일을 아주 빠르게 처리해준다. 그런데 컴퓨터가 해줄 수 있는 일 중에는 핵미사일을 발사하는 것도 있다. 컴퓨터는 뭐가 좋고, 뭐가 나쁜지를 전혀 생각하지 않는다. 그냥 주어진 목적이 있으면 그것을 실현하는 데에 도움을 줄 뿐이다. 그 목적이 훌륭한 것이면 세상에 많은 이로움을 가져다주겠지만, 목적이 사악한 것이면 컴퓨터의 높은 효율성이 오히려 악을 더 쉽게 실현하는 데에 봉사한다. 인간이 가진 도구적 이성도 마찬가지이다. 도구적 이성은 뭐가 이로운 것이고 뭐가 해로운 것인지 판단하지 않는다. 그저 목적의 실현을 위해 일할 뿐이다.

호르크하이머는 근대와 현대에 들어 사람들이 도구적 이성을 발전시키는 데만 노력을 기울이고, 막상 우리가 어떤 목적을 가져야 하는지를 생각하는 데는 큰 관심을 기울이지 않는다고 주장한다. 도구적 이성을 통해 사람들은 더 효율적으로 사람을 죽이는 방법을 알아내고, 더 효율적으로 사회를 통제하는 방법을 알아내고, 더 효율적으로 대중을 선동하는 방법을 알아내고, 더 효율적으로 사람들이 끝없이 일하도록 만드는 방법을 알아냈다. 이런 목적들은 분명 좋은 것이 아니다. 그런데 이를 심각하게 여기는 사람들은 생각보다 그렇게 많지 않다.

지금 우리가 당연하게 받아들이고 있는 인생의 목적들, 사회의 목적들, 정치의 목적들, 경제활동의 목적들, 유흥의 목적들은 정말로 우리에게 이로운 것일까? 여기에 당장 완벽한 답변을 내릴 수는 없다. 어떤 목적이 우리에게 정말 좋은 것인지 알아내기는 몹시 어렵다. 하지만 그렇다고 해서 그것에 대해 질문하는 것을 포기하거나 아예 잊어버리면, 우리는 언제라도 우리의 도구적 이성을 우리 자신을 효율적으로 파괴해버리는 데에 사용할 수 있다. 목적에 대한 고민이 없는 똑똑함은 가장 무서운 것이 된다.

코로나 위기로 또다시 떠오르는 전체주의

── 포퍼

Karl Raimund Popper, 1902~1994

오스트리아 출신의 철학자로, 전쟁 때문에 망명하여 대부분 주요 활동을 뉴질랜드와 영국에서 했다. 과학은 계속되는 반증 시도를 통해 점진적으로 발전한다고 설하는 반증주의 이론으로 유명하다.

"전체주의는 국가의 운명을 그때그때 모험에 맡길 수밖에 없다."

코로나19가 유럽과 미국 사회에 퍼지기 시작했을 때, 각 국에서 정부의 마스크 착용 요구에 반발하는 시위가 일어났다는 소식을 접해봤을 것이다. 우리나라 사람들로서는 참 이해가 안 가는 일이다. 얼른 온 국민이 힘을 합쳐서 바이러스의 확산을 방지해야 할 상황에서 오히려 보란 듯이 마스크를 착용하지 않고 모여서 시위하고 파티까지 하는 모습을 보면서, '저 나라 사람들은 왜 저럴까?' 하는 생각을 한 번쯤 해봤을 것이다. 그 이유로는 여러 가지가 있다. 서구 문화권에서 마스크는 범죄자가 얼굴을 숨기려고 쓰는 것이라는 인식이 강하며, 환자도 매우 심각한 중환자가 아닌 이상 마스크를 착용하지 않는 것이 보통이었다. 따라서 서구 사람들로서는 '범죄자나 중환자가 착용하는 마스크를 왜 강제로 쓰게 하는가?' 하는 반감이 일어날 수밖에 없었다.

그런데 이와 별개로 마스크 착용 강제가 서구인의 마음에 좋게 다가가지 않았던 또 다른 중요한 이유는 전체주의에 대한 반감이다. 전체주의란 사회나 국가 등의 전체를 개인보다 우선시하는 사상을 가리킨다. 20세기 유럽은 파시즘과 사회주의 등 극단적인 전체주의의 지배를 경험했고, 전체주의가 촉발한 거대 전쟁에서 수많은 사람이 희생되었다. 나치 독일이 사회의 모든 분야를 통제하고, 세계를 상대로 전쟁을 일으켰으며, 수백만 명의 유대인을 집단 수용소에서 학살했던 것이 대표적인 예이다. 이런 끔찍한 일을 겪으면서 서구인은 사회나 국가가 개인의 행동을 통제하는 전체주의적 경향에 매우 커다란 반감을 갖게 되었다. 그리고 그 반감은 철학과 소설, 시, 영화, 음악 등 다양한 문화적 형태로 표현되어 서구 문화 속에 깊숙이 자리 잡았다. 그래서 서구인은 정부의 마스크 착용 강제에, 즉 정부가 개인의 일상에 개입하는 것에 우리가 보기에는 이상할 정도로 반감을 보였던 것이다.

오스트리아 출신인 칼 포퍼는 과거에 전체주의를 가장 신랄하게 비판했고, 여전히 '전체주의 저격수' 하면 가장 먼저 떠오르는 철학자이다. 포퍼는 나치 정권 시기에 전체주의의 폐해를 눈으로 직접 목격했으며, 제2차 세계대전 이후 전체주의를 매우 강하게 비판하는 철학을 발전시켰다. 그는 다양한 이유를 근거로 전체주의가 매우 부적절하며 비과학적인 체계라고 비판했다. 여기서는 그중 가장 핵심적인 두 가지 이유를 소개해보고자 한다.

전체주의의 첫 번째 치명적인 문제점은 전체를 위해 세워놓은 계획이 정말로 좋은 건지 검증할 방법이 없다는 것이다. 전체주의 국가는 말 그대로 전체적으로 통일된 움직임을 지향하기 때문에, 어떤 계획을 세울 때도 국가 전체를 단위로 한다. 그런데 포퍼에 따르면 이렇게 규모가 너무 큰 목표는 과연 그것이 정말 좋은 건지 검사하기가 매우 어렵다. 왜냐하면 검사라는 것은 비슷한 조건의 다른 사례를 참조해서 이루어져야 하는데, 계획의 규모가 너무 크다 보니 다른 사례를 찾는 것이 거의 불가능하기 때문이다.

코로나 이슈가 한창일 때는 코로나 위기 지원금을 어떤 방식으로 지급해야 하느냐를 둘러싼 문제로 잡음이 많았다. 이 문제에 명확한 답을 내놓기가 매우 어려운 이유는 비슷한 조건의 사례를 찾기가 너무 어렵기 때문이다. 만약 한 대학교 안에서 장학금을 지급하는 문제라든지 한 회사 안에서 성과급을 지급하는 문제였다면 결론을 내리기가 훨씬 쉬웠을 것이다. 참고할 다른 학교, 다른 회사의 사례가 넘쳐나기 때문이다. 하지만 국가 단위 위기 지원금은 거의 참고할 만한 자료가 없다. 그래서 정부는 그냥 생으로 모험할 수밖에 없다. 이렇게 지원금 문제 하나만 가지고도 머리가 아픈데, 모든 일을 국가 단위로 처리하려고 하는 진짜 전체주의 국가는 얼마나 비효율적이겠는가? 포퍼는 참고할 만한 사례가 거의 없이 국가의 운명을 그때그때 모험에 맡길 수밖에 없는 전체주의는 매우 비합리적이라고 주장한다.

전체주의의 두 번째 치명적인 문제점은 국가 규모의 계획을 진행하다가 문제가 발견되어도 수정이 어렵다는 것이다. 전체주의 국가에서는 계획의 규모가 너무 크기 때문에 문제가 발견됐을 때쯤이면 이미 사회의 너무 많은 것이 변해 있을 수밖에 없다. 그래서 반복 실험이 안 된다. 학창 시절 과학 시간에는 실험 조건이 비교적 일정하게 유지되어야 하는 게 실험의 기본이라고 배운다. 조건이 일정하게 유지된 상태에서 반복 실험으로 얻은 결과가 신뢰성 있는 정보라고 말이다. 그런데 전체주의 국가는 한 번에 너무 많은 것을 바꿔버림으로써 동일한 조건이 유지될 수가 없다.

예를 들어서 전체주의 국가는 한 번에 온 나라의 교육제도를 완전히 뒤바꿈으로써 학생의 생활 습관, 학부모의 의식, 입시제도, 학교 행정 등등 모든 조건을 바꿔버린다. 이런 상태에서는 뭐가 좋고 뭐가 잘못된 건지 가려낼 수가 없다. 모든 게 바뀌어버렸는데 어디서 좋고 나쁨의 기준을 찾을 것인가? 그래서 땜질식 처방이 나온다. a라는 문제가 하나 발견되면 그것에 대해 전혀 참조할 만한 자료 없이 처방을 내린다. b라는 다른 문제가 또 발견되면 그것에 대해서도 전혀 과학적이지 않은 처방을 내린다. 불행히도 이런 근거 없는 땜질만으로는 상황이 점점 악화하기 일쑤이며, 결국 전체주의 국가는 또다시 모든 것을 뒤집어엎는 거대한 계획을 내세워 집행하게 된다. 이런 식으로 전체주의 국가는 반복과 수정을 통한 점진적인 발전이라는 것을 거의 불가능하게 만든다.

포퍼는 이런 전체주의적 방식에 나름의 대안을 제시하기도 했다. 그는 한 사회의 정책이 엔지니어들이 기계를 만드는 과정처럼 진행되어야 한다고 주장한다. 엔지니어들은 보통 한 번에 완벽한 기계를 만들어내지 않는다. 그보다는 중간중간 오류를 점검할 수 있도록 작동해본 후 조금씩 수정하는 과정을 반복해서 끝내 훌륭한 기계를 만들어낸다. 한 번에 너무 큰 계획을 세우면 실수했을 때 돌이킬 수 없다. 반면 작은 계획은 실수해도 수정할 수가 있다. 따라서 포퍼는 정부가 주도적으로 커다란 계획을 세울 게 아니라, 개인이나 작은 단체가 나름의 다양한 작은 계획을 세우고 실험할 수 있도록 환경을 조성해주어야 사회가 점진적으로 건전하게 발전할 수 있다고 생각했다.

물론 항상 전체주의적인 커다란 계획이 나쁜 것은 아니다. 거대한 위기 상황에서는 때로 사회 전체가 한 점으로 모여 움직일 수 있도록 하는 것도 필요하다. 다만 그것은 예외 상황이라는 것을 명심해야 한다. 그러한 집단적 통일성을 당연시해서는 안 된다.

과학과 철학의 만남, 과학철학

—— 헴펠

Carl Gustav Hempel, 1905~1997

독일의 철학자로, '논리경험주의' 사상을 펼친 베를린학파의 주요 멤버였으나,
전쟁 때문에 미국으로 망명하여 주요 경력은 주로 미국에서 이뤄졌다. 시카고
대학교, 예일 대학교, 프린스턴 대학교 등 명문대에서 교수로 재직하며, 미국
분석철학 형성에 큰 영향을 끼쳤다.

"흰 냉장고와 파란 티셔츠는 '모든 까마귀는 검은색이다.'라는 명
제를 입증한다."

나는 전공이 정해지지 않은 채로 대학교에 입학했었다. 전공이 없이 자유롭게 공부한 후, 2학년에 올라가 인문학 분야 중에 전공을 정하는 전형으로 입학했기 때문이었다. 그래서 1학년 때 지도교수님도 철학과 교수님이 아니라 다른 과 교수님이셨다. 하루는 그 교수님과 면담을 했었다. 거기서 교수님께서 물으셨다. "어떤 과에 가고 싶니?" 나는 대답했다. "철학과에 가고 싶습니다." 교수님께서 다시 말씀하셨다. "요즘에 의미 있는 철학은 과학철학밖에 없어."

　뭐라고? 나는 아주 놀랐다. 대중적으로 잘 알려진 철학의 주된 임무는 삶에 물음을 던지는 것이 아니던가. 나 또한 고등학생 시절 내내 삶의 의미와 윤리적 당위성에 대한 해답을 찾아 헤맸었고, 그러한 문제에 대해서 진지하게 고민해보고자 철학과에 가기를 지망했었다. 그런데 이제 과학철학 말고는 의미 있는 철학이 없다니!

　몇 년간 철학을 공부해본 결과, 그 교수님의 주장이 너무

과했던 게 아닌가 싶다. 이 시대에도 여전히 여러 분야에 걸쳐 아주 의미 있는 철학적 성찰이 많이 이어지고 있기 때문이다. 그런데 그 교수님의 말씀이 아예 말이 안 된다고 볼 수도 없다. 아무래도 과학이 인간의 삶과 세계에 엄청난 영향력을 발휘하는 시대이다 보니, 과학과 연관된 철학적 연구들이 가장 생산적으로 이루어지고 있는 것 또한 사실이다. 물론 과학과 연관된 철학이라고 해서 모두 다 과학철학인 건 아니지만 말이다.

그렇다면 과학철학이란 무엇일까? 철학은 철학이고 과학은 과학이지 과학철학은 도대체 무엇일까? 과학은 관찰할 수 있는 증거를 이용해서 실증적인 지식을 얻어내는 분야이고, 철학은 삶과 세계의 본질을 머릿속으로 고민하는 일처럼 보인다. 그렇다면 그 둘을 모두 이름에 담고 있는 과학철학은 무엇을 하는 분야일까?

과학철학은 과학의 본성을 연구하는 철학 분야이다. 우리는 과학이 보여주는 놀라운 퍼포먼스에 압도되어 과학은 모든 문제에 가장 좋은 답변을 내놓는다고 생각할 수 있지만, 사실 과학은 여러 질문을 차치하고 자신이 잘하는 분야에 집중하는 것이라고 보는 게 더 사실에 가깝다. 예를 들어서 모든 과학 분야는 경험적인 증거를 이용해서 어떤 이론을 뒷받침한다. 그런데 증거가 이론을 뒷받침한다는 것이 과연 무엇인지, 증거와 이론이 서로 어떤 관계를 맺어야 올바른 뒷받침이 성립하는지는 과학적으로 증명할 수 있는 문제가 아니다. 왜냐하면 과학적으로 증명하려면 경험적인 증거를 이용해야 하는데, 어떤 경험적인 증거가 제대로 된 증거인지를 가려내기 위해 경험적인 증거를 사용한다는 것은 이상하기 때문이다. 과학은 이런 (쓸데없는?) 문제를 건너뛰고 어느 정도 대략 합의된 기준을 통해 이론적인 판단을 내놓고 있는 것이라고 볼 수 있다.

과학철학은 바로 이렇게 경험적으로는 증명할 수 없지만, 과학의 본성을 이루는 중요한 문제에 해답을 내놓고자 시도한다. 예시를 살펴보면 과학철학을 이해하는 데 도움이 될 것이다. 대학의 과학철학 수업에서 꼭 배우는 아주 재밌는 사례가 하나 있다. 바로 헴펠의 '까마귀 역설'이다.

학창 시절 수학 시간에 대우명제라는 것을 배웠을 것이다. 'p → q'라는 명제의 대우명제는 '~q → ~p'이다. 또한 본명제와 대우명제의 진릿값은 같다. 본명제가 참이면 대우명제도 참이며, 본명제가 거짓이면 대우명제도 거짓이다. 헴펠은 이 점을 이용해서 아주 재밌는 이론을 내놓았다.

한 조류학자가 "모든 까마귀는 검은색이다."라는 주장을 했다고 해보자. 그러면 그 조류학자는 자신의 주장을 경험적으로 뒷받침해야 한다. 그의 주장을 뒷받침하기 위해서는 충분히 많은 까마귀를 관찰해서 정말로 모든 까마귀가 검은지를 확인해야 한다. 딱 한 마리의 색깔만 확인해 놓고 모든 까마귀는 검다고 주장하면 아무도 인정해주지 않는다. 충분히 많은 까마귀를 살펴보아야만 한다.

자, 이제 철학자가 하는 일을 한번 해보자. "모든 까마귀는 검은색이다."라는 명제의 대우명제는 "모든 검은색이 아닌 것은 까마귀가 아니다."이다. 그런데 앞에서 이야기했듯이, 본 명제와 대우-명제는 똑같은 진릿값을 가진다. 그렇다면, "모든 검은색이 아닌 것은 까마귀가 아니다."라는 명제를 입증하면 "모든 까마귀는 검은색이다."라는 명제도 입증될 것이다. 왜냐하면 전자가 참이면 후자도 참이니까.

한번 생각해보면, "모든 까마귀는 검은색이다."라는 명제를 입증해주는 증거로 우리가 인정하는 것은 까마귀이면서 검은색인 경우를 찾아내는 것이다. 그렇다면 "모든 검은색이 아닌 것은 까마귀가 아니다."라는 명제를 입증해주는 증거는 검은색이 아니고 까마귀가 아닌 것을 찾아내는 경우일 것이다. 그런 증거는 정말 많다. 흰 냉장고, 파란 티셔츠 등 세상에 널린 게 검지 않고 까마귀가 아닌 것들이다.

잠깐, 그런데 대우명제를 입증하면 본명제도 입증된다고 하지 않았던가? 그렇다면 흰 냉장고와 파란 티셔츠는 "모든 까마귀는 검은색이다."라는 명제를 입증하는 증거들이라는 매우 충격적인 결론이 나온다!

이런 결론을 받아들일 사람은 거의 없을 것이다. 흰 냉장고가 까마귀의 색깔에 대한 주장과 무슨 상관이 있단 말인가?

이 문제에 대한 헴펠의 결론은 놀랍다. 그는 흰 냉장고가 "모든 까마귀는 검은색이다."라는 명제를 입증해주지 않는다는 우리의 상식적인 생각은 심리적인 착각에 불과하다고 주장했다. 사실은 흰 냉장고와 파란 티셔츠 모두 "모든 까마귀는 검은색이다."라는 명제를 미약하게나마 입증한다. 그런데 우리는 그렇지 않다고 착각하고 있을 뿐이다.

이 헴펠의 주장도 잘 생각해보면 일리가 있다. "모든 까마귀는 검은색이다."라는 명제를 정말로 잘 입증하기 위해서는 세상에 있는 모든 까마귀를 살펴봐야 한다. 그런데 진짜로 그렇게 하려면 사실상 세상에 있는 모든 것을 살펴봐야 한다. 사물들 중에 까마귀가 아닌 줄 알았는데 알고 보니 까마귀인 것들도 있을 수 있기 때문이다. 이런 관점에서 생각해보면, 흰 냉장고와 파란 티셔츠는 적어도 "이 사물들은 까마귀가 아니다."라는 정보를 주기 때문에 위 명제의 입증에 미약하게나마 도움이 된다고도 볼 수 있다.

그런데 많은 과학철학자가 헴펠의 결론을 거부한다. 과연 그들은 어떤 근거로써 헴펠에 반대할까? 이 문제에 관해서는 여러분이 직접 생각해보는 것도 재밌는 과학철학적 경험이 될 것이다.

감정의 마법적인 힘

—— 사르트르

Jean-Paul Sartre, 1905~1980

프랑스의 철학자로, 실존주의의 대표주자로 여겨진다. 빼어난 소설과 희곡을
쓰기도 한, 철학과 문학 사이 어딘가에 있는 인물이다. 노벨문학상 수상자로
선정됐지만, 수상을 거부했다.

"우리는 평소에 끊임없이 이성을 통해 우리가 경험하는 세상 안
에 반마법적인 결계를 만들어놓는다."

감정은 마법 같다. 마법은 이성적인 생각으로는 이해할 수 없는 일군의 현상을 가리킨다. 감정에는 이성적으로 이해가 가지 않는 측면이 있다. 우리는 화가 날 때 스스로 왜 화가 나는지 도무지 이해하지 못할 때가 있다. 이성적으로 생각하면 분명히 기뻐해야 할 상황인데, 이상하게 짜증이 나고 속이 답답할 때가 있다. 또는 기뻐해야 할 일이 아무것도 없는 평범한 하루인데 이상하게 기분이 들뜰 때도 있다. 이렇게 내 마음속에 드는 감정들은 자주 나의 이성적인 통제를 넘어서며, 그럴 때면 물 위를 걷는 초능력만큼이나 그런 감정들을 이성적으로 이해하기 어렵다. 이런 점에서 감정에는 마법 같은 면이 있다.

　프랑스 철학자 장-폴 사르트르는 감정이 가진 이런 마법적인 측면에 주목했다. 그는 동료 철학자 시몬 드 보부아르(Simone de Beauvoir)와 계약결혼(서로 각자 다른 애인을 자유롭게 사귀면서 연인 관계를 유지하는 결혼)을 했던 것으로도 유명한데, 이런 파격적인 행동을 하면서 살았던 것을 보면 딱딱한 이성으로는 이해할 수 없는 세상의 마법 같은 가능성에 관심이 많았던 것 같다. 그는 신비로운 감정이 열어준 길을 이성으로 통제하지 않고 그대로 택해 걸어가는 모습을 보여주었다. 그것에 대한 가치평가는 사람에 따라 다르겠지만 말이다.

사르트르에 따르면 감정은 마법처럼 세상을 바꾸는 능력을 품고 있다. 마치 손오공이 머리털을 분신으로 바꾸듯이, 감정은 대상이 가진 특성을 바꾸는 힘이 있다. 예를 들어서 친구와 같이 카페에 갔는데 친구가 계속 다리를 떨고 있다고 해보자. 만약 내가 기쁜 상태라면 친구의 다리는 별문제가 되지 않는다. 그런데 잠시 후 내가 화가 난 상태가 된다면, 친구의 다리는 당장이라도 후려치고 싶은 얄미운 다리가 된다. 이렇게 내 감정에 따라 친구의 다리는 아무런 문제가 없는 다리였다가도 얄미운 다리가 될 수도 있다.

이런 현상에 대한 일반적인 설명은, 친구의 다리라는 대상은 전혀 변하지 않고 그대로인데 나의 변화한 감정이 그 다리에 대한 해석에 영향을 끼쳐서 내가 그 다리를 다른 관점에서 바라보고 다른 반응을 보이도록 만들었다는 것이다. 하지만 사르트르는 이 현상에 대해서 조금 더 과감한 설명을 시도한다. 사르트르는 여기서 정말로 친구의 다리가 나의 감정에 의해서 변한 것이라고 말한다. 감정이 마법을 부려서 친구의 다리를 평범한 다리에서 얄미운 다리로 바꿔놓았다는 것이다!

사르트르의 이러한 생각은 과학에 입각한 우리의 일반적

인 상식에 반하는 것으로 보인다. 감정에 의해서 세상이 달라지는 것은, 정말로 세상이 달라지는 게 아니라 세상에 대한 우리의 심리상태가 바뀌는 것이라고 보는 게 더 타당한 것 같다. 하지만 사르트르는 지금 마법에 관해서 이야기하고 있다. 애초에 마법은 이성으로 이해가 가지 않는 것이 아닌가. 감정이 세상을 바꿔놓는 마법적인 현상도 이성에 입각한 과학적인 설명만으로는 완전히 이해할 수 없는 부분을 갖고 있다. (과학이 모든 것을 설명해주는 것은 아니다. 세상에는 과학으로 설명할 수 없는 것들도 정말 많다. 물론 이 감정의 마법이라는 현상도 과학적인 차원에서 분석해볼 수 있다. 그러나 그 분석이 모든 것을 설명해주지는 않는다.)

예를 들어서, 화가 난 상태에서 친구의 다리가 얄밉게 보이는 현상을 얼마든지 뇌과학과 심리학적인 지식을 이용해서 설명할 수 있다. 그러나 그런 설명을 통해서 친구의 다리가 내뿜는 얄미움 자체가 완전히 설명되는 건 아니다. 내가 생생히 느끼는 그 때려주고 싶은 얄미움은 분명 뇌과학과 심리학의 지식을 넘어선, 오로지 나만이 알 수 있는, 결코 완전히 다른 사람에게 설명되거나 전달될 수 없는 것이다. 바로 이렇게 내가 생생하게 느끼는 경험의 차원에서는 감정에 따라 세상이 바뀌는 마법 같은 일이 일어난다. 그렇게 이미 바뀌어버린 세상을 우리는 나중에 과학을 통해 설명하려고 시도할 뿐인지도 모른다.

감정이 가진 마법적인 능력의 또 다른 측면은, 평소에 우리가 세상에 걸어둔 이성의 결계를 때때로 허물어버리는 역할을 한다는 것이다. 사르트르에 따르면 우리는 평소에 끊임없이 이성을 통해 우리가 경험하는 세상 안에 반마법적인 결계를 만들어놓는다. 우리는 나의 안전을 지키고 여러 일을 예상할 수 있는 범위 안에서 통제하며 무난하게 살아가기 위해서, 계속해서 이성으로 이해할 수 있는 것과 이해할 수 없는 것을 구분한다. 그리고 오직 이해할 수 있는 것들만 결계 안으로 들어오고, 나머지 미지의 것들은 바깥으로 내몰게 된다.

한마디로 우리는 이성을 통해 이 세상을 탈-마법화한다. 예를 들어서, 세상은 여전히 이성적으로 이해할 수 없는 비참한 일들이 많이 일어나는 곳인데, 우리는 세상의 그런 측면을 애써 무시하며, 별 부담 없이 이해할 수 있는 현상들만을 바라보며 살아간다. 그런 심각한 비참함을 정면으로 마주하면 거기에 무난히 대응하기가 몹시 어려우며 삶에서 너무나 많은 것을 바꿔버려야 하므로, 우리는 끊임없이 세상의 비참함을 이성의 결계 밖으로 밀어내고 이대로의 세상도 괜찮다고 어찌어찌 여러 이유를 들어 넘기며 살아간다.

그런데 감정은 때때로 이런 이성의 경계를 한순간에 허물어버린다. 예를 들어서, 평소에 아무리 이성을 통해 세상은 약육강식의 법칙이 지배하는 정글과도 같은 곳이므로 가난한 사람을 도와줄 필요가 없다는 세계관을 만들어놓고 살아왔다고 해도, 길가를 지나가다가 쓰레기를 주워 먹는 노숙자를 보게 되면, 그 충격과 경악의 감정은 그동안 쌓아 올렸던 모든 이성적 판단을 한순간에 무너뜨릴 수 있다. 그 강렬한 감정은 사회 구조와 인간의 삶을 가장 근본적인 차원에서부터 다시 생각해보게 할 수 있다. 그 경험은 세상에 대한 이성적인 이해를 순식간에 뛰어넘는다. 경제학적 지식, 사회복지학적 지식, 역사학적 지식 등 그동안 사회구조와 인간의 삶을 이해하기 위해 동원했던 이성적인 방법들을 통해서는 전혀 눈에 띄지 않았던 세상의 비참함이 충격과 경악의 감정을 통해 순식간에 너무나 커다란 것으로 다가오게 되는 것이다.

아무리 인간이 가진 이성의 힘이 강력하다고 한들, 이성을 통해 이해할 수 있는 건 세상의 아주 작은 부분에 불과하다. 감정은 때때로 이성을 통해서는 열리지 않는, 세상의 또 다른 문을 열어주는 마법 같은 힘을 발휘한다. 그것을 통해 우리는 전혀 다른 대상 혹은 전혀 다른 세상을 보게 된다.

배경에 주의를 기울인다는 것

—— 메를로퐁티

Maurice Merleau-Ponty, 1908~1961

프랑스의 철학자로, 당대 프랑스 최고 지성인이었던 사르트르, 라캉 등과 친구였다. 후설과 하이데거의 현상학에 관심을 두고, 몸과 세계의 내밀한 관계를 다루는 철학적 사고를 펼쳤다.

"주의집중은 그때그때 새롭게 세상의 다른 면모를 발견하는 창조적인 행위다."

눈치채기는 어렵지만, 우리는 자동으로 항상 무언가에 주의를 기울인다. 눈앞의 스마트폰을 볼 때, 우리는 분명히 주의를 집중해서 스마트폰을 본다. 눈의 초점이 딱 스마트폰 화면에 가서 맞춰져 있다. 만약 그 초점에 주의를 기울이지 않았다면 스마트폰을 보는 것은 불가능하다.

주의를 기울인다는 것은 어딘가 다른 곳에는 주의를 기울이지 않고 있다는 소리이기도 하다. 스마트폰 화면을 볼 때, 사실 눈에 보이는 것은 스마트폰뿐만이 아니다. 그 스마트폰을 잡은 내 손도 보이고, 웬만하면 팔도 보인다. 자세에 따라 다리까지 보일 때도 있다. 또한 안경을 쓴 사람에게는 보통 안경테가 보인다. 그리고 스마트폰 너머로는 뭐가 됐든 다른 사물들도 보인다. TV가 보이는 사람도 있을 것이고, 자연환경이 보이는 사람도 있을 것이고, 버스 좌석 혹은 지하철 의자에 앉아 있는 다른 사람이 보일 때도 있을 것이다. 이렇게 우리가 스마트폰을 볼 때는 주위의 수많은 다른 사물도 함께 보인다.

프랑스 철학자 모리스 메를로퐁티는 주의의 대상이 아닌 나머지 것들을 가리켜서 '배경'이라고 불렀다. 무언가에 주의를 집중한다는 것은 배경과 배경이 아닌 것을 구별한다는 뜻이다. 우리는 깨어 있는 동안 항상 배경과 배경이 아닌 것을 구별하면서 세상을 경험한다. 본다는 것은 수많은 배경을 흐리게 하고 특정한 대상만을 선명하게 만드는 것을 뜻하며, 듣거나 냄새 맡는 것 역시 미약하게나마 언제나 계속해서 나고 있는 소리나 냄새를 다 배경으로 간주하고 그중에서 특별하게 돌출되어 나오는 것에만 주의를 집중하는 활동이다.

인류 역사에서 오랫동안 지식인들은 배경에 큰 관심을 두지 않았다. 시각을 연구할 때 가장 중요시된 건 내가 보고자 하는 대상이 어떻게 보이는지였다. 배경이 어떻게 보이는지는 크게 중요하지 않았다. 학교에서 배우는 고전적인 원근법에서는 어떤 물체가 멀어지면서 얼마나 작아지는지가 중요하지, 그 이외에 다른 배경은 별로 중요하지 않다. 또한 생각에 관해서 연구할 때도, 내가 지금 의식적으로 생각하고 있는 대상이 어떻게 생각되는지가 중요했다. 그 표면에 드러난 생각 뒤에 숨어 있는 방대한 무의식은 별로 관심의 대상이 아니었다.

메를로퐁티는 이제 배경을 무시하고 선명하게 돌출된 것들에만 관심을 기울이는 오래된 전통에서 벗어나 배경이 어떻게 우리의 경험을 함께 이루어지는지를 탐구해야 한다고 주장한 사람이었다. 한번 예시를 통해서 살펴보자.

여러분이 평소처럼 여러분의 방 안으로 들어갔는데 못 보던 종이 하나가 바닥에 놓여 있었다고 해보자. 메를로퐁티가 비판하는 전통적인 사고방식은 이 상황을 '그 종이에 대한 경험'으로 해석한다. 우리가 주의를 집중하는 대상은 다른 무엇보다도 그 종이이며, 이 상황에서 가장 중요한 건 그 종이에 관한 정보이다. 그 종이가 어떻게 생겼는지, 그 위에 뭐가 적혀 있는지, 그 내용이 나에게 전달해주는 정보가 무엇인지 등등 말이다.

배경과의 관계를 함께 생각하는 메를로퐁티의 시각에서는 사정이 다르다. 새로운 종이에 주의를 기울이는 그 상황에는 그 종이 이외에도 수많은 다른 사물과 조건이 관여하고 있다. 예를 들어서 침대의 상태, 책상 위에 올려져 있는 물건들, 조명의 상태, 창문 밖의 풍경, 바깥의 소리, 방 안의 냄새 등등 무수히 많은 배경적인 조건이 그 종이에 대한 경험을 함께 이루고 있다. 어쩌면 조명의 상태가 좋지 않은 나머지 평소라면 별 대수롭지 않게 '어디 책 사이에서 빠졌나 보다.'라고 생각할 만했던 것을 '저런 종이가 왜 저기에 있지?'라고 예민하게 반응할 수도 있다. 날씨가 화창했더라면 별로 신경 쓰지 않았을 종이인데 괜히 바깥에서 비가 오고 천둥 번개가 치는 바람에 그 종이가 더 섬뜩하게 느껴질 수도 있다.

또한 반대로 주의의 대상이 배경에 대한 경험을 바꿀 수도 있다. 분위기 메이커를 예시로 들 수 있다. 분위기 메이커는 단순히 그 사람 자체가 매력적인 것을 넘어서서 공간에 대한 우리의 경험 전체를 바꾼다. 이전까지 삭막하고 어색하게만 느껴졌던 모임이 분위기 메이커의 활약으로 신나고 친밀한 장소로 변한다. 분위기 메이커라는 그 주의의 대상 때문에 배경에 변화가 일어나는 것이다.

이렇게 변화하게 된 배경이 또다시 주의의 대상에 영향을 끼치기도 한다. 분위기 메이커 덕분에 배경의 색깔이 완전히 달라진 나머지, 이전까지 어색하게 느껴졌던 옆자리의 사람이 괜히 친근하게 느껴져서 말을 걸어보게 될 수도 있다. 이전까지는 초점이 맞춰져 있지 않은 배경에 불과했던 옆 사람이 갑자기 주의집중의 대상이 되고, 잘 보이지 않던 그 사람의 특징들이 보이기 시작하는 것이다. 삭막한 분위기 속에서는 그 사람의 괴팍한 눈매만 강조되어 보였었는데, 친밀한 분위기 속에서는 그 사람의 귀여운 입 모양이 눈에 띄어 인상이 달라 보이게 될지도 모른다.

위의 과정에서 알 수 있듯이, 배경과 배경이 아닌 것은 이분법적으로 명확히 구별되는 관계가 아니라 서로서로 끊임없이 순환적으로 영향을 끼치는 구조로 되어 있다. 배경이 대상에 영향을 끼치고, 그렇게 해서 달라진 대상이 다시 배경을 변화시키며, 변화한 배경이 또다시 대상을 변화시킨다.

이런 맥락에서 메를로퐁티는 주의집중이 그때그때 새롭게 세상의 다른 면모를 발견하는 창조적인 행위라고 생각했다. 우리는 똑같은 대상을 보더라도 사람마다 시각이 다른 경우를 자주 마주하곤 한다. 내가 보기에는 별로인 옷을 누구는 예쁘다고 한다. 물론 이렇게 사람마다 생각이 다르고 경험이 다른 이유에는 여러 가지가 있다. 그런데 그중 하나가 배경과의 관계 속에서 어떤 특징에 두드러지게 주의를 기울이는지이다. 똑같은 옷을 보더라도 나는 주변 음악과의 관계 속에서 그 옷의 단점에만 주의를 집중하는 반면, 누군가는 주변에 배치된 색과의 관계 속에서 그 옷이 가진 장점을 알아챌 수도 있다. 그렇게 주의집중 된 그 옷의 장점을 통해 그 사람은 다시금 배경 속에서 더욱더 그 옷과 찰떡궁합인 요소들을 발견하게 될 수도 있으며, 그런 과정을 통해 그 옷 안에서 커다란 의미를 발견하게 될 수도 있다. 이렇듯 우리가 배경과의 관계를 어떻게 정립하는지에 따라 대상에 대한 경험이 달라진다.

여러분은 지금 이 순간에도 분명 바닥이나 의자, 침대 등 어떤 물체에 자기 몸을 접촉하고 있을 것이다. 하지만 그 접촉의 경험은 조금 전까지 배경으로만 남아 있었다. 이제 여러분은 그 배경이 존재한다는 사실에 주의를 기울일 수 있게 되었으며, 배경과 새로운 관계를 정립했다. 과연 그 새로운 관계는 세상에 대한 여러분의 경험에 어떤 변화를 일으킬 것인가?

당신의 판단을 결정하는 배후의 이론들

── 콰인

Willard Van Orman Quine, 1908~2000

미국의 철학자이자 수학자. 유럽의 비엔나서클과 교류하며 미국 분석철학의
발전에 결정적으로 기여했다. 수학과 논리학에 대한 전문성을 인정받아 제2차
세계대전 때는 독일군 암호를 해독하는 임무를 띠고 군 복무를 하기도 했다. 이
후 하버드 대학교에서 많은 유명한 철학자를 길러냈다.

"경험은 우리에게 직접적으로 진실을 가져다주지 않는다."

우리는 경험을 통해 진실을 알게 된다고 생각한다. 예를 들어서 창문 밖을 내다볼 때 자동차 한 대가 찻길을 지나가고 있다면, 우리는 '자동차 한 대가 찻길을 지나가고 있다.'라는 진실을 알았다고 생각한다. 거기에는 의심의 여지가 없다. 내가 미친 게 아니라면 말이다. 이 너무나도 분명한 경험이 거짓일 리가 없지 않은가? 창밖의 찻길에 자동차가 지나가는 것을 빤히 쳐다보면서도 그 경험의 진실성을 의심할 이유는 없어 보인다. 그 경험은 분명 그 경험에 알맞은, 그 경험에 대응하는 진실을 직접적으로 우리에게 가져다주는 것처럼 보인다.

그런데 역사상 가장 위대한 미국 철학자로 평가받는 콰인에 따르면 대부분 경험은 우리에게 직접적으로 진실을 가져다주지 않는다. 아주 단순하고 원초적이고 분명한 경험처럼 보이는 것들도 사실은 우리가 가진 전체적인 이론의 체계를 거쳐야만 하나의 진실을 전달해준다. 어려운 말처럼 들리지만, 사실은 아주 간단한 이야기이다. (물론 이 주제를 둘러싼 다양한 철학적 논의는 매우 어렵고 고차원적이지만, 적어도 콰인의 기본적인 주장을 이해하는 것은 전혀 어렵지 않다.)

콰인이 '이론'이라고 부른 것은 반드시 수학 이론이나 물리학 이론 같은 고차원적이고 학문적인 지식의 체계를 뜻하는 게 아니다. 이론은 때로는 아주 단순한 것일 수도 있다. 예를 들어서 '내 생일에 나에게 축하 메시지를 보내는 사람은 아주 착한 사람이다.'라는 나의 판단 형식도 말하자면 하나의 이론이다. 나는 이 이론을 근거로 내 주변에서 아주 착한 사람을 분류해낼 수 있다. 한편, 이렇게 의식적으로 이론을 머릿속에 품고 있는 경우도 있지만, 대부분 이론은 생각의 형태로 직접 떠오르지 않고 암암리에 효력을 발휘한다. 예를 들어서 길을 가다가 목이 말라 편의점에 들어가 음료수를 사 먹을 때, 별로 겁내지 않고 그런 행위를 할 수 있는 이유는 '편의점은 일반적으로 매우 안전한 곳이며, 계산대에 서 있는 분은 나에게 위협을 가하지 않는다.'라는 이론을 암암리에 전제하고 있기 때문이다. 이런 이론을 한 번도 머릿속에 명시적으로 떠올리지는 않았더라도, 편의점에 들어가는 순간적인 판단은 나름대로 숨어 있는 이론에 근거를 두고 있다고 볼 수 있다.

이 예시를 잘 생각해본다면 경험이 이론을 거쳐서만 진실을 전달한다는 콰인의 생각에 조금 더 가까이 다가갈 수 있다. 맨 처음 들었던 창밖의 자동차 예시에서 우리는 그 경험이 '창밖의 길가에 자동차가 지나간다.'라는 진실을 직접적으로 전달해준다고 생각했다. 하지만 편의점의 예시에서처럼, 창밖의 자동차 예시에서도 그 뒤에 숨어 있는 이론을 한번 생각해볼 수 있다. 예를 들어, '창밖의 길가에 자동차가 지나간다.'라는 판단을 할 수 있으려면 '이 세상에 자동차가 있다.'라는 이론을 갖고 있어야 한다. 만약 어떤 이유에서인지 '2022년에 전 세계의 모든 자동차가 사라졌고, 지금은 자동차가 단 한 대도 존재하지 않는다.'라는 이론을 가진 사람이라면, 창밖에 자동차처럼 생긴 물체가 지나간다고 해도 그것이 자동차라고 생각하지 않고 자동차와 비슷한 물체라고 생각할 것이다. 또는 '자동차가 보이다니. 내가 미쳤구나.'라고 생각할 수도 있다. 어쨌든 창밖의 물체가 자동차라고 믿으려면 단순히 그 물체를 보는 경험만 있어서는 안 되고 특정한 이론의 뒷받침을 받아야 한다.

그 경험을 통해 어떤 판단을 내리게 되는지는 이론을 얼마나 강하게 믿고 있느냐에 따라서 달라질 수 있다. 만약 지금 세상에 자동차가 한 대도 존재하지 않는다는 이론을 온 진리의 근원이 되는, 가장 소중한 제일의 원리로 받아들이고 있다면, 자동차가 창밖에 보인다고 해서 그게 정말로 자동차라고 생각하는 일은 없을 것이다. 반면, 만약 그 이론이 불확실한 이론이라고 생각했다면 창밖에 자동차를 봤을 때 '자동차가 있네! 역시 그 이론은 틀렸다!'라고 생각할 수도 있다.

이 외에도 우리가 일상생활에서 겪는 다양한 경험을 생각해보면, 대부분 경험은 직접적으로 어떤 진실을 전달해주는 게 아니라 우리가 품고 있는 이론과의 관계를 통해서 특정한 판단으로 우리를 이끈다는 것을 알 수 있다.

더 나아가 콰인은 대부분 경험이 단지 하나 또는 몇 개의 이론과 관계를 맺는 것이 아니라 우리가 가진 '전체적인' 이론의 체계와 관련을 맺고 있다고 주장했다. 이를 이해하기 위해 창밖의 자동차 예시를 다시 한번 활용해보자. 창밖의 자동차를 보는 경험을 통해 정말로 자동차가 지나간다는 판단에 도달하려면 단지 '지금 이 세상에는 자동차가 존재한다.'라는 이론만으로는 부족하다. 그 외에도 가령 '이 창문은 초고화질 스크린이 아니라 진짜 창문이다.'라는 이론을 갖고 있어야 한다.

그렇다면 우리는 왜 그러한 이론을 갖고 있을까? 그 이유는 만약 방 안 창문이 초고화질 스크린인지 진짜 창문인지 구별할 수 없을 정도로 우리의 시각적 판단력이 무뎌졌다면 일반적인 삶을 살아가는 것이 이미 몹시 힘들었어야 하기 때문이다. 정말로 스크린과 창문을 구별하지 못한다면 나는 이미 여러 상황에서 치명적인 판단 오류를 범했을 것이다. 학교에서 제대로 공부하지 못했을 것이고, 친구들과 축구를 하지 못했을 것이며, 여행을 가서 다른 사람들과 비슷한 경험을 공유하지 못했을 것이다. 왜냐하면 이런 모든 일은 시각적 판단에 상당히 의지하는 일들이기 때문이다.

만약 방 안 창문에 대한 나의 판단력을 의심하기 시작하면, 내가 지금까지 가졌던 다른 경험들과 관련된 수많은 강력한 믿음(이론)도 모두 의심해야 할지 모른다. 그런데 그러기에는 그 다른 믿음들(이론들)이 너무나 견고하게 내 삶 안에 자리 잡고 있다. 따라서 정말로 이 창문이 사실 창문이 아닐지도 모른다고 의심할 만한 강력하고 획기적인 이유가 등장하지 않는 이상 나는 이게 진짜 창문이라고 생각할 것이며, 따라서 창밖에 정말로 자동차가 지나간다고 믿을 것이다. 한마디로 창밖에 자동차가 지나간다는 판단을 내릴 수 있는 이유는, 내 삶을 구성하는 전체적 이론 체계가 그렇게 판단하도록 요구하기 때문이다.

이렇듯 하나의 경험은 수많은 이론이 얽혀 있는 전체적인 체계 안에서 하나의 진실을 전달한다. 만약 이론들의 체계 안에 어떤 변화가 발생하면 그 진실을 포기해야 할 수도 있다. 예를 들어서 어떤 사람과 불꽃 튀는 사랑을 주고받았다고 믿어 의심치 않았는데 며칠 후 그 사람이 다른 누군가와 사귀기 시작했다는 소식을 들었다고 해보자. 한 가지 가능한 반응은 그 사람이 나를 배신했다고 생각하는 것이다. 그러나 만약 끝까지 그 사람이 배신 따위는 모르는 착한 사람이라는 이론을 지키고자 한다면, 그 사람과 내가 정말로 사랑을 주고받았다는 이론을 포기할 수도 있다. 그 사람과 나눴던 사랑은 진실한 것이 아니라 그저 나의 일방적인 착각에 불과했다고 생각을 바꾸는 것이다.

매체는 인간을 어떻게 바꾸는가

── 맥루한

Herbert Marshall McLuhan, 1911~1980

캐나다의 미디어 이론가이자 철학자. 토론토 대학교 교수로 재직했으며, 현대적인 미디어 이론의 기틀을 다진 사람 중 한 명이다. 원래는 영문학을 전공했으나 점점 문학의 내용보다는 매체가 갖는 속성 자체에 주목하며 미디어 이론을 발전시켰다.

"어떤 미디어를 사용하느냐에 따라 우리의 삶은 달라진다."

이제 스마트폰이 없는 삶을 상상하기는 어렵다. 이렇게 된 지는 그리 오래되지 않았다. 아이폰 1세대가 처음 발표된 것이 2007년이며, 한국에서 스마트폰이 유행하기 시작한 것은 2010년대 들어서였다. 그런데 그 후 불과 몇 년 지나지 않아 스마트폰은 삶에 없어서는 안 되는 물건이 되어버렸다.

　스마트폰이 이토록 빠르게 많은 사람의 마음을 사로잡은 이유는 기계 자체에 있지 않다. 그보다는 스마트폰이라는 기계를 통해 너무나 손쉽게 접할 수 있게 된 인터넷 속의 정보에 있다. 우리가 종일 스마트폰을 손에 쥐고 있는 이유는 동영상이나 메시지, 뉴스 같은 온라인 정보를 이용하기 위해서이다. 만약 인터넷 정보가 없었다면 스마트폰은 게임기와 MP3가 딸린 카메라에 불과했을 것이다. 스마트폰의 가장 핵심적인 정체성은 그것이 그 자체로 '매체'라는 데 있다.

　매체의 영어 표현은 'media'이며, 미디어는 정보를 전달해주는 중간자라는 뜻이 있다. 인류사에서 매체는 항상 절대적인 영향력을 끼쳐왔다. 왜냐하면 정보는 행복한 삶을 위해 항상 중요했기 때문이다. 적군이 쳐들어온다는 정보를 미리 입수한 사람은 미리 몸을 피해 목숨을 건질 수 있었다. 저 멀리 어떤 나라에서 귀중한 물건이 많이 난다는 정보를 가진 사람은 무역을 통해 큰돈을 벌 수 있었다. 그뿐만 아니라 이야기나 가십거리 같은 정보는 사람들에게 큰 즐거움을 주었다.

정보는 힘이자 즐거움이다. 그렇기에 사람들은 정보를 사랑해왔다. 그래서 정보를 효과적으로 전달하는 좋은 매체가 새로 생겨나면 언제나 사람들의 삶에 빠른 속도로 녹아들었다. 캐나다의 미디어학자인 마셜 맥루한은 일찍이 매체의 발전이 사람들에게 어떤 영향을 끼쳤는지를 연구했다. 그의 연구는 어떤 미디어를 사용하는지가 사람들의 삶에 막대한 영향을 끼친다는 사실을 알게 해주었다.

인간이 처음부터 SNS 같은 매체를 갖고 있었던 건 당연히 아니다. 문명 이전에 지배적인 매체는 우리의 몸 자체였다. 정보는 사람에서 사람으로 직접 전달되었다. 목소리, 표정, 몸짓 속에 정보가 담겨서 말이다. 몸이라는 매체의 특성은 영구적이지 않고 시시때때로 변한다는 것이다. 인터넷의 경우 한 번 봤던 뉴스를 잠시 후에 다시 볼 수 있다. 왜냐하면 누가 일부러 지우지 않는 이상 정보는 매체 속에 그대로 남아 있으며, 언제든지 그걸 다시 꺼내서 볼 수 있기 때문이다. 하지만 인간의 몸은 그렇지 않다. 한 번 목소리를 내어 말하면 그것으로 끝이다. 그 말에 담긴 정보를 다시 들으려면 누군가 수고를 들여 다시 그 말을 반복해야 한다. 이런 매체적인 한계 때문에 원시시대의 정보는 멀리 가기 어려웠으며, 오랫동안 보존하기도 어려웠다.

그런데 문명이 발전하면서 이런 몸의 한계를 극복하게 해주는 획기적인 매체가 등장한다. 바로 문자이다. 문자는 한 번 새겨놓으면 쉽게 없어지지 않는다. 또한 그 문자가 담긴 석판이나 대나무 조각을 전달해주기만 하면 지구 반대편까지도 정보가 쉽게 전달된다. 문자가 없을 때는 지구 반대편까지 복잡한 정보를 전달하는 유일한 방법은 그것을 통째로 외운 사람을 직접 그곳에 보내는 것뿐이었다.

문자라는 새로운 매체의 발명은 생각보다 엄청난 사건이었다. 맥루한은 문자가 사람들이 세상을 어떻게 바라보는지를 완전히 바꿔놨다고 주장한다. 문자의 발명 이전에 정보는 기본적으로 몸을 통해서 전달되었기에, 정보는 항상 공감각적인 특성이 있었다. 예를 들어서 '철수는 아프다.'라는 정보를 접하는 방법은 그 말을 누군가에게 전해 듣거나 아픈 철수를 직접 보는 것뿐이었기에, 그 정보 안에는 철수가 아프다는 문자 그대로의 순수한 의미 이상의 것이 담겨 있었다. 왜냐하면 철수가 아프다고 말을 해주는 사람의 말투나 톤, 몸짓 등을 통해 추가적인 의미가 함께 딸려 오기 때문이다. 그냥 문자메시지를 통해 '철수는 아프다.'라는 순수한 문자적 정보를 접하는 것과 철수의 어머니가 걱정스러운 표정을 지으며 우울한 목소리로 "철수가 아파."라고 말씀하시는 것을 듣는 것 사이에는 큰 차이가 있다. 이렇게 문자가 생겨나기 이전에는 정보가 몸을 통해서 전달되었기 때문에 정보는 항상 다양한 감각적 요소가 뒤섞인 풍부하고 유동적인 것이었다.

그런데 문자는 이런 공감각적인 풍부함과 유연함을 없애 버렸다. 문자를 이해하는 데 필요한 유일한 감각은 시각이다. 그렇기에 맥루한은 문자의 발명 이전까지 오감을 균형 있게 사용하며 살아가던 사람들이 문자를 자주 사용하게 된 이후로는 시각에 상당히 편향된 채로 살아가게 되었다고 주장한다.

또한 문자는 사람들이 정보를 고정적인 것이라고 생각하게 했다. 예전에는 '철수는 아프다.'라는 순수한 정보 같은 것은 존재하지 않았다. 정보는 표현될 때마다 그때그때의 표정과 몸짓과 감정에 따라 조금씩 변화하는 것이었다. 그런데 책 속에 '철수는 아프다.'라는 말이 문자라는 고정적이고 중립적인 형태로 각인되자, 철수가 아프다는 정보는 영원히 불변하는 무색무취한 것이 되었다. 이로써 사람들은 철수 어머니의 걱정 같은 다른 모든 요소로부터 독립적인 순수한 '철수의 아픔' 같은 것이 존재한다고 생각하게 되었다. 맥루한은 문자의 이런 고정적인 특성 때문에 사람들이 국가, 신, 계급 같은 것을 영원불변히 존재하는 것으로 생각하게 되었다고 주장한다.

그런데 맥루한이 보기에 컴퓨터의 등장은 이런 문자의 우위를 뒤엎는 획기적인 사건이었다. 컴퓨터는 문자도 전달하지만, 동시에 소리와 그림, 영상도 전달한다. 그뿐만 아니라 컴퓨터 속의 정보는 코딩을 통해 쉽게 변화할 수 있다. 따라서 컴퓨터는 사람들이 시각 중심적인 삶에서 벗어나 다양한 감각을 열어주는 가능성에 더욱 주목하도록 할 수 있다. 또한 컴퓨터는 문자의 고정적인 특성에서 생겨난 사람들의 고정적인 사고방식을 바꿀 수 있다. 컴퓨터가 전달해주는 소리, 사진, 영상은 사람들이 문자적이고 개념적인 사고에서 벗어나 조금 더 자유롭고 유연한 사고를 하도록 이끌어줄 수 있다. 맥루한은 이렇듯 컴퓨터가 가져다줄 변화를 매우 긍정적으로 예측했다.

맥루한이 세상을 떠난 1980년 이후로 디지털 기술은 놀라운 발전을 거듭했다. 인터넷이 상용화되고 스마트폰과 태블릿PC가 탄생했으며, 머지않아 VR과 AR 매체가 널리 보급될 것이다. 앞으로 5G 기술을 기반으로 공감각적인 정보가 더욱 많이 유통될 것이다. 단순히 보고 듣는 것을 넘어서, 느끼고 맛보고 냄새 맡는 정보를 전달하는 매체도 그리 머지않은 미래에 상용화될 것이다. 그렇게 되면 정말로 인간은 정보 속에서 생생한 공감각적 요소를 느끼며 감각적으로 더욱 충만한 삶을 살아가게 될까? 또한, 문자가 가져다준 고정불변하는 개념적 진리에 대한 환상에서 완전히 벗어나 더욱 자유롭게 사고할 수 있을까? 이런 예측은 매우 중요하다. 사람들은 매체를 사랑하며, 또다시 새로운 매체에 매우 빨리 적응하고 그로부터 엄청난 영향을 받을 것이기 때문이다.

자유로운 사형수

—— 카뮈

Albert Camus, 1913~1960

프랑스령 알제리 출신의 문학가, 철학자, 기자. 『이방인』, 『시시포스 신화』, 『페스트』 등의 저작을 남겼다. 실존주의의 대표주자로 여겨지곤 하나 정작 본인은 이를 거부했다. 노벨문학상을 받았다.

"사형수는 '희망으로부터의 자유'를 얻는다."

사형수의 삶이란 어떨까? 물론 사형수마다 가지각색일 것이다. 누군가는 후회와 분노 속에서 살아갈 것이며, 누군가는 체념과 무기력 속에서, 누군가는 언젠가는 어떤 요행으로 풀려날지도 모른다는 희망을 품고 살 것이다. 그런데 프랑스의 소설가이자 철학자 카뮈는 조금 특별한 사형수에 대해 말했다. 그가 말하는 사형수의 삶은 진정한 자유를 얻은 삶이다. 이미 죽음은 정해졌다. 만약 사형수가 정말로 그의 죽음을 곧이곧대로 받아들일 수만 있다면 그에게는 아무런 두려워할 것도, 후회할 것도, 해야 할 것도, 희망해야 할 것도 남아 있지 않을 것이다. 이렇게 모든 것이 끊어진 상태는 동시에 그에게 모든 것을 두려워해도 상관없는, 모든 것을 후회해도 되는, 어떤 것을 희망해도 되는 자유를 열어준다. 그는 아무것도 해야 할 게 없지만, 그렇다고 해서 아무것도 하지 말아야 하는 건 아니다. 그는 그저 매 순간을 살면 된다. 운명은 이미 죽음으로 정해져 있다. 그는 그저 죽음으로 펼쳐진 길을 따라가기만 하면 된다. 그

길 위에서 그가 무엇을 생각하고 무엇을 할지는 전적으로 그 자신에게 달려 있다. 그 사형수는 이 세상에서 가장 호되게 자신의 모든 자유를 빼앗기고 심지어 자신의 목숨을 유지할 최소한의 자유마저 빼앗겼지만, 역설적으로 세상에서 가장 자유로운 사람이기도 하다. 이런 아이러니는 카뮈의 흥미를 자극했다.

카뮈는 이런 자유로운 사형수를 두고 그는 '희망으로부터의 자유'를 얻었다고 말한다. 우리는 보통 희망을 항상 긍정적인 가치와 연결한다. 그러나 한번 관점을 바꿔서 생각해보면 희망은 우리의 삶이 자유롭지 못하도록 묶어두는 가장 큰 힘이기도 하다. 누구나 나름의 희망을 안고 살아간다. 돈을 많이 벌고 싶다든지, 부모님께 효도하고 싶다든지, 세계여행을 하고 싶다든지, 가족을 이루고 살고 싶다든지…. 이런 다양한 희망은 그 희망에 맞는 가치관을 갖고 살아가게 하며, 그 희망을 이루기 위해 계획을 세우고 그 계획을 실행하며 살아가도록 만든다. 그런데 그 계획들은 때때로 우리의 목을 답답하게 죄어온다. '계획을 잘 지키지 못하면 어떡하지?', '계획이 틀어져서 가난한 삶을 살게 된다거나 고독한 삶을 살게 되면 어떡하지?' 이런 걱정이 항상 우리의 깊은 곳에서 속을 긁는다. 그래서 희망은 한편으로 불안과 집착의 근원이다. 무언가를 희망하기 때문에 그것이 이루어지지 않을까 봐 불안해한다. 무언가를 희망하기 때문에 그것을 이루고자 집착한다. 이런 희망에서 비롯되는 불안과 집착은 진정으로 자유로운 삶을 가로막는다.

알베르 카뮈

사형수는 모든 희망을 빼앗긴 사람이다. 그는 부자가 될 수도, 장수할 수도, 가족을 이룰 수도, 명예를 얻을 수도 없다. 싸늘하고 어둑한 사형장에서 그는 쓸쓸하게 죽음을 맞이할 것이다. 이 세상 그 어디서도 그는 희망을 찾을 수 없다. 그렇게 되면 이 세상 바깥에서 희망을 찾기 시작할지도 모른다. 실제로 역사적으로 많은 사형수가 신, 부활, 사후세계, 영원불변의 진리 같은 것을 좇으며 죽음을 기다렸다. 그런데 카뮈가 말하는 사형수는 이렇게 모든 것을 초월하는 가치를 추구하는 사람이 아니다. 그러한 초월적인 가치는 결국 희망에 대한 집착일 뿐이다. 카뮈의 사형수는 정말로 모든 희망을 포기한 사람이다. 그는 신에게 의지하지도, 다음 생을 기대하지도, 영원한 진리를 찾아 헤매지도 않는다. 그는 어떠한 희망도 더는 찾지 않는다.

그렇게 모든 희망을 버림으로써 그는 오히려 가장 절대적인 자유를 얻게 된다. 아무것도 희망하지 않으므로 아무런 불안도, 집착도 없다. 그는 미래의 희망을 바라보며 살아가는 게 아니라, 그저 현재의 순간을 살게 된다. 그렇게 그는 시간으로부터 자유로워진다. 그는 미래뿐만 아니라 과거에서도 벗어난다. 과거에 어떤 행동을 했든 그것은 지금 와서 아무런 상관이 없다. 어차피 아무런 희망이 없기 때문이다. 그는 결코 과거를 후회하지 않는다. 그렇다고 해서 후회하지 말아야 할 이유도 없다. 만약 후회감이 들면 그냥 후회하면 된다. 후회하면 안 된다는 규칙 같은 건 어디에도 없다. 희망을 버린 그를 묶어둘 수 있는 규칙 따위는 아무것도 없다.

　그렇게 사형수는 행위의 자유를 얻게 된다. 불안과 집착, 계획으로부터 자유로워진 사형수는 어떤 행위라도 자신이 결정해서 할 수 있다. 감옥에 갇힌 상태에서 실질적으로 할 수 있는 행동에는 제한이 있을 수밖에 없다. 가족을 만나러 가지도 못할 것이며, 먹고 싶은 음식을 먹을 수도 없을 것이다. 그러나 그는 사형수가 아닐 때는 할 수 없었던 것을 이제는 할 수 있다. 그가 아직 사형수가 아니었을 때, 즉 많은 희망을 품고 있었을 때는 그 희망에 따른 계획과 규칙 때문에 많은 것을 할 수 없었다. 부자가 될 희망을 안고 있는 사람은 돈을 마음대로 쓸 수 없다. 아무도 그에게 명령하지 않더라도 그는 스스로 계획과 규칙을 부여해서 자기 손을 묶어둔다. 그런데 사형수는 이제 그런 제한에서 벗어난다. 감옥 안의 환경이 허락하는 한 그는 무엇이라도 다 할 수 있다. 무언가를 꼭 해야 할 이유는 없지만, 꼭 안해야 할 이유도 없다. 자기가 하고 싶은 것을 하면 된다. 이것은 어쩌면 우리가 상상할 수 있는 최대한의 자유일지도 모른다.

　카뮈의 사형수 이야기는 진짜 사형수에게만 적용되는 이야기가 아니다. 우리는 모두 어떤 의미에서 사형수다. 죽을 운명으로 정해져 있지 않은가. 감옥에 갇힌 사형수와 우리 사이에는 본질적인 차이가 없을지도 모른다. 물론 우리에게는 희망을 포기하지 말아야 할 여러 합리적인 이유가 있다. 사형수와 달리 우리에게는 큰 행복을 가져다주는 많은 일을 이룰 가능성이 열려 있다. 아이를 갖는다든지, 아름다운 집에서 안정적인 노후를 보낸다든지 하는 일들은 상상만 해도 아주 큰 행복을 가져다줄 것 같다. 그러므로 그런 것들에 대한 희망을 포기해야 할 이유가 없다.

그러나 희망이 때로 족쇄로 다가올 때 카뮈의 사형수를 생각해보는 것은 좋은 기분 전환이 될 수 있다. 우리도 결국 모두 사형수의 신세이므로, 본질적으로는 어떤 희망에도 집착해야 할 필요가 없다. 어쩌면 희망을 버림으로써 진정한 자유를 얻을 수도 있다. 그런데 정말 역설적으로, 그렇게 해서 희망이 없는 진정한 자유를 얻은 사람은 다시 희망을 가져도 상관없다. 예를 들어서 돈에 대한 희망을 버린 사람은 다시 돈을 벌 계획을 세울 수 있다. 다만 예전에는 돈에 대한 희망이 족쇄였다면, 사형수의 심정에서 생각하고 난 다음에 품은 돈에 대한 희망은 그가 스스로 자유롭게 선택한 것이다. 자유롭게 선택한 희망에 대해서는 덜 불안해하고 덜 집착할 수 있다. 그 희망을 버려도 아무런 상관이 없다는 것을 사형수는 잘 알고 있기 때문이다.

나라는 주체는 주변의 힘에 의해 구성된다

── 푸코

Michel Foucault, 1926~1984

프랑스 철학자로, 포스트모더니즘의 대표주자로 평가된다. 소수자를 억압하는 사회적 구조를 폭로하는 사상을 발전시켰다. 현대 철학에 미친 영향이 지대한데, 현재 인문학과 사회과학에서 빈번하게 인용되는 학자 중 한 명이다.

"힘은 이미 우리를 이루고 있다."

출처 @MichelFoucaultAuthor 페이스북

나는 누구일까? 누구든지 자기 자신을 소개할 수 있다. 이름: 김 아무개, 사는 곳: 경기도 수원시, 직업: 교사, 성별: 남, 취미: 음악 감상, 특기: 달리기…. 누구나 그리 어렵지 않게 이렇게 자신이 누구인지를 정의할 수 있다.

　　그런데 흥미로운 점은, 내가 누구인지는 내 자신이 결정할 수 있는 문제가 아니라는 것이다. 수원시에 사는 김 아무개가 아니고 싶다고 해서 용인시에 사는 박 아무개가 되는 것은 아니다. 음악 감상이 아니라 골프를 취미로 하고 싶어도 사정상 그러기 어려울 수도 있다. 직업이 마음에 안 든다고 해서 갑자기 바꾸기도 쉬운 일이 아니다. 이뿐만 아니라 자신이 누구인지를 결정하는 많은 요소가 내 의지대로 바뀌지 않는다. 그것들은 내가 갖고자 해서 갖게 된 것들도 아니다. 성격이나 외모, 가치관, 목소리, 말투, 발음, 지식, 믿음 등등은 타고났거나 자라면서 형성된 것이어서, 내 의지에 따라 생겨난 것도 아니고 내 희망대로 쉽게 바꿀 수 있는 것도 아니다.

주체는 영어로 'subject'이다. 그런데 'subject'는 형용사로 쓰이면 '~에 종속된, 지배당하고 있는'이라는 뜻을 갖기도 한다. 나는 분명히 한 명의 주체이다. 내 세상의 중심은 나이고, 그 중심에 있는 내가 다른 사물에 영향을 끼치며, 나는 내 의지대로 무언가 할 수 있는 자유를 갖고 있다. 그런데 나라는 주체가 가진 자유는 절대적이지 않다. 나이, 성별, 직업, 환경, 국적 등등에 의해 주체로서 내가 할 수 있는 일에는 많은 제약이 가해진다. 전지전능한 신처럼 원하는 것이면 무엇이든지 할 수 있는 주체이면 좋겠지만, 그런 주체는 이 현실 세계에는 존재하지 않는다. 주체로서 존재한다는 것은 항상 무언가 제약을 받는 상태에 있다는 것을 뜻한다.

심지어 원하는 것이라면 뭐든지 할 수 있는 상태가 된다고 해도, 사실 그건 진정한 자유가 아닐 가능성이 크다. 왜냐하면 내가 무엇을 원하는지는 이미 나 말고 다른 것들의 영향에 의해 결정되어 있기 때문이다. 예를 들어서, 어떤 죄수가 감옥에서 받은 수년간의 교육을 통해 정말로 선행을 하는 것을 원하게 되었다고 해보자. 이때, 죄수는 자신이 선택해서 선행을 원하게 된 게 아니다. 그는 자신을 둘러싼 시스템에 의해서 그것을 원하도록 이끌어진 것이다.

마찬가지로, 우리는 꼭 감옥에 가지 않더라도 어려서부터 가정환경, 문화, 교육체계, 경제체제 등을 통해 무언가를 원하는 방향으로 길러진다. 만약 지금의 자본주의 시스템이 없었어도 우리는 명품을 욕망했을까? 그러지 않았을지도 모른다. 만약 원한다고 하더라도 지금과는 다른 방식과 다른 강도로 원했을지도 모른다. 사정이 이렇다면, 과연 명품을 사고 싶은 욕망을 채우는 것은 정말 순수하게 나의 욕망과 나의 자유에 따라 행동하는 거라고 볼 수 있을까? 그렇지 않은 측면이 분명히 있다. 나의 자유는 근본적으로 제한되어 있다. 내 욕망과 가치관 등이 이미 주변 환경의 영향으로 인해 특정한 방향으로 쏠려 있기 때문이다.

프랑스 철학자 미셸 푸코는 주체가 어떻게 주변 힘의 영향을 받아 구성되는지에 특별한 관심을 가졌다. 푸코가 말하는 힘(power)은 재미있는 특징을 갖고 있다. 힘은 항상 주체에게 자유의 여지를 준다. 한마디로 힘은 주체가 자신이 자유롭게 행동하고 있다고 믿게 만든다. 또한 주체는 실제로 자유롭다. 그들은 선택지를 갖고 있으며, 스스로 특정한 방향을 선택한다.

예를 들어서, 의료체계는 그 자체가 하나의 거대한 힘이다. 의료체계는 우리가 몸과 관련해 어떤 행동을 하는지에 지대한 영향을 끼친다. 지금과 같은 의료체계가 갖춰지지 않았을 때는 감기에 걸려도 병원에 가지 않았다. 지금은 많은 사람이 감기 같은 작은 병에 걸려도 병원을 찾는다. 사람들이 강제로 이런 선택을 하게 된 건 아니다. 아무도 우리에게 병원에 가라고 폭압적으로 강제하지 않는다. 우리는 자신의 선택에 따라 병원에 간다.

이런 측면에서 힘은 폭력적인 지배와 구별된다. 푸코는 노예제가 힘의 관계로 이뤄지는 게 아니라고 주장했다. 노예제는 폭력적인 지배에 가깝다. 왜냐하면 노예제는 노예가 자유롭게 선택할 가능성을 모조리 빼앗기 때문이다. 반면 힘은 항상 사람들에게 자유를 보장한다.

하지만 힘이 우리에게 열어주는 자유는 항상 반쪽짜리 자유이다. 예를 들어서 우리는 아플 때 자발적으로 병원에 간다고 생각하지만, 이 자유로운 선택은 사실 의료체계의 힘에 영향을 받아서 이뤄지는 것이기도 하다. 현재의 사회제도 안에서 의사는 건강에 독점적인 권위를 갖고 있다. 병원이 아니면 제대로 치료받을 만한 곳이 없다. 또한 병원 쪽에서는 미디어를 통해 (방송에 나오는 온갖 건강 정보와 광고) 사람들이 건강의 미세한 부분까지 관심을 두도록 만든다. 그래서 많은 사람이 다른 시스템 아래에 있었더라면 군이 병원을 찾지 않을 법한 사소한 건강 문제에도 병원의 손길을 빌린다.

그런데 중요한 점은, 이런 힘의 영향 없이는 결코 우리 자신이 생겨나지 않는다는 것이다. 예를 들어서, 자신의 건강에 아무런 관심도 없는 주체가 있을까? 모든 주체는 다 나름대로 자신의 건강과 특정한 관계를 맺고 있다. 어떤 사람은 건강에 더 신경 쓰고 어떤 사람은 덜 신경 쓸지 몰라도, 건강을 아예 생각하지 않으며 살아가는 사람은 없다. 그런데 우리가 건강에 어떤 생각을 갖고 무엇을 느끼며 어떤 가치관을 갖고 살아가는 지가 외부적인 의료체계의 힘에 커다란 영향을 받는다면, 어떤 의미에서 주체는 힘에 의해서 구성되는 것으로 볼 수 있다.

단지 건강에 관한 문제뿐이겠는가? 힘은 아주 다양한 형태로 우리에게 영향을 끼친다. 문화, 예술, 정치, 법, 교육, 성, 인간관계 등 우리가 일상생활에서 마주하는 모든 것에서 힘의 관계를 발견할 수 있다. 힘은 무엇이 좋고 무엇이 나쁜지, 무엇이 정상이고 무엇이 비정상인지, 무엇이 아름답고 무엇이 추한지, 무엇이 허용되는 것이고 무엇이 금지되는 것인지를 나눈다. 그리고 우리가 좋은 것과 정상적인 것과 아름다운 것과 허용되는 것을 추구하고, 나쁜 것과 비정상적인 것과 추한 것과 금지된 것을 배제하도록 만든다. 그리고 이런 가치판단은 우리가 우리 자신을 누구라고 생각하는지, 나라는 주체가 무엇을 원하고 무엇을 행하며 살아가는지에 커다란 영향을 끼친다.

힘은 이미 우리를 이루고 있다. 우리가 생각이라는 것을 시작하기 전부터, 우리가 누구인지 첫 질문을 던져보기도 전부터 이미 나라는 주체는 힘에 의해 지배받는 상태에 있다. 과연 그 지배에 저항할 수 있는지는 우리가 품어야 할 중요한 다음 질문이다.

'중국어 방' 논증, AI는 생각할 수 있을까

—— 썰

John Rogers Searle, 1932~

미국의 철학자로, 언어와 정신에 관한 탐구로 유명하다. 특히 여기서 소개하는 '중국어 방' 논증은 인공지능에 관련된 철학 강의에서 꼭 이야기되는 사례다. UC 버클리 교수로 지내며 많은 상을 받고, 자신의 이름을 딴 연구소까지 운영하며 학자로서 승승장구했다. 하지만 제자들을 상습적으로 성추행한 혐의가 밝혀지며, 2019년 명예교수직을 박탈당했다. 그러나 그의 논증만큼은 여전히 많이 회자되고 있다.

"인공지능과 인간의 정신 사이에는 극복할 수 없는 차이가 있다."

출처 Mattew Breindel

인공지능이 갈수록 많은 것을 실현해 나가는 요즘, 점점 인간과 인공지능 사이의 차이가 없어지는 느낌을 지우기가 어렵다. 보통 이런 느낌이 들면 많은 사람이 불편함이나 위협감을 느낀다. 인간이 아닌 존재가 인간과 거의 비슷해질지도 모른다는 생각은 어딘지 모르게 으스스한 느낌을 준다. 반면 어떤 유형의 사람들은 인공지능의 발전을 매우 반가워한다. 기술의 발전을 좋아하는 사람들이 그렇다. 또한 많은 철학자 역시 인공지능과 인간 사이의 차이가 점점 좁혀지는 지금의 상황을 반가워한다. 왜냐하면 인간의 정신이란 무엇인가, 인간의 생각이란 무엇인가 같은 질문에 해답을 제시하는 데 큰 도움이 될 수 있기 때문이다.

컴퓨터의 가장 초기 모델이라고 볼 수 있는 튜링머신을 고안한 앨런 튜링(Alan Turing, 1912~1954)은 "컴퓨터가 생각을 할 수 있는가?"라는 질문에 하나의 고전적인 기준을 제시했다. 그는 벽 너머의 어떤 기계와 이야기하면서 그 존재가 사람인지

기계인지 구별할 수 없다면, 그 기계가 정신을 가졌다고 말하기에 충분하다고 주장했다. 이후 '튜링테스트'라고 불리게 된 이 시험은 여전히 많은 사람에게 기계가 생각할 수 있는지를 판단하는 기준으로 받아들여지고 있다.

튜링테스트를 통과한 기계는 겉으로 말하는 것만 봐서는 보통 사람과 구별할 수 없다. 어떤 심오하고 복잡한 질문을 던져도 그 기계는 사람이 말할 법한 대답을 내놓을 것이다. 어린 시절이나 앞으로의 꿈, 자아 같은 것을 물어봐도 이 기계는 마치 진짜로 어린 시절을 보냈고, 미래의 목표를 가졌으며, 자아를 인식하는 것처럼 말할 것이다. 이 정도가 되어도 과연 우리는 "이 기계는 결국 컴퓨터에 불과하므로 결코 생각하는 것은 아니다."라고 확고히 말할 수 있을까? 쉽지 않을 것 같다.

하지만 이렇게 겉으로 어떤 말을 하는지만으로 생각의 유무를 판단하는 게 어쩐지 불편한 사람도 있을 것이다. 사실 많은 사람이 그렇다. '생각'이라는 개념은 전통적으로 내면적인 무언가, 내가 내적으로 생생히 느끼는 무언가로 생각되었기 때문이다. 이런 생각의 내면적인 면모를 무시하고 그저 겉으로 드러나는 모습만으로 생각의 유무를 판단하는 건 문제가 있어 보이기도 한다.

이러한 직관을 잘 공략한 사고실험 중 하나가 미국 철학자 존 썰의 '중국어 방 논증(The Chinese Room Argument)'이다. 인공지능과 관련한 분야에서 아주 유명한 이 논증은 다음과 같이 진행된다.

당신이 한 방에 들어가 있다고 해보자. 당신은 중국어를 전혀 모르는 상태이다. 그런데 그 방 안에는 중국어 글자가 적힌 판이 수천 개 들어 있다. 그리고 그 판들을 어떻게 조작해야 하는지 영어로 알려주는 (우리는 한국어라고 생각해도 상관없다.) 설명서가 있다. 이제 방 바깥에서 중국어로 된 문장들이 적힌 판이 들어온다. 당신이 해야 할 일은 그 바깥에서 들어온 판을 보고 방 안에 있는 설명서에서 그 판에 어떻게 대처해야 하는지 읽은 후, 방 안에 있는 중국어 글자판들을 조합해 문장을 만들어 바깥으로 보내는 것이다. 방 안의 설명서에는 바깥에서 들어오는 모든 문장에 대해 어떻게 방 안의 판을 조합해서 대답을 만들어야 하는지가 적혀 있다. 당신은 그저 설명서를 잘 읽고 대답을 만들어내기만 하면 된다.

설명서가 워낙 잘되어 있기에, 바깥에서 문장을 적어 방 안으로 보낸 후 대답을 받아 보는 사람은 방 안에 중국어를 잘 이해하는 사람이 들어 있다고 생각한다. 말하자면, 그 중국어 방은 일종의 튜링테스트를 통과한 기계이다. 그러면 과연 그 중국어 방이 생각을 한다고 볼 수 있을까? 과연 중국어 방이 중국어 문장을 이해한다고 볼 수 있을까?

당신이 방 안에서 한 건 그저 영어로 된 설명서를 읽고 중국어 글자들을 조합해 바깥으로 내보낸 것뿐이다. 당신이 그 방 안에서 10년을 일하든, 100년을 일하든, 당신은 결코 중국어를 이해할 수 없을 것이며, 당신이 만들어 바깥으로 보내는 말들과 관련된 어떤 제대로 된 생각도 할 수 없을 것이다. 그런데도 중국어 방이 정말로 중국어를 이해하며 자신이 내뱉는 말과 관련해 생각을 하는 것이라고 봐야 할 이유가 있을까? 어쩐지 그렇지는 않을 것 같다.

이 중국어 방 사고실험은 컴퓨터에 기초한 AI가 아무리 발전해도 그 기계가 정말로 생각한다고 보기는 어렵다는 주장을 옹호하기 위하여 많이 사용된다. 모든 컴퓨터는 아무리 복잡해져도 결국에는 0과 1의 신호를 처리하는 기계이다. "당신은 소나무를 좋아하세요?"라는 질문을 컴퓨터가 인식하고 대답을 제시하는 과정은, 이 질문을 0과 1로 구성된 컴퓨터의 언어로 바꾼 후 그에 맞는 다른 0과 1로 된 컴퓨터 문장을 만들어내고, 그 컴퓨터 언어를 다시 인간의 언어로 바꿔서 "네, 저는 소나무를 좋아합니다."라는 문장을 내뱉는 것이다. 이 과정은 중국어 방의 원리와 본질적으로 똑같다. 컴퓨터가 하는 일은 결국 바깥에서 들어온 신호에 따라 설명서(프로그램)대로 판들을 잘 조작해서 바깥으로 다시 내보내는 과정에 불과하다. 이 안에 진정한 의미에서 '생각'이나 '이해'라고 불릴 만한 것은 들어 있지 않은 것처럼 보인다.

존 썰처럼 컴퓨터에 기초한 인공지능과 인간의 정신 사이에는 극복할 수 없는 차이가 있다고 생각하는 사람이 많다. 이런 생각은 어쩌면 인간이라는 존재의 특별함을 믿고 싶은 뿌리 깊은 의식에서 나오는 것일지도 모른다. 하지만 전반적으로 보면 이런 생각의 정당성은 점점 더 약해지는 추세이다.

무엇보다도, 정말로 인간처럼 말하거나 움직이는 기계를 직접 두 눈으로 보게 되면 생각이 많이 달라진다. 존 썰이 중국어 방 논증을 내놓은 1980년대까지만 해도 인공지능은 사실상 인간처럼 보이는 활동을 거의 하지 못했다. 반면 지금의 인공지능은 바둑에서 실제로 인간을 압도적으로 제압하며, 인공지능을 기초로 한 로봇은 인간과 매우 흡사한 춤을 춘다. 그냥 머릿속으로만 가정할 때와 실제로 보게 될 때의 차이는 정말 크다. 사고실험을 통해 인간처럼 말하는 기계를 상상할 때는 아무리 그래도 인간과 기계 사이에는 본질적인 차이가 있을 것같이 느껴진다. 그런데 정말 실제로 사람처럼 춤추는 로봇을 보면, '저 로봇과 인간 사이에 정말 본질적인 차이라는 게 있을까?'라는 생각이 너무나 생생하게 우리를 강타한다. 썰의 중국어 방 논증은 분명 하나의 강력한 논증이지만, 어쩌면 그 상상에 기초한 사고실험은 앞으로 높은 수준의 인공지능을 실제로 맞닥뜨리는 생생한 경험으로 인해 무너질지도 모른다.

대학교 2학년 때 MIT 대학원에서 강의했던 천재 철학자

—— 크립키

Saul Aaron Kripke, 1940~2022

미국의 철학자로, 수학적 지식을 활용해 논리학과 언어철학 분야에서 탁월한 천재성을 보였다. 하버드 대학교에서 수학을 공부한 후 박사학위 없이 여러 명문대에서 교수 생활을 했다.

"철학자들은 의미에 대해 애초부터 잘못된 기대를 하고 있었다."

출처 Robert P. Matthews, Princeton University

6살에 고대 히브리어에 능통, 9살에 셰익스피어 전집 독파, 초등학생 때 이미 데카르트의 저작과 복잡한 수학적 문제에 통달함, 17살에 학계의 주요 문제를 해결하는 논리학 논문 집필, 하버드 대학교 진학, 대학교 2학년 때 MIT 대학원에서 논리학을 강의(수업을 들은 게 아니라 강의를 했다.), 이후 박사학위도 없이 프린스턴 대학교 교수 임명(어차피 모두가 인정하는 천재이기에 딱히 학위가 중요하지 않았다.)….

만화책에 나오는 이야기가 아니다. 동시대의 가장 천재적인 철학자로 꼽히곤 하는 미국의 수학자이자 철학자 솔 크립키의 이력이다. 크립키는 분석철학이라고 불리는 철학 분야의 패러다임 형성에 큰 영향을 끼쳤다. 분석철학은 대중이 가장 학을 떼는 종류의 철학이다. 그렇지만 굳이 따지자면 이 시대의 전문가들 사이에서는 가장 영향력이 크고 가장 널리 연구되는 철학이 분석철학이다. 이렇게 많은 사람에게 인정받는 분야에서 크립키는 거의 모든 전문가가 굉장히 천재적이라고 평가하는 이론을 몇 개 내놨다. 여기서는 그중 하나를 간단하게 소개하고자 한다. 과연 정말로 이 견해가 천재적인지는 독자의 판단에 맡기겠다.

20세기의 많은 분석철학자는 의미가 무엇인지를 정의하고자 했다. 여기서 말하는 의미는 '삶의 의미를 찾는다.'라고 말할 때의 그 의미가 아니라, 말 그대로 어떤 한 언어표현이 가진 의미를 뜻한다. 예를 들어서 '탁자'라는 말은 우리가 흔히 아는 그 탁자를 의미한다.

의미라는 단어는 우리가 평소에 자주 사용하는 말이기도 하고, 거기에는 별로 어려운 것이 없어 보인다. 그런데 철학자들은 이 의미에 대해 심각한 고민을 오랫동안 해왔다. 평소에 의미라는 말을 어렵지 않게 사용하는 게 맞긴 하지만, 막상 의미에 대한 이론을 세우려고 하면 쉽지 않았다.

'탁자'라는 단어가 우리가 흔히 아는 그 탁자를 의미하는 건 분명하다. 하지만 이렇게 대충 말하는 것을 넘어서서 정확하게 '탁자'의 의미가 뭔지를 정의해보라고 하면 쉽지 않다. '평평한 판을 다리가 지탱하고 있는 물건'이라고 정의하면 될까? 그렇지 않다. 탁자의 면은 올록볼록하거나 기울었을 수도 있고, 다리가 달리지 않은 탁자도 있다. 얼핏 생각하면 그래도 어떻게든 완벽한 '탁자'의 의미를 제시할 수 있을 것 같지만, 막상 해보라고 하면 쉽지 않다. 사실 지금까지 백 년 넘는 시간 동안 아무도 그걸 제대로 못 했다. 그래서 크립키라는 사람이 등장한 것이다.

크립키는 이 의미의 문제를 다루기 위해 우리가 아는 언어 표현 중 가장 뜻이 명확해 보이는 것 하나를 가져온다. 바로 수학의 '+'이다. 우리는 모두 '+'의 의미를 안다고 생각한다. '+'는 더하기를 의미한다. 7 + 5에 대해 대부분 사람은 어렵지 않게 7에 5를 더해 12를 얻어낼 수 있다.

그런데 크립키는 놀랍게도 '+'가 정확히 무엇을 의미하는지 우리는 알 방법이 없다고 주장한다. 그에 따르면 '+'의 의미를 확정하기 위해서 우리가 사용할 수 있는 방법들은 모두 실패할 수밖에 없다. 그중 중요한 두 가지를 살펴보도록 하자.

첫째, 사람들은 흔히 '+'의 의미를 확정하기 위해 과거의 경험을 활용한다. 예를 들어서, 지금까지 경험에 따르면 '+'가 더하기를 의미했으니, 지금도 '+'는 더하기를 의미하며 앞으로도 '+'는 더하기를 의미할 것이다. 그런데 이 주장에는 문제가 있다. 왜냐하면 지금까지 '+'가 더하기를 의미했다고 해서 앞으로의 모든 상황에서도 그럴 거라는 보장이 없기 때문이다. 우리는 아직 '+'가 전혀 다른 의미로 사용되는 상황을 마주해보지 않은 건지도 모른다. 어쩌면 '+'는 더하기가 아니라, 대부분은 더하기와 같은 결과를 산출하지만 어떤 특정한 수들의 순서쌍에서는 무조건 5를 산출하는 다른 함수 '겹하기'를 의미할지도 모른다. 다만 우리가 아직 그 순서쌍을 마주해보지 못해서 '+'가 더하기를 의미한다고 철석같이 믿고 있는지도 모른다.

둘째, '+'의 의미를 확정하기 위해 사람들이 또 많이 사용하려는 방법의 하나는 규칙을 정하는 것이다. 예를 들면, $a + b$는 a개의 돌과 b개의 돌을 한데 모아서 센 수를 산출한다고 규칙을 세워놓을 수 있다. 이렇게 규칙을 정해놓았으니, 앞으로 모든 상황에서 '+'는 똑같은 것을 확정적으로 의미할 수 있을 것이다. 하지만 이 방법 역시 크립키가 생각하기에는 큰 문제가 있다. 그건 바로 그 규칙 안에 들어 있는 다른 단어를 또다시 규칙을 통해 정의해야 한다는 것이다. 예를 들면 위의 규칙 안에는 '세다'라는 개념이 들어 있다. 그렇다면 '세다'는 무엇을 의미할까? 그걸 확정하기 위해서는 우리는 또다시 규칙을 세워야 한다. 그런데 그렇게 되면 그 규칙 안에는 또다시 규칙에 따라 정의해야 하는 다른 단어가 있을 것이고, 이런 상황이 무한히 반복된다. 그래서 우리는 영원히 '+'의 의미를 확정적으로 알 수가 없다.

크립키는 이런 이유로 한 언어표현의 의미를 확정적으로 제시하는 건 불가능하다고 주장했다. 이게 가장 천재적인 철학자의 생각이라니, 어쩐지 조금 실망스럽기도 하다. 천재의 생각이 아니라 바보의 생각이 아닌지 의문이 들 수도 있다. '+'가 더하기를 의미한다고 대강 합의하고 넘어가면 그만이지, 무슨 겹하기니 무한반복이니 쓸데없는 생각을 하고 있는지 의문이 생기기도 한다.

그런데 사실 우리가 느끼는 이런 직관은 크립키가 하고

싶었던 이야기의 핵심과 맞닿아 있다. 크립키가 이야기하고자 했던 바는, 철학자들은 의미에 대해 애초부터 잘못된 기대를 하고 있었다는 것이다. 철학자들은 항상 어떤 단어의 의미를 확정하려고 해왔다. 신, 양, 질, 색깔, 크기, 공간, 시간 등등 이런 개념에 어떤 확정적인 의미가 있다고 생각했고, 그걸 알아내는 게 철학자로서의 소명이라고 생각해왔다. 그런데 크립키가 보기에는 애초에 언어표현의 의미를 그렇게 확정적이고 고정불변하는 무언가로 생각해왔던 철학자들의 생각 자체가 잘못됐다.

크립키에 따르면 말의 의미는 사람들이 실제로 그 말을 공통의 삶의 공간에서 사용하면서 합의해 나가는 것에 불과하다. '+'의 의미와 '탁자'의 의미는 그 말을 우리가 오랫동안 일상에서 사용하면서 대략 합의한 그 무언가이지, 어딘가에 존재하는 규칙이나 이데아 같은 게 아니라는 것이다. 이런 크립키의 주장은 의미에 대한 철학적인 논의를 새로운 방향으로 규정지었다. 이제 언어의 규칙을 찾는 것보다 우리 삶에서의 쓰임새를 분석하는 걸 더 중시하는 사람이 많아졌다.

알파고는 바둑에서 상대방을 이기고 싶어 할까

─── 호글랜드

John Haugeland, 1945~2010

미국의 철학자로, UC 버클리와 시카고 대학교에서 교수 생활을 했다. 본래 물리학을 전공했으나, 과학에 대한 관심을 살려 인공지능, 인지과학, 현상학을 넘나드는 연구를 했다.

"인간적인 상황을 제대로 이해하는 것은 무언가를 원하는 능력 없이는 불가능하다."

출처 유튜브 〈Being in the World - Professor Jonn Haugeland〉 캡처

알파고는 바둑에서 상대방을 이기고 싶어 할까? 이 질문은 이 시대의 매우 근본적인 질문이다. 알파고가 바둑에서 지구상의 모든 인간을 이길 수 있다는 건 잘 알려진 사실이다. 알파고는 누구보다도 바둑을 잘 둔다. 그런데 알파고도 사람처럼 바둑을 둘 때 상대방을 이기고 '싶어' 할까?

　무언가를 원한다는 건 굉장히 특별한 일이다. 인간은 많은 것을 원한다. 돈을 많이 벌기를 원하고, 건강하기를 원하고, 주변 사람들이 행복하기를 원한다. 그런데 지구상에 사람 말고 무언가를 원할 수 있는 주체가 더 존재하는지는 확실하지 않다. 과연 강아지도 무언가를 원할까? 강아지가 맛있는 음식 앞에서 침을 흘릴 때, 그 강아지는 그 음식을 먹기를 원하는 걸까? 아니면 그냥 본능이 시키는 대로 생존을 위해 음식 앞에서 특정한 반응을 보이는 것뿐일까? 즉, 강아지는 음식 앞에서 그 음식을 원하는 '마음'을 지닌 것일까 아니면 그런 '마음' 같은 것은 없고 본능적이고 기계적인 신진대사 반응과 활동만을 보이는 걸까?

여기에 대한 대답은 확실하지 않다. 공감 능력이 좋은 사람들은 동물도 인간과 마찬가지로 무언가를 원한다고 생각한다. 반면에 어떤 사람들은 동물은 인간이 무언가를 원할 때 갖는 그런 고차원적인 마음 상태를 갖고 있지 않다고 생각한다. 이 두 가지 생각 중 한쪽이 전적으로 옳다고 보기는 어렵다. 하지만 분명한 건 '원함'과 관련해서 인간과 동물이 보이는 특징에는 적잖은 차이가 있다는 것이다.

가장 결정적인 차이는 인간은 다른 동물보다 훨씬 더 큰 전체적인 맥락 속에서 무언가를 원할 수 있다는 것이다. 예를 들어서 가수가 되기를 꿈꾸며 간절히 원하는 사람은 가수가 되어가는 과정을 자신의 전체적인 삶에서 의미 있는 사건들의 연속으로 이해한다. 반면 마사지를 받기 원하는 강아지는 그 순간에 독립적인 사건으로서 주인의 손길을 원할 뿐이다. 마사지를 받고자 하는 욕구가 충족된다고 해서 강아지가 자신의 일생에 의미가 더해졌다는 느낌을 받는 건 아니다.

하물며 기계는 어떨까? 기계는 분명 많은 지적인 영역에서 이제 인간보다 우월한 능력을 발휘한다. 그러나 그렇다고 해서 기계가 정말 사람처럼 그런 일들을 원하는 걸까? 그건 아닌 것 같다. 구글 번역기는 한국어를 영어로 번역하기를 원할까? 유튜브 알고리즘은 사람들의 시청 기록을 분석하기를 원할까? 기계에 이런 말을 하는 건 너무나 시기상조인 것 같다. 우리 시대

최고의 인공지능도 무언가를 원한다기보다는 그저 주어진 일을 하는 것에 불과해 보인다.

미국 철학자 존 호글랜드는 기계가 인간처럼 전체적인 맥락 속에서 무언가 원하는 능력을 갖추지 않는 이상, 앞으로도 인공지능이 발휘할 수 있는 능력은 매우 제한적일 것이라고 주장했다. 물론 인공지능의 능력은 정말이지 무궁무진하다. 빅데이터에 기반한 알고리즘의 지배 아래서 살아가는 우리는 이미 그 놀라운 위력을 너무나 잘 알고 있다. 나 혼자서만 머릿속으로 생각하고 있다고 여겼던 내용과 관련된 영상이나 게시물이 알고리즘을 타고 내 SNS에 뜰 때면 소름이 끼치곤 한다. 가끔 보면 인공지능이 나보다 나를 더 잘 파악하고 있는 듯하다.

그러나 대중에게 알려진 인공지능의 능력은 부풀려진 측면도 있다. 인공지능의 능력을 평가절하하는 게 아니다. 여전히 인공지능이 도무지 해법을 찾지 못한 분야도 많다는 것이다. 대표적으로 인공지능은 여전히 인간적인 상황의 진정한 의미를 이해할 수 없다. 예를 들어서 인공지능은 빅데이터 분석을 통해 아이가 태어나는 상황은 대부분 '기쁨'이라는 단어와 연결된다는 것을 알아낼 수 있다. 하지만 인공지능은 그때 느껴지는 그 기쁨이 도대체 무엇인지는 이해할 수 없다. 따라서 기계는 아이가 태어나는 상황의 진짜 의미를 알 수는 없다.

호글랜드가 생각하기에 인간적인 상황을 제대로 이해하는 것은 무언가를 원하는 능력 없이는 불가능하다. 예를 들어서, 역경을 극복한 어떤 사람의 이야기를 들으면서 그 이야기를 진정으로 이해한다는 것은 그 사람이 그 역경의 상황에서 가졌을 마음과 그 역경을 극복하고 난 후의 마음을 알 수 있다는 것이다. 그런데 그런 상황에서 그 사람이 가졌을 마음을 이해한다는 것은 그 사람이 그 상황에서 무엇을 원했을지를 이해해야만 가능하다. 예를 들어 너무나 가난해서 아이에게 먹일 분윳값이 부족한 상황을 제대로 이해하려면, 그 상황에서 아이에게 무엇이라도 먹이고 싶은 그 간절하고 절박한 마음을 상상할 수 있어야 한다. 우리 인간이 그 마음을 어렵지 않게 상상할 수 있는 이유는 우리가 평소에 연약한 존재를 보호해주기를 원하면서 살아가기 때문이다. 만약 한 번도 약자를 보호해주기를 원하지 않은 사람은 분윳값이 부족한 상황의 의미를 제대로 이해하지 못할 것이다. 그 사람은 그 상황이 얼마나 절망적인 역경인지를 이해할 수 없다.

아이에게 분유를 먹이고자 하는 그 절박한 마음은 물리적인 육체의 고통과는 다른 점을 갖는다. 손목을 삐면 그 단독적인 사건만으로도 나에게 아픔이 생겨난다. 반면 아이에 관한 마음의 아픔은 내 전체적인 삶과 연관해서만 생겨날 수 있다. 아이를 갖기 이전부터 많은 경험과 교육을 통해 쌓아온 나의 가치관, 그 상태에서 나에게 찾아온 아이라는 존재, 그 새로운 존재와 함께 새롭게 만들어갈 내 삶의 모습에 대한 기대와 걱정 등등 수많은 요소가 뒤섞여 아이는 내게 소중한 의미를 지닌 존재로 주어진다. 바로 그 전체적인 삶의 맥락이 가져다주는 의미 때문에 아이에게 분유를 먹일 수 없는 상황이 그토록 무거운 절망감을 가져다주는 것이다. 그 어떤 사건도 그 자체로는 절망적이거나 슬프거나 기쁘거나 희망찰 수 없다. 오직 나의 삶이라는 전체와의 연관 속에서만 사건은 슬프거나 기쁠 수 있다.

기계에는 아직 삶이라는 전체가 없다. 그렇기에 기계는 아직 삶 속에서 무언가를 원한다는 게 뭔지 이해할 수가 없고, 인간의 생활과 정신의 많은 부분이 여전히 기계에는 미지의 영역으로 남아 있다. 알파고는 가장 위대한 바둑기사에게도 승리를 거둔다. 그러나 알파고는 승리하고자 하는 마음이 무엇인지 이해하지 못한다. 그 승리가 어떤 의미인지, 상대를 이긴다는 게 어떤 느낌을 가져다주는지, 피나는 노력과 순간의 번뜩임으로 자신을 극복하고 창조적인 수를 두는 게 바둑기사의 삶을 어떻게 빛나게 하는지, 그것을 알파고는 이해하지 못한다.

언젠가 인공지능이 그런 인간적인 마음을 이해하는 날이 올까? 그러려면 먼저 기계는 삶 속에서 무언가를 원하는 방법을 배워야 할 것이다.

나도 모르게 저지르는 도덕적 잘못

—— 싱어

Peter Albert David Singer, 1946~

호주의 철학자. 프린스턴 대학교 교수로 재직하며, 윤리학 분야에서 세계적인
영향을 끼쳤다. 동물권 보호와 국제적 빈민 구호의 중요성을 강조했다.

"당신이 기부하지 않고 옷을 산다면, 당신은 얼마큼의 도덕적 비
난을 받아야 할까?"

© Bbsrock

도덕적인 잘못 중에 보통 큰 비난을 받는 것은 적극적인 행위들이다. 가령 뇌물을 받는다거나, 폭력을 휘두른다거나, 학교에서 친구를 따돌린다거나, 회사에서 공금을 횡령하는 등 말이다. 이렇게 누군가가 주체적으로, 자기 의지를 통해 적극적으로 행한 나쁜 행위는 일반적으로 세상에 널리 알려지며, 그러한 잘못들이 가장 큰 비난을 받는다.

그런데 사실 세상에 존재하는 도덕적 잘못 중에는 적극적 잘못보다 수동적 잘못이라 불릴 만한 것들이 훨씬 많다. 〈배트맨〉의 조커 같은 타고난 악당이 아닌 이상에야 평소 적극적 잘못을 행하는 경우는 드문 편이다. (물론 세상에는 조커보다 더한 악당들이 실제로 있지만, 그건 예외로 하자.) 우리의 하루를 돌아보자. 과연 나는 적극적 잘못이라고 불릴 만한 행위를 몇 번이나 했는가? 공금횡령처럼 아주 심각한 잘못을 저지른 경우는 거의 없을 것이고, 골목길을 무단 횡단하는 정도의 가벼운 잘못도 다 합쳐봤자 열 손가락을 넘지 않을 것이다.

그런데 수동적인 잘못이라면 우리는 하루에도 수십, 수백 가지를 저지르고 있다. A라는 행위를 통해 이 세상을 더욱 좋은 곳으로 만들 수 있음에도 불구하고 A를 행하지 않는 경우 넓은 의미에서는 모두 수동적인 잘못이라고 볼 수 있기 때문이다. 길을 지나다 쓰레기를 줍지 않는 경우, 공중화장실 세면대에 물 묻은 휴지가 널브러져 있는데 치우지 않는 경우, 구걸하는 가난한 사람에게 돈을 주지 않는 경우 모두 수동적인 의미에서 도덕적 잘못이라고 볼 수 있다. 내가 쓰레기를 줍는다면, 휴지를 치운다면, 가난한 이에게 돈을 기부한다면 분명 이 세상을 조금이나마 더욱 행복한 곳으로 만들 수 있는데도 그런 행위를 하지 않았기 때문이다.

물론 방금 든 예시들은 지나치게 극단적인 측면이 있다. 내가 근로계약서를 작성하고 월급을 받는 환경미화원도 아닌데 길을 가다 쓰레기를 줍지 않았다고 해서 그게 왜 도덕적인 잘못이 된단 말인가? 많은 사람이 이런 행위의 부재가 도덕적인 잘못의 범위에 포함되어서는 안 된다고 생각하거나, 혹여나 도덕적인 잘못에 해당한다고 하더라도 극히 가벼운 잘못에 불과해서 별문제 없이 지나칠 수 있다고 생각할 것이다.

그런데 이러한 수동적인 잘못이 정말로 심각한 도덕적인 잘못에 해당한다고 진지하게 주장한 철학자가 있다. 고등학교 윤리 교과서에도 등장할 정도로 유명한 미국 철학자 피터 싱어다. 놀랍게도 그는 유니세프 같은 어린이 구호 단체에 돈을 기부하지 않고 옷 같은 물건을 사는 데에 돈을 쓰는 것은 매우 심각한 도덕적 잘못에 해당한다는 급진적인 주장을 했다. 그는 어떤 논리로 이러한 주장을 했을까?

싱어는 가상의 상황을 하나 제시한다. 당신이 연못가를 지나가는데 물에 빠진 한 아이가 살려 달라고 소리치고 있다고 해보자. 그 연못은 그리 깊지 않아서 당신이 아이를 구하러 들어간다고 해서 위험에 처할 일은 없다는 사실을 당신 스스로 잘 알고 있다. 당신은 지금 딱히 급한 일도 없고 귀중한 물건을 지니고 있지도 않다. 당신이 아이를 구하러 연못에 들어갈 때 입게 되는 손해는 입고 있는 옷을 버리는 것 정도가 전부다. 그런데도 만약 그 아이의 처절한 울부짖음을 모른 채 지나친다면, 당신은 도덕적 비난을 피할 수 없다. 세상 사람들은 대부분 당신의 행위가 도덕적으로 잘못됐다고 비난할 것이다. 게다가 만약 당신이 아이를 구하지 않아서 그 아이가 죽었다면 당신의 도덕적 책임은 더욱 심각해질 것이다.

싱어는 이 가상의 상황과 빈민 아동 구호와 관련된 또 다른 가상의 상황을 기가 막히게 대응시킨다. 어떤 나라에서 지금도 수많은 어린이가 영양실조 등의 질병으로 죽어가고 있다고 해보자. 당신은 그 사실을 잘 알고 있다. 당신이 그 모든 어린이를 구할 수는 없지만, 적어도 몇 명의 아이를 구할 수 있다는 점은 확실하다. 당신이 해야 할 일은 오직 전화 한 통을 걸거나 인터넷을 통해서 어린이 구호 재단에 돈을 기부하는 일이다. 반드시 큰돈이 필요한 것은 아니다. 당신이 입고 있는 옷을 살 정도의 돈이라면 충분히 한 어린이의 목숨을 구할 수 있다. 이 경우 만약 당신이 기부하지 않는다면, 얼마만큼의 도덕적 비난을 받아야 할까?

싱어는 이때 연못에 빠진 아이를 모른 채 외면한 것과 똑같은 도덕적 비난을 받아 마땅하다고 주장한다. 근본적인 차원에서 아이가 죽어가는 것을 알고도 모른 척했다는 점에서 두 상황은 같기 때문이다. 만약 당신이 기부하는 대신 그 돈으로 옷, 핸드폰, 시계 등의 사치재를 산다면, 그것은 더더욱 비난받아야 할 행동이다. 그 돈이면 많은 어린이를 살릴 수 있는데 그 사실을 외면하고 당신의 개인적인 욕구를 충족시켰기 때문이다. 그것은 마치 온천욕을 하러 가던 길이었기에 시간이 아까워서 연못에 빠진 아이를 구하지 않는 것이나 마찬가지이다.

싱어의 이러한 주장은 우리의 신경을 상당히 건드린다. 아마 여러분은 이 주장에서 뭔가가 잘못됐다는 생각이 들 것이고 무언가 반박하고 싶을 것이다. 그런데 어떤 부분이 잘못된 걸까? 반대파에게는 그걸 알아내는 게 과제일 것이다. 한 가지 가능한 반론은 물에 빠진 아이의 사례에서는 생명에 위협이 가는 사건이 바로 눈앞에서 발생한 것이지만, 빈민 아동 구호의 사례에서는 너무나 먼 곳에서 사건이 발생했기 때문에 당장 나에게 도덕적 책임이 돌아오지 않는다는 것이다. 또 다른 반론은 물에 빠진 아이의 사례는 그때 그 자리에서 아이를 구할 수 있는 사람이 오직 나 한 명밖에 없었지만, 빈민 아동 구호 사례에서는 나와 비슷한 조건을 가진 전 세계 수억 명의 사람이 아이들을 구할 책임을 공동으로 지기 때문에 나 한 사람에게 돌아오는 책임은 매우 미미하다는 것이다.

과연 이러한 주장으로 싱어의 견해가 완전히 반박될까? 최종적인 판단은 각자 내려야 할 것이다. 만약 싱어의 주장에 제대로 반박하지 못한다면, 우리는 백화점에서 쇼핑할 때마다 엄청난 죄책감을 느껴야만 할 것이다. 그렇게 돈을 써버리는 것은 한 아이를 죽게 내버려 두는 일이기 때문이다. 우리는 과연 어떤 방도로써 이런 부담감과 죄책감을 덜 수 있을까? 가장 흔하게 채택되는 방법은 그냥 싱어의 주장을 무시해버리는 것이다. 그러나 그것은 이성적인 삶과는 거리가 멀어지게 되는 일일 것이다.

인간 정신은 사물까지 연장되어 있다

—— 클라크

Andy Clark, 1957~

영국의 철학자로, 서식스 대학교 교수로 재직 중이다. 현재 세계적으로 널리
알려진 철학자 중 한 명이다. 인지과학, 인공지능, 로봇과학 등과 관련된 철학
적 탐구로 유명하다.

"인간의 정신은 단순히 한 사람의 몸 안에 한정되어 나타나는 현
상이 아니다."

영희와 철수는 둘 다 가끔 경복궁에 간다. 그런데 영희와 철수가 경복궁까지 가는 방법은 조금 다르다. 영희는 경복궁까지 가는 길을 잘 기억하고 있어서, 지도를 참고하거나 사람들에게 길을 묻지 않아도 잘 갈 수 있다. 반면, 철수는 알츠하이머병을 앓고 있어서, 아무리 자주 경복궁에 가도 길을 잘 기억하지 못할 뿐만 아니라, 가끔은 경복궁까지 가는 길 중간에 자신이 어디로 향하고 있는지 잊기도 한다. 그래서 철수는 경복궁까지 가는 방법을 수첩에 적어놓았다. 또한 경복궁에 가려고 할 때면 지금 경복궁에 가는 중이라는 사실을 수첩에 적어놓는다. 철수는 이렇게 수첩에 적힌 메모를 통해 경복궁까지 길을 잃지 않고 갈 수 있다.

결과만 놓고 보면 영희와 철수 둘 다 자신이 하고자 하는 일을 잘 수행할 수 있다. 영희도 경복궁까지 잘 갈 수 있고, 철수 역시 마음만 먹으면 경복궁까지 잘 도달할 수 있다. 그런데 우리는 영희와 철수 사이에는 커다란 차이가 있다고 느낀다. 왜냐하면 영희는 순전히 자신의 힘을 통해서, 즉 자신이 기억한 바를 통해서 일을 이뤄내지만, 철수는 자신의 힘으로 일을 해결하는 게 아니라 외부적인 사물의 도움을 받아 일을 수행하기 때문이다.

특히 영희는 자신의 기억에 언제든지 접근을 할 수 있어서 철수보다 더 우월한 능력을 지닌 것처럼 보인다. 왜냐하면 철수는 수첩을 잃어버리면 더 이상 경복궁까지 제대로 갈 수 없지만, 영희는 순전히 자신의 기억에 의존하므로 언제든 경복궁까지 갈 수 있을 것 같기 때문이다.

그러나 반드시 그런 것만도 아니다. 영희 역시 갑자기 공황 상태에 접어들거나, 극심한 두려움을 느끼거나, 술에 거나하게 취하는 등 정신적인 평형상태가 깨지는 상황이 되면 자신의 기억을 제대로 활용할 수가 없게 된다. 다른 말로 표현하면, 영희는 자신의 기억에 언제든지 자유롭게 접근할 수 있는 권한을 갖고 있지 않다.

또한 영희는 이따금 경복궁까지 가는 도중에 길을 헷갈릴 수도 있다. 꼭 영희의 기억력에 문제가 생긴 게 아니더라도, 가는 길의 중요한 모퉁이에 있는 만둣집이 초밥집으로 바뀌었다거나, 지하철역의 표지판 체계가 바뀌었다거나, 버스 노선이 바뀌었으면 영희도 얼마든지 헤맬 수 있다. 한마디로 영희의 기억은 절대적인 내면의 세계에 안전히 보관된 것이 아니라, 얼마든지 상황에 따라 '고장 날' 수 있다.

이런 측면에서 영희의 기억과 철수의 수첩의 차이는 그리 결정적인 것이 아닐지도 모른다. 수첩에 적힌 글자가 바래서 제대로 알아보기 어려운 상태가 되면 철수가 경복궁까지 가는 데에 차질이 생긴다. 마찬가지로, 영희의 기억이 잘 작동할 수 없는 상황이 되면 영희는 경복궁까지 가는 데에 어려움을 겪을 것이다. 때에 따라 수첩이라는 외부적인 도구를 이용하는 철수가 더 유리한 상황이 생길 수도 있다. 영희가 당황해서 길을 헷갈리는 상황에서도 철수는 수첩에 적힌 상세하고 효율적인 정보를 통해 길을 잘 찾을 수 있을지도 모른다.

그렇다면 경복궁까지 가는 활동과 관련해서 영희와 철수 중 누가 더 좋은 정신적 능력을 갖췄다고 봐야 할까? 얼핏 생각하면 당연히 외부 사물에 의존하지 않고 자신의 기억을 활용하는 영희가 더 우월한 정신적 능력을 갖춘 것 같다. 하지만 철수는 수첩을 통해 자신의 정신을 보강했다. 영희가 자신의 뇌에 정보를 저장할 때, 철수는 수첩에 정보를 저장했다. 말하자면 철수는 수첩을 자신의 제2의 뇌로 만들었고, 자신의 정신적 에너지를 저장할 수 있는 도구로 수첩을 활용한다. 만약 수첩이 고도로 발전해서 뇌에 심을 수 있는 칩이 된다면, 그때는 어디까지가 철수의 정신이고 어디부터가 외부적인 사물인지 구별이 모호해질 것이다. 이런 관점에서 생각해보면, 수첩 역시 철수 정신의 일부를 이룬다고 할 수 있다.

이 이야기는 영국 철학자 앤디 클라크가 든 예시를 한국

식으로 바꿔서 표현한 것이다. 클라크는 지금 이 시대의 저명한 철학자 중 한 명이다. 그는 인간의 정신은 단순히 한 사람의 몸 안에 한정되어 나타나는 현상이 아니라고 주장했다. 많은 사람이 정신은 뇌의 활동으로 생겨나며, 그것은 우리 머릿속에 들어 있다고 생각한다. 그러나 클라크는 정신이 우리 머릿속을 넘어서서 주변의 사물과 도구로까지 뻗어나가 있다고 주장한다.

예를 들어서, 매일 저녁 〈6시 내고향〉과 〈KBS 뉴스 9〉을 챙겨보는 할머니에게는 TV가 곧 정신의 일부라고 할 수 있다. TV는 이미 할머니의 매일매일을 규정짓고 있다. 할머니가 밖에 나가서 어떤 행동을 할지, 친구들과 만나 무슨 말을 할지, 어떤 음식을 먹을지 등의 문제에 있어서 때때로 TV는 할머니 본인의 생각보다 더 큰 영향력을 발휘할 수도 있다. 아니, 할머니의 생각은 이미 TV와 매우 내밀하게 연동되어 있어서, 할머니의 생각 자체가 TV의 영향 아래 구성된다. 철수가 수첩을 여분의 뇌처럼 사용하듯이, 할머니는 TV를 뇌의 보충 장치처럼 사용한다. TV는 할머니 대신 많은 생각을 해주며, 많은 말을 대신 만들어준다. 어떤 영역에서는 TV가 할머니의 뇌보다 더 많은 일을 처리한다. 할머니의 기억보다도 TV가 더 많은 것을 기억할 수도 있다. 그렇다면, 기억은 할머니의 정신이고 TV는 할머니의 정신이 아니라고 말할 수 있을까?

만약 TV가 없었다면 할머니는 순수한 정신, 즉 자신의 머릿속에 순수하게 들어 있는 정신을 가졌을까? 지금까지의 논리대로라면 그렇지 않을 것이다. TV가 없더라도 할머니는 반드시 다른 도구를 이용해 그곳에다 자신의 정신을 연장할 것이다. 생각을 위해 라디오를 사용할 수도 있고, 휴대전화를 사용할 수도 있다. 또한 숫자를 계산해야 할 일이 생기면 계산기를 이용할 것이고, 오늘 날씨를 예측할 때면 인공지능 스피커를 이용할 것이다. 이처럼 할머니의 정신은 TV 이외에도 할머니가 사용하는 수많은 도구에 뻗어나가 있다.

정신이란 무엇인가? 이 질문은 매우 대답하기 어렵다. 단, 클라크의 주장에 따르면 인간의 정신이 다른 동물의 뇌 활동과 가장 뚜렷하게 구별되는 점은 매우 다양한 사물을 도구로 활용하는 방향으로 작동한다는 것이다. 수첩 같은 단순한 도구 이외에도, 인류는 지금까지 정신을 연장할 수 있는 수많은 도구를 개발했다. 그리고 그 도구들을 이용하여 생존하며 문명을 발전시켰다. 어떤 사물을 어떻게 도구로 이용하는지에 따라 우리가 무엇을 생각할 수 있는지, 무엇을 떠올릴 수 있는지, 무엇을 원하는지, 무엇을 느끼는지가 달라진다. 우리가 이용하는 사물들은 우리의 정신이 어떤 모습을 띠는지에 결정적인 영향을 끼친다. 도구와 정신은 맞닿아 있다. 더 과격하게 말하자면, 도구는 우리 정신의 일부를 이룬다.

모든 나라가 서로를 돕는다면 어떻게 될까

—— 자오팅양

赵汀阳, 1961~

중국의 철학자. 중국사회과학원 철학연구소 연구원으로, 현재 세계적으로 많은 주목을 받는 중국 철학자 중 한 명이다. 형이상학과 정치철학 분야에서 영향력이 크다.

"지구에 사는 이들은 모두 하나의 하늘 아래 살아간다."

우리는 사회를 미시적인 관점에서 바라볼 수도 있고, 거시적인 관점에서 바라볼 수도 있다. 가장 가까운 친구, 가족, 이웃 등은 사회의 가장 작은 출발점이다. 이런 작은 관계들이 모여서 커다란 사회가 생겨난다. 그런데 반대로 생각해보면 사회 안의 작은 관계들은 국가, 대륙, 문화권처럼 커다란 것들에 결정적인 영향을 받기도 한다. 한국에서 태어나면 한국인으로서 겪어야 하는 것들이 있다. 그건 한국이라는 나라의 거시적인 상황에 의해 결정되는 문제이다.

세계적인 거시적 정치 관계는 지금까지 끊임없이 변해왔다. 한때는 제국이 주된 정치 관계의 형태였다. 대영제국, 독일제국, 프랑스제국, 오스만제국 등 수많은 제국이 있었다. 각 제국은 중앙적인 정치적 힘과 문화적 힘, 군사력 등을 바탕으로 여러 민족과 지역을 다스렸다. 그러다가 제2차 세계대전 이후로는 냉전이 지구상의 거시적인 정치적 상황을 바라보는 주요한 틀이었다. 자유주의 진영과 공산주의 진영이 서로 소리 없이 경쟁하며 차갑게 얼어붙어 있던 관계 말이다. 우리나라도 냉전의 영향을 아주 많이 받았다. 그동안 대한민국의 많은 중대사가 북한과의 관계 안에서 일어났고, 지금까지도 남북이 나뉘어 있으니 말이다.

냉전이 끝난 이후에는 미국이 가장 강한 힘을 쥐고 있기는 하지만, 그렇다고 해서 전 세계가 미국의 손아귀에 있는 건 아니다. 지금은 세계적으로 각 지역, 각 문화권에 기반을 둔 여러 세력이 각자 영향력을 발휘하면서 힘을 겨루고 있다. 미국, 유럽, 중국, 러시아, 인도 등등 많은 세력이 하나로 묶이지 않고, 서로 경쟁하고 있다. 이렇게 독립적인 여러 세력이 생겨났다는 것은 예전보다 더 다양성과 자유로움이 늘어난 것으로 볼 수도 있겠지만, 그만큼 국제 관계가 더 복잡하고 무질서해졌다는 뜻이기도 하다.

이런 혼란의 상황 속에서 앞으로 인류는 어떤 방향으로 국제 관계를 발전시켜 나가야 할까. 세계적인 명성을 지닌 중국의 정치철학자 자오팅양은 고대 주나라의 '천하(天下)' 개념에 착안해서 미래의 길을 다져 나갈 필요가 있다고 주장한다.

우리에게 천하는 매우 익숙한 단어이다. 천하는 이 세상 전체를 뜻한다. 그런데 무협지 같은 것을 보면 천하는 꼭 세상뿐만 아니라 정치적인 권력을 뜻하기도 한다. '천하를 손에 넣었다.'라고 하면 기본적으로는 세상을 손에 넣었다는 뜻이지만, 조금 더 구체적으로는 천하를 지배할 수 있는 정치적인 힘을 얻었다는 뜻이다.

자오팅양은 천하의 이 정치적인 의미를 조금 더 긍정적인 방향으로 해석한다. 천하는 하늘 아래라는 뜻이다. 그런데 지구상에 하늘은 하나이다. 일본의 하늘과 우크라이나의 하늘은 똑같다. 아무리 서로 다른 말을 하고 다른 문화를 가진 지방의 사람이라고 해도, 지구에 사는 사람들인 이상 모두 하나의 하늘 아래 살아간다. 따라서 천하라는 개념은 우리가 모두 최소한의 공통의 정체성을 가졌다는 뜻을 내포한다. 비록 여러 나라로 갈라져 있지만, 그래도 천하라는 관점에서 보면 모두 같은 지구촌인으로서 최소한의 공통적인 정체성을 갖고 있다는 것이다.

자오팅양에 따르면 고대 주나라의 위대한 황제들은 세상을 천하의 관점에서 바라봤다. 그들은 다른 나라를 배척하려고 한 게 아니라 모두가 서로 협력하고 서로에게 도움이 될 수 있는 관계를 만들려 했다. 서로의 다양성은 존중하되, 즉 제국주의 시대나 냉전 시대처럼 하나의 거대한 힘을 가진 나라가 다른 나라들의 정체성을 다 규정해버리고 하나의 규칙으로 모든 것을 통제하는 그런 획일화를 범하지 않되, 하나의 천하 아래 살아간다는 최소한의 공통적인 정체성을 토대로 서로가 서로에게 이득을 가져다주는 관계를 만들려 했다.

자오팅양은 이러한 협력 관계가 경쟁 관계에 비해 게임이론적으로 더 우월하다고 주장한다. 만약 모든 나라가 피 튀기

게 경쟁한다면, 결과는 둘 중 하나이다. 모두 다 손해를 보는 방향으로 흘러가거나, 아니면 누군가는 패자(敗者)가 되고 누군가는 승자가 된다. 그런데 이렇게 승자의 자리를 차지한 나라라고 해도 그 자리는 금방 무너져내리게 된다. 머지않아 새로운 세력이 등장해 그 자리를 차지하려고 승자를 몰아내려 하기 때문이다.

반면, 만약 모두가 협력하는 관계라면 모두가 하나의 거대한 관계 안에서 이익을 챙겨가는 구조를 만들 수 있다. 이 관계에 참여하는 것이 그렇지 않은 것보다 더 이득이 크고, 각 나라가 독립성을 유지하면서도 서로에게 도움이 되는 관계를 만들 수만 있으면 말이다. 자오팅양은 지금까지 서구권의 사람들이 세상을 바라보는 방식은 항상 자기의 이익과 자국의 이익을 추구하며 서로 경쟁하는 구도에 기초해 있었다고 주장한다. 반면 주나라의 성군들은 협력의 관점에서 세상을 바라보았다. 따라서 자오팅양은 지금부터 천하의 개념에 주목해 국가 간의 관계를 바라보는 관점을 바꿔 나가야 한다고 주장한다.

이러한 자오팅양의 생각은 많은 비판을 받기도 한다. 첫째로, 현실성이 없다는 비판이 있다. 모두가 서로를 도와주면서 서로에게 이익을 가져다주는 관계를 만들면 당연히 좋겠지만, 현실에서 그런 일은 일어나기 매우 어렵다. 둘째로, 자오팅양은 어떻게 하면 그런 협력 관계를 만들 수 있는지 뚜렷한 방안을 제시하지 않는다. 그는 거시적이고 추상적인 방향성을 제시하는 것에 머무는 경향이 있다.

세 번째 비판은 조금 더 날카롭다. 몇몇 사람은 자오팅양과 중국 정부 사이의 유착 관계를 비판한다. '서로가 서로에게 도움을 주는 공동체'를 만들어 나간다는 이념은 중국이 다른 나라에 영향력을 뻗치는 데 좋은 구실로 사용된다. 예를 들어서 중국은 자국을 중심으로 거대한 협력 공동체를 만드는 '일대일로(一帶一路)' 사업을 진행하고 있는데, 이런 일에 자오팅양의 천하 개념이 중국의 해외 진출을 정당화하는 이념으로 사용된다는 것이다. 중국은 해외로 진출하는 것이 지배를 위해서가 아니라 협력을 위해서라고 주장하면 된다. 이런 유용성 때문에 자오팅양은 중국 정부로부터 많은 지원을 받는 것으로 알려져 있다.

과연 자오팅양이 중국을 중심으로 한 공동체의 확장을 꿈꾸는지, 아니면 정말로 세계 평화와 다양성의 존중, 그리고 모두의 이익을 추구하는 건지 알 길은 없다. 하지만 어쨌든 그가 사람들이 국제 관계를 바라보던 기존의 관점과 상당히 다른 관점을 제시한 것은 사실이며, 그의 천하 개념은 우리가 과연 앞으로 경쟁을 추구할 것인지 협력을 추구할 것인지를 한번 생각해보게 한다.

국가라는 틀을 뛰어넘어서 생각하기

—— 세이거

Alex Sager

현재 포틀랜드 주립대학교 철학과 교수로 재직하며, 이주민에 관한 윤리학적 연구를 이어 나가고 있다.

"모든 것을 국가 위주로 바라보려는 경향 때문에 아예 파악조차 되지 않는 정보가 많다."

우리는 흔히 국가와 관련해 많은 생각을 한다. '미국과 한국은 우방 관계이다.', '중국과 일본은 사이가 안 좋다.', '이번에 옆집에 이사 온 사람은 태국 사람이라더라.' 등등 말이다. 그런데 그 생각 안에 등장하는 국가가 엄청난 변화를 겪을 것이라고는 잘 생각하지 않는다. 미국은 영원히 미국일 것 같고, 일본은 영원히 일본일 것 같다. 올림픽에는 미국, 영국, 독일, 태국, 인도네시아, 사우디아라비아 같은 나라들이 계속해서 출전할 것 같다. 나는 태어나면서부터 대한민국 국민이었고, 이민을 가지 않는 이상 죽을 때까지 언제까지나 한국 사람일 것 같다.

그런데 은연중에 이렇게 생각하는 것과 달리 역사적으로 보면 국가는 전혀 고정적이지 않다. 모든 나라는 끊임없이 변화를 겪어왔다. 우리는 대한민국에서 살아가는 것이 당연하다고 생각하지만, 내가 죽기 전에 대한민국이 없어질 수도 있다. 나라의 이름을 바꾼다든지, 통일을 하면서 국가의 체제가 변한다든지, 아니면 (상상하기 싫지만) 다른 나라에 합병될 수도 있다.

사실 지나간 역사를 되돌아보면 대한민국이라는 지금의 나라가 없어지는 것은 그리 충격적이거나 특별한 일이 아니다. 대한민국이 생겨난 지는 아직 80년이 채 되지 않았으며, 그 이전 대한제국은 불과 13년 동안 존속했다. 한반도에는 고려와 조선이 각각 수백 년 동안 단일한 국가로 이어져 내려왔기에, 나라는 변하지 않고 항상 그대로 있는 것이라는 인식이 깊게 박혀 있을 수 있다.

그러나 지금도 세계 곳곳에서는 국경이 변하고 있으며, 나라가 새로 생겨났다 없어졌다 하는 중이다. 예를 들면 남유럽의 국가 코소보는 비록 완전히 정식 국가로 인정받지는 못했지만, 어쨌든 2008년 세르비아에서 독립해 새로 생겨났다. 독일과 이탈리아라는 나라가 세워진 지는 200년이 채 안 됐다. 이런 역사적 사실과 지금 이 순간도 진행되고 있는 세계 곳곳의 상황을 보면, 국가는 결코 고정적이지 않으며 계속해서 변화한다는 것이 분명하다. 따라서 지금은 한국인일지라도 죽을 때는 다른 국적을 갖고 있을지도 모른다. 계속해서 한반도에 발붙이고 살면서도 말이다.

이렇게 국가는 계속해서 변화한다는 점을 고려한다면, 반드시 지금 존재하는 국가들의 고정된 틀 안에서 세상사를 바라볼 필요는 없다. 세계적인 이슈를 접하거나 아니면 국내의 시사 정보를 접할 때, 어쩌면 우리는 너무나 당연하게 지금 현존하는 국가들을 인식의 틀로 사용해서 그것들을 받아들이는지도 모

　　　　　　　　　　　　　　　　　　알렉스 세이거

른다. '리비아에 무장 혁명이 일어났다.', '영국에서 변종 코로나가 발생했다.', '한국의 자살률이 심각하다.' 등등, 이런 정보는 모두 국가를 기준으로 해서 만들어진 정보다. 그런데 사실 생각해보면 똑같은 정보를 국가가 등장하지 않는 형태로 얼마든지 바꿀 수 있다. 예를 들면, '리비아에서 무장 혁명이 일어났다.'를 '한 소년이 동네 사람들과 함께 총을 들고 시위에 참여했다.'로 바꿀 수 있다. 또한 '영국에서 변종 코로나가 발생했다.'를 '에밀리(가명)라는 사람이 변종 코로나에 최초로 감염됐다.'로 바꿀 수 있다. 그리고 '한국의 자살률이 심각하다.'라는 정보를 '요즘 주변에서 많은 사람이 자살한다.'로 바꿀 수도 있다. 이렇게 많은 정보가 국가를 언급하지 않고도 얼마든지 말해지고 전달될 수 있다.

그렇지만 이렇게 국가가 명시되어 있지 않은 정보는 어쩐지 매우 어색하다고 느껴지며, 불편하고 비효율적이라고 느껴지기도 한다. 한 번 리비아라고 말하면 어디에 있는 어떤 문화권에서 어떤 맥락의 사건이 일어났는지를 한꺼번에 전달할 수 있는데, 그걸 말하지 않고 그 수많은 리비아 국민 중 한 소년의 이야기를 굳이 꼽아서 하는 것은 매우 비효율적이라고 느껴진다. 이런 점을 보면, 분명 국가를 기준으로 세상을 바라보고 정보를 전달할 때 훨씬 더 효율적으로 의사소통이 이루어지고, 세상에서 벌어지는 일들을 더 한눈에 인식할 수 있는 것 같다.

그런데 여기에는 함정이 하나 있는지도 모른다. 우리는

암암리에 국가라는 틀을 기준으로 세상을 바라보는 데 너무나 익숙해져서, 그 틀에서 벗어나는 정보는 별로 중요하지 않은 문제, 사소한 문제, 딱히 관심을 둘 필요가 없는 문제라고 느끼는지도 모른다. 예를 들어서 '무장 혁명에 참여한 한 소년의 개인적인 이야기'는 별로 중요하지 않게 느껴지고, 그보다는 '리비아의 무장 혁명'이 더 중요하게 느껴진다. 물론 실제로 한 소년의 개인적인 이야기보다는 한 국가의 혁명이 훨씬 더 중요한 사건일 가능성이 크다. 이것을 구태여 부정하고 싶지는 않다. "개인에 관한 정보이든, 국가에 관한 정보이든, 모든 정보는 다 똑같이 소중합니다!" 같은 감상적인 주장을 하고 싶지는 않다. 그러나 분명히 강조하고 싶은 것은, 우리는 암암리에 국가를 하나의 당연한 인식의 틀로 사용하기에 그 틀에 들어맞지 않는 많은 정보는 놓치거나 그냥 흘려보내게 된다는 것이다.

세이거라는 철학자는 모든 것을 국가 위주로 바라보려는 경향 때문에 아예 파악조차 되지 않는 정보가 많다고 주장한다. 예를 들어서 특정한 국가에 속하지 않고 떠돌아다니는 사람들, 흔히 예전에는 '노마드'로 불렸던 사람들이라든지, 난민이라든지, 아직 한 나라에 정착하지 못한 이주민에 관한 정보가 대표적으로 그렇다. 예를 들어서 우리는 각 국가의 1인당 소득이나 자살률 등에 관한 정보는 손쉽게 구할 수 있다. 그러나 어느 국가에도 속하지 않은 사람들에 관련해서 그러한 정보를 구하기는 쉽지 않다. 애초에 각 분야의 연구자들이 주로 국가를

알렉스 세이거

기준으로 연구하기 때문에 국가의 틀을 벗어나는 사람들에 관한 정보를 조사하는 이는 소수에 불과하다. 이렇게 국가의 틀 안에서 벗어나면 보통 관심의 영역에서 멀어진다. 관심의 영역에서 멀어진다는 것은 충분한 돌봄을 받지 못할 가능성도 커진다는 것이기에, 경우에 따라 큰 문제로 이어질 수 있다.

국가는 언제나 계속해서 변화한다는 점을 염두에 둔다면 이는 생각보다 중대한 문제일 수 있다. 우리도 언젠가는 나라를 잃은 사람들이 될 수 있다. 미래는 어떻게 전개될지 모르는 일이다. 지금이야 대한민국이 세계적으로 위상을 떨치는 국가이다 보니 한국인으로서 대우도 받고 적절한 관심을 받지만, 만약 한국에 어느 날 커다란 전쟁이 터져서 내가 난민이 된다면? 한국이라는 나라가 없어지고 나는 나라 밖을 떠돌아다녀야 하는 사람이 된다면? 그러면 나는 하루아침에 그 누구에게도 관심을 받지 못하는 존재가 될 수도 있다. 세이거 같은 철학자들은 그렇게 국가의 경계 밖에서 소외받는 사람들에게도 관심을 줘야 한다고 열심히 주장한다. 남의 일이라고 생각하면, '뭐 하러 굳이 그런 걸 하나.' 하는 생각이 들 수도 있다. 그러나 역사는 가르쳐준다. 누구나 나라 잃은 사람이 될 수 있다는 것을.

내로남불에 대한 철학자의 남다른 생각

── 도버

Daniela Dover

현재 옥스퍼드 대학교 철학과 부교수로 재직하며, 민주주의 사회에서 대화가
어떻게 이뤄져야 하는지를 탐구하고 있다.

"내로남불은 우리 사회의 도덕적 발전을 위해서 꼭 필요하다."

'내가 하면 로맨스, 남이 하면 불륜'의 줄임말인 '내로남불'
은 이제 거의 사자성어 비슷한 지위를 갖게 되었다. 이 말이 이
렇게까지 우리 생활 속에 깊숙이 자리 잡게 된 이유는 우리가 아
주 밉다고 생각하는 현상을 너무나도 잘 포착하기 때문일 것이
다. 내로남불은 어떤 행위에 대해서 본인이 하는 것은 괜찮고,
남이 하는 나쁘다고 생각해 남을 비판하는 것을 뜻한다. 예를
들어서 사실은 자기도 탈세했으면서 경쟁자의 탈세 행위를 비
판하는 정치인이나, 성추행 전력이 있으면서 성폭력 가해자를
비판하는 연예인 등이 내로남불의 혐의를 받는다. 내로남불은
우리 사회에서 위선 중에서도 아주 악질의 위선으로 받아들여
지고 있다.

얼핏 보면 내로남불이 나쁘다는 것은 아주 자명한 사실
같다. 여기에 의문을 품을 이유조차 없어 보인다. 하지만 철학
자는 겉으로는 당연해 보이는 현상을 파고들어 그 뒤에 숨겨진
더 깊은 원리를 찾아내고, 과연 그 현상에 대해 우리가 기존에

갖고 있던 생각이 맞는지 확인하고 싶어 하는 사람들이지 않은 가. 내로남불에 대해서도 철학자들은 다양한 분석과 의견을 내놓은 바가 있다.

그중에서도 미국의 젊은 철학자 다니엘라 도버는 내로남불에 대해 우리가 흔히 가진 생각을 뒤집는 의견을 내놓아서 많은 주목을 받고 있다. 도버는 내로남불이 그 자체로는 문제가 되지 않는다고 주장한다. 그뿐만이 아니다. 도버는 내로남불이 우리 사회의 도덕적인 발전을 위해서 꼭 필요한 활동이라고까지 말했다. 도대체 어떤 근거로 이 철학자는 이런 주장을 한 걸까?

먼저 내로남불이 무엇인지부터 정의해보자. 물론 미국인인 도버가 내로남불이라는 말을 직접 사용한 건 아니다. 한국에 이런 기가 막히게 좋은 단어가 있다는 걸 누가 일찍이 알려줬다면 좋았겠지만, 아쉽게도 그러지는 않았나 보다. 도버가 사용한 말은 'hypo-criticism'이다. 위선이라는 뜻을 가진 영어 단어 'hypocrisy'를 약간 바꿔 말장난 비슷하게 만들어낸 말이다. 'criticism'이 비판을 뜻하니, 'hypo-criticism'은 위선적인 비판을 의미한다. 도버는 'hypo-criticism'을 자기 자신도 같은 잘못을 했으면서 다른 사람의 똑같은 잘못을 비판하는 행위로 정의하는데, 우리말의 내로남불과 그 쓰임새가 거의 일치한다. 따라서 이 글 안에서는 내로남불을 'hypo-criticism'과 상통하는 말로 사용하려고 한다.

도버는 내로남불에 대한 나쁜 선입견을 깨고 그 현상을 제대로 고찰하기 위해서는 비판에 대한 우리의 선입견부터 바꿔야 한다고 말한다. 도버에 따르면 많은 사람이 비판에 지나치게 위협적인 이미지를 덧씌운다. 많은 사람이 비판을 겁나는 것, 피하고 싶은 것, 최대한 안 받으면 좋은 것으로 생각한다. 이런 생각을 이어받아서 몇몇 철학자는 다음과 같이 주장했다. 누구나 비판을 피하고 싶어 한다. 그런데 똑같은 사안에 대해서 자기 자신에게는 관대하면서 다른 사람에게만 비판을 가하는 내로남불의 경우, 비판을 피하고 싶은 자신의 욕구는 존중하면서 남의 똑같은 욕구는 존중하지 않는 것이다. 따라서 내로남불은 도덕적으로 나쁘다.

　　그런데 도버는 이런 주장에 반대한다. 왜냐하면 도버가 생각하기에 비판은 누구나 피하고 싶어 하는 무서운 것이 아니기 때문이다. 물론 인신공격이나 지나치게 불합리한 비판 같은 것은 누구나 피하고 싶겠지만, 일반적으로 자신의 부족함을 지적받는 것은 기꺼이 받아들일 준비가 되어 있다. 우리는 모두 완벽하지 않기 때문에 누구나 잘못을 저지르며, 그에 대해 주변 사람들의 비판을 들어가면서, 또 그때마다 자신을 돌아보고 조금씩 잘못을 고쳐가면서 살아가는 게 일반적인 삶의 모습이다. 만약 자신의 부족한 점에 대한 비판을 무조건 두려워하고 피하기만 하는 사람이 있다면, 그런 사람이 오히려 문제가 있다고 봐야 할 것이다. 물론 모든 비판이 달갑지는 않겠지만,

그래도 기본적으로 비판은 불쾌함을 불러일으키는 공격이 아니라 서로 부족한 점을 고쳐가면서 다 함께 잘 살아보자는 긍정적이고 건설적인 행위이다. 따라서 내로남불이 다른 사람의 욕구를 존중하지 않는 행위라고 생각할 필요가 없다.

또한 도버에 따르면 비판은 도덕에 관한 대화를 시작하게 하며, 그 대화가 진행됨에 따라 서로 이전에는 생각하지 못했던 도덕에 관한 중요한 사실을 깨닫기도 한다. 내로남불식 비판이건 다른 방식의 비판이건 상관없이, 비판은 많은 경우 생산적인 대화의 시발점 역할을 한다.

예를 들어서 자기도 탈세했으면서 탈세를 한 경쟁자를 비판하는 정치인 A의 경우를 생각해보자. 그 정치인의 내로남불은 단순히 일방적인 공격으로 끝나지 않는다. 그보다는 보통 상대방에게 반박을 받게 되며, 서로 공방을 주고받는 대화로 이어지곤 한다. 그런 대화를 통해 A의 탈세 행위가 다시금 재조명될 수도 있다. 그러면 A와 상대방은 서로 각자의 부도덕을 돌이켜보면서 함께 반성할지도 모른다. (물론 현실 정치에서는 아닐 것 같지만.) 그렇지 않다고 하더라도 둘은 예전에 비해 탈세를 마음대로 할 수는 없을 것이다. A의 비판 때문에 시작된 양측 간의 대화 덕분에 탈세 문제에 관한 관심이 정치권에 퍼졌을 것이기 때문이다. 경우에 따라서는 결과적으로 정치인들 전체가 탈세를 마음대로 할 수 없도록 대중과 언론의 감시가 강화되거나 법이 개정될 수도 있다.

여기서 중요한 점은, 만약 A가 자기도 탈세를 저질렀기 때문에 애초에 경쟁자의 탈세 행위를 공격하지 않았다면 이 모든 대화가 시작조차 되지 않았을 것이며, 그 둘은 계속해서 이전처럼 탈세를 하면서 살아갔을 가능성이 크다는 것이다. 한마디로 내로남불이라는 이유로 다른 사람의 잘못을 보고도 비판하지 않으면, 도덕적으로 서로를 개선할 기회가 하나 날아가게 된다. 사정이 이렇다고 한다면, 과연 내로남불이 나쁘다고만 할 수 있을까? 도버는 아니라고 말한다.

물론 이런 도버의 주장을 듣는다고 해서 우리가 내로남불에 가진 부정적인 인식이 쉽게 바뀔 것 같지는 않다. 내로남불을 저지르는 사람을 보면, 그중에는 물론 건설적인 비판과 생산적인 대화를 이어 나가는 사람도 있지만, 남을 깎아내리고 자신을 변호하는 데 눈이 멀어 아예 논리가 통하지 않는 사람이 많기 때문이다. 결국 중요한 건 내로남불에서 '내로' 부분을 최대한 줄이고, 자기 자신을 객관적으로 돌아볼 수 있도록 노력하는 것이다. 그렇게 하면 내로남불의 건설적 효과를 최대한 살릴 수 있을 것이다.

환경보호 활동가가 매연을 배출하면 비난받아야 할까

—— 벡

Valentin Beck

독일의 철학자로, 베를린 자유대학교에서 학생을 가르치며 연구하고 있다. 분배정의, 국제무역 윤리, 환경윤리 등 정치철학, 경제철학, 윤리학 분야를 탐구 중이다.

"일부분에서 잘못을 저지르더라도 전체적인 방향성이 옳다면 어느 정도 이해해줘야 한다."

유럽에 살다 보면 기후변화에 관한 이야기를 상상 이상으로 많이 듣는다. 학계나 정치계뿐만 아니라 일상생활에서도 기후변화와 관련된 활동을 자주 마주치게 된다. 내가 유학한 베를린은 그중에서도 이런 쪽 움직임으로는 아주 극단적인 분위기를 자랑하는 도시이다. 지난주 금요일에 조깅을 하는데 열 살 남짓 되어 보이는 꼬마가 자전거를 타고 가면서 나에게 "Fridays for Future!"라고 외쳤다. '미래를 위한 금요일'은 세계 각국에 퍼져 있는 청소년 단체로, 주로 환경보호와 관련한 시위나 행사를 조직한다. 유럽에서는 이 단체와 관련해 초등학생부터 고등학생까지 금요일 오후 광장에 나가 팻말을 들고 환경을 위해 소리치는 학생이 정말 많다.

환경보호를 목적으로 비행기를 타지 않는 사람도 아주 많다. 비행기로 1~2시간이면 갈 수 있는 곳을 굳이 기차를 타고 열 시간, 스무 시간 걸려 가는 경우도 흔하다. 비행기 공포증이 있어서 그런 게 아니라, 비행기가 버스나 기차보다 훨씬 많은 에너지를 사용하고 탄소를 많이 배출하기 때문이다. 한국에는 아직 이 정도로 환경보호 의식이 투철한 사람은 상대적으로 많지 않다. 하지만 아마 앞으로 환경보호는 정치적, 경제적, 사회적, 문화적으로 점점 더 중요한 주제가 될 것이다.

그런데 환경보호와 관련해서 심심치 않게 눈에 띄는 주제가 위선이다. 소위 열성적인 환경보호론자가 막상 평상시 생활에서는 환경에 해를 끼치는 행동을 할 때가 많기 때문이다. 애초에 환경보호라는 움직임은 이 사회를 어떤 방향으로 조직하고 한정된 자원을 어떤 방식으로 활용할 것이냐의 문제이기 때문에 항상 정치적인 것과 연결될 수밖에 없다. 원래 정치인이 항상 받는 것이 위선에 대한 공격이다. "네가 그렇게 서민을 위한다면서 너는 언제 그렇게 재산을 많이 모았니?", "네가 부동산 가격 잡겠다면서 너희 부모는 땅투기했더라?" 같은 날이 선 비판을 정치인은 자주 듣는다. 자신이 평소에 설파하는 내용과 실제 행동의 내용이 다를 때 우리는 실망하기 때문이다.

환경보호론자도 이런 비판을 자주 받는다. 몇 년 전 캐나다 연방 선거 당시, 젊고 잘생긴 총리이자 환경보호를 촉구하는 언급을 많이 한 것으로도 유명한 트뤼도 총리는 선거 유세 활동과 관련해서 트집을 하나 잡혔다. 겉으로는 환경보호를 말하면서 선거 유세 기간에 전용기를 너무 많이 탔기 때문이다.

꼭 정치인이 아니더라도, 일상에서 환경보호와 관련해 위선적인 면모를 보이는 사람들이 있다. 내가 베를린 대학가에서 잘 이해하기 어려웠던 것은 종이 사용량이다. 베를린 학계는 환경보호에 정말 많이 주목하며, 학생들이나 교수 사회에서 환경 관련 활동에 참여하는 사람이 아주 많다. 그런데 막상 수업 시간에 인쇄물을 뽑아서 나눠주는 관행은 여전히 유지되고 있으며, 아무도 그것을 문제 삼지 않는 것 같다. 한 연구 결과에 따르면 종이 산업은 세계에서 세 번째로 많은 에너지를 소비하는 산업이다. 심지어 나무로 만들기 때문에 숲 파괴 문제도 심각하다. 사정이 이렇다면, 어차피 대부분 노트북, 태블릿PC, 또는 최소한 스마트폰이라도 들고 다니는 거 뻔히 아는데, 종이로 프린트해서 글을 읽는 관행을 없애고 웬만하면 전자기기로 글을 읽는 문화를 확산해야 하는 게 아닌가 싶다. 만약 정말로 환경보호를 원한다면 말이다.

베를린의 젊은 철학자 발렌틴 벡은 과연 환경문제와 관련해서 평소의 말과 실제 행동이 다른 사람을 비판해도 되느냐는 문제에 나름의 답을 제시했다. 그는 '환경적 뚝심(environmental integrity)'이라는 개념을 통해 이 문제에 균형 있는 해답을 제시하려 했다. 환경적 뚝심이란 장기적으로 환경에 해가 덜 가는 방향으로 세상을 바꿔나가고자 하는 경향성을 가리킨다. 벡은 환경적 뚝심이 있느냐 없느냐에 따라 환경과 관련된 위선의 문제도 다르게 평가되어야 한다고 주장한다.

만약 어떤 사람이 정말로 환경적 뚝심이 있지만 일상에서 한 개인으로서 어쩔 수 없이 환경에 해가 되는 선택을 한다면,

그것은 벡에게는 강하게 비판받을 만한 사안이 아니다. 세상의 일은 한순간에 원하는 방향대로 이뤄질 수 없다. 아무리 환경을 생각하는 사람이라고 해도 갑자기 세상의 질서를 다 바꾸고 뭐든지 최대한 친환경적인 것만 선택해서 살아갈 수는 없는 법이다. 정말로 환경을 위할 거면 명절날 고향에 내려갈 때도 자동차나 기차가 아니라 자전거를 타고 내려가야 할 것이다. 하지만 부산까지 자전거를 타고 내려가는 것은 지금 이 사회에서 대부분 사람이 내릴 수 없는 선택이다. 따라서 평소에 열성적으로 환경을 보호하자고 외쳤던 사람이 자동차를 탄다고 해서 그것을 비난할 수는 없다.

물론 평소에 자동차를 좀 탄다고 위선자라고 불리지는 않는다. 그보다는 안 해도 될 것을 군이 할 때 위선이라는 비난을 받는다. 예를 들어서 열성 환경운동가가 서울에서 부산에 갈 때 군이 비행기를 타는 것은 비난받을 수 있다. 하지만 문제는 '군이 안 해도 될 일'의 기준을 찾는 게 참 어렵다는 것이다. 해외여행은 어떤가? 군이 해외여행 안 해도 잘 살 수 있는데, 평소에 환경을 그렇게 운운하면서 비행기를 타고 해외에 가는 게 옳은 걸까? 국내 여행은 어떤가? 여행 안 해도 잘 살 수 있는데, 군이 틈날 때 먼 곳에 자동차를 타고 가서 매연을 배출하는 게 맞는 건가? 정말로 환경을 생각한다면 이런 일도 아예 하지 말아야 하는 게 아닌가?

벡은 개인이 할 수 있는 일의 영역과 공공의 정치적 힘을 통해 해결할 수 있는 영역을 구별해야만 이런 문제를 해결할 수 있다고 생각한다. 환경운동가들은 개인의 행동 패턴을 바꿔서 환경을 더 깨끗하게 만들자고 주장하기도 하지만, 많은 경우에는 공공의 정치적인 결정을 바꿈으로써 환경을 보호하자고 주장한다. 그리고 개개인이 생활을 바꿈으로써 이룩할 수 있는 것보다는 공공의 정치적 결정을 통해 바꿀 수 있는 것의 스케일이 훨씬 크다. 따라서 우리가 정말로 환경을 깨끗하게 만들려면 한 명 한 명이 작은 단위에서 무슨 선택을 하는지도 물론 중요하지만, 그보다도 거대한 정치적 방향성에 더 많은 관심을 기울이고 그쪽에서 더 큰 목소리를 내야 한다.

따라서 벡은 정치인이나 환경운동가가 정말로 환경적 뚝심이 있다면, 즉 그 사람이 거시적인 관점에서 정말로 환경을 보호하기 위해 노력하는 사람이라면, 일상에서의 일부 어긋난 행위들은 지나친 비판의 대상이 되어선 안 된다고 주장한다. 누구나 약간의 잘못은 저지르면서 살아가니 말이다. 일부분에서 잘못을 저지르더라도 전체적인 방향성이 옳다면 어느 정도 이해해줘야 한다는 게 벡의 생각이다.

물론 이런 주장을 비판할 수도 있다. 개개인의 작은 행동부터 바꿔서 다른 사람에게 본보기를 보여주지 않는 사람은 거시적인 정치적 주장을 펼칠 자격이 없다는 견해도 있다. 이 또한 타당한 면이 있다. 이 두 상반된 견해 중 무엇이 옳은지는 잘 생각해보고 상황에 맞게 판단해야 할 문제이다.

충코의 철학적 단상

논리학이란 무엇인가

흔히 철학을 배우면 논리력이 좋아지기 때문에 사고나 논쟁에 도움이 된다고 말한다. 실제로 철학 교육에서는 논리학이 매우 중요하게 다루어진다. 그런데 막상 논리학이 무엇인지는 그리 잘 알려지지 않은 것 같다. 여기서는 논리학의 본질을 간단히 소개하고자 한다.

한마디로 논리학은 올바른 추론에 관한 학문이다. 그렇다면 추론이란 무엇일까? 추론은 전제로부터 어떤 결론이나 주장을 끌어내는 걸 말한다. 다음은 전형적인 추론의 형태인 삼단논법의 한 예이다.

1. 모든 사람은 죽는다.
2. 소크라테스는 사람이다.
따라서 소크라테스는 죽는다.

이 추론에서 1번 문장과 2번 문장을 전제라고 부른다. 전제는 결론을 끌어내는 데 재료가 되는 주어진 조건들이다. 이 재료들을 모아서 어떤 하나의 주장을 끌어낸다면 그게 바로 결론이 된다.

논리학의 주 업무는 무엇이 올바른 추론이고 무엇이 잘못된 추론인지를 따지는 것이다. 그렇다면 올바른 추론의 기준은 무엇일까? 이것이 궁금하다면 여러분은 벌써 철학의 세계로 빠져든 것이다.

방금 들었던 삼단논법의 예시는 분명 올바른 추론이다. 반대로 이 삼단논법의 전제1과 전제2를 똑같이 자신의 전제로 가지면서 "따라서 소크라테스는 돼지다."라는 결론을 끌어내는 추론은 잘못되었다는 생각이 들 것이다. 그런데 왜 그럴까? 왜 처음의 삼단논법은 옳고 나중의 추론은 틀릴까? 일단 생각해볼 수 있는 이유는 후자의 경우 전제와 결론 사이에 적절한 관련이 없다는 것이다. 그런데 여기서 다시 한번 질문을 던질 수 있다. 과연 전제와 결론이 적절한 관련을 맺고 있는지 아닌지를 판단하는 기준은 뭘까? 사실 질문은 이 뒤로도 계속해서 이어질 수 있다. 그리고 한번 아주 원초적인 수준까지 직접 꼬리에 꼬리를 물고 파고들어 보면, 옳고 그름의 기준에 궁극적인 답이 보이지 않는다는 것을 알 수 있다.

그런데 사실 처음에 언급했던 올바른 삼단논법은 아무런 근거가 필요 없을 정도로 너무나 명백히 옳아 보여서 그 옳음의 근거를 고민하는 게 오히려 바보같이 느껴질 정도이다. 왜인지는 모르겠지만, 이렇게 자명한 논리적인 판단을 할 때는 아무런 근거가 없어도 아주 직접적으로, 마치 신이 나에게 직접 말하는 것처럼 너무나 분명하게 옳고 그름을 가려낼 수 있다. 이렇게 인간 사고의 가장 밑바닥에는 어떤 방식으로 생각할 수밖에 없 게끔, 그 방향이 아니고서는 도저히 생각이란 걸 할 수가 없게 하는 이상야릇한 강제력이 있다. 논리학은 바로 그 강제력이 지시하는 길을 잘 따라가서 올바른 사고란 무엇인지, 올바른 추론이란 무엇인지에 대한 길을 밝히고, 그 길을 법칙으로 잘 정리하는 일을 하는 학문이다.

고전적인 논리학 법칙의 예로 동일률이 있다. 동일률은 (A = A)의 형식으로 표현된다. 말 그대로 A는 A와 같다는 것이다. 반대로 말하면 자기 자신이 자기 자신과 다를 수는 없다는 것이다. 예를 들어서 1은 1이다. 1이 1이 아닐 수는 없다. 1이면서 1이 아닌 경우를 상상하는 것은 불가능하다. 머릿속으로 아무리 상상의 나래를 펼쳐봐도 1이 1이 아닌 경우를 생각하는 순간 머릿속이 마치 컴퓨터에 블루스크린이 뜨듯이 제대로 작동을 안 한다. 그래서 전통적으로 논리학자들은 동일률을 절대적인 논리법칙으로 세워놓고서, 이 법칙을 잘 지키는지 안 지키는지를 추론의 옳고 그름을 평가하는 기준으로 삼았다. 만약 어떤 추론이 동일률조차 지키지 않고 진행된다면, 굳이 내용을 들여다보지 않아도 틀렸다는 걸 알 수 있다. 동일률 이외에도 모순율, 배중률을 비롯해 다양한 논리법칙이 있고, 현대에 올수록 더욱 복잡한 법칙이 많이 제시되었다.

조금 전에 논리법칙을 (A = A)와 같이 추상적인 형식으로 표현했다는 점에서 논리학의 중요한 특성 하나를 알아낼 수 있다. 바로 논리학은 '형식'에 관한 학문이라는 것이다. 어떤 주장의 내용이 있고 형식이 있을 때, 논리학은 형식의 측면에 주목한다. 예를 들어 앞서 소개한 삼단논법을 추상화하면 다음과 같은 형식이 얻어진다.

1. A = B
2. C = A
∴ C = B

이렇게 형식화를 하는 것의 장점은 내용을 들여다보지 않고도 옳고 그름을 가려낼 수 있다는 것이다. 이 형식 안에는 소크라테스나 사람 등의 구체적인 내용이 등장하지 않는다. 그런데 굳이 그러한 내용이 없어도 형식만 들여다보면 이 추론이 논리적으로 옳다는 것을 알 수 있다. 반대로 만약 어떤 추론의 형식이 올바르지 않을 경우, 내용을 굳이 들여다보지 않고도 그 추론이 그르다는 것을 알 수 있다. 논리학은 이런 사고의 형식적 틀에 관한 지식을 제공함으로써 다른 학문을 돕는다.

논리학을 제외한 모든 학문은 내용적인 측면에 집중한다.

즉, "소크라테스는 사람이다."라는 실질적인 내용에 관한 다양한 자료를 수집하고 해석하는 것이 다른 학문의 일이다. 논리학의 일은 그 내용이 어떤 형식으로 짜 맞춰져야 하는지를 연구하는 것이다. 바로 이 점이 철학이 학문의 왕이라고 불리는 중요한 이유 중 하나이다. (현대의 논리학은 수학에서도 많이 다뤄지는데, 수학은 현대과학의 왕이라고 볼 수 있다.) 다양한 학문에서 저마다 수집한 내용을 해석할 때, 그 내용을 어떻게 짜 맞춰서 어떤 귀결을 끌어내야 할지 그 형식적 측면에 대해서 논리학은 중요한 지식을 제공한다.

논리학이 일상생활에서 크게 주목받지 못하는 이유는 대부분 사람이, 자신이 사고의 형식적인 측면에서 오류를 범할 것이라고는 절대 생각하지 않기 때문인 듯싶다. 자신은 A가 A가 아니라고 생각하는 어처구니없는 오류를 범하지 않을 거로 생각하니까. 그러나 실제로는 나를 포함한 모든 사람이 이렇게 간단한 논리법칙에서조차 어긋나는 생각을 많이 한다. 일상은 언제나 우리를 고요하고 집중된 사고에서 벗어나 번잡하고 기만적인 사고로 향하도록 이끈다. 따라서 실수는 언제나 생기기 마련이다. 이러한 사실을 인정하는 겸손에서 논리학에 관한 관심이 시작될 수 있다. 논리학은 그 겸손에 더욱 정확한 사고라는 보답을 제공할 것이다.

수학을 배우는 이유, '신의 언어' 수학

수학은 많은 학생의 머리를 아프게 한다. 배워도 실생활에 별 쓸모도 없는 수학, 그걸 배우려고 왜 학창 시절의 수많은 시간을 쏟아야 하는 걸까? 수학을 배우는 이유는 여러 가지이다. 공학이나 자연과학을 전공할 학생은 대학교에 가면 수학을 엄청나게 많이 사용하기 때문에 당연히 배워야 한다. 경제학이나 일부 경영학 관련 분야에도 수학 지식이 많이 필요하다. 또한 요즘에는 데이터과학이나 통계학 등 사회에서 많이 필요로 하는 학문 분야에서 수학 지식이 아주 중요하기 때문에, 수학을 배우는 것은 상당히 넓은 분야의 고급 일자리와 직결된다.

그런데 수학을 배우는 이유가 꼭 수학 지식이 필요한 전공을 공부하고 좋은 일자리를 얻기 위해서만은 아니다. 교육 전문가들은 수학이 논리력, 추리력, 창의력, 문제 해결력 등을 기르는 데에 도움이 된다고 말한다. 수의 체계가 가진 논리적 구조를 이해하고, 배운 지식을 잘 조합해서 나름의 길을 찾아 스스로 문제를 해결하는 데 수학만큼 좋은 것도 없다.

하지만 사실 어릴 때부터 학교에서 수학을 배우는 가장 결정적인 이유는 전통 때문이다. 우리나라의 전통에서야 수학교육이 아주 보편적으로 이루어지지는 않았지만, 현대 교육체계의 기본이 된 서구식 교육의 전통에서는 수학이 아주 중요한 자리를 차지해왔다. 고대 그리스의 철학자 플라톤이 세웠던 학교 아카데미아는 그 입구에 "기하학을 모르는 자는 이 문으로 들어오지 마라."라는 말이 적혀 있었을 만큼 수학교육을 중시했다. 또한 유럽 중세 시대 기독교 학교들에서는 산술과 기하학을 필수과목으로 가르쳤다. 수백, 수천 년 전 사람들도 학교에 가면 방정식과 도형 문제를 풀었다는 이야기이다. 이런 전통은 근대와 현대까지 이어져, 지금도 제대로 된 고급 교육을 받는다는 것은 곧 수학을 교육과정의 일부로 반드시 배운다는 것을 의미한다.

그렇다면 왜 유럽의 전통에서는 수학교육이 그토록 중시되었을까? 여기에도 여러 이유가 있지만, 그중 중요한 하나는 세상의 비밀이 수로 이루어져 있다는 생각이 오래전부터 이어져 왔다는 것이다. 즉, 수학은 단순히 많고 많은 여러 학문 중 하나가 아니라, 신이 세상을 창조한 원리의 비밀을 파헤치는 신성한 학문이라는 생각이 강했다. 대표적으로 고대 그리스의 그 유명한 피타고라스학파에서는 세상 만물이 수로 충만해 있으며, 수들의 관계를 바탕으로 세상의 현상을 설명하는 것이야말로 진정으로 본질적인 진리에 다가가는 일이라 생각했다. 또한 미적분을 발명한 사람 중 한 명인 독일의 천재 수학자이자 철학자 라이프니츠는 젊은 시절 놀랍도록 깔끔한 어떤 수학 공식을 보고, 이 세상의 비밀이 수로 이루어졌다는 걸 도저히 믿지 않을 수 없다고 생각하며 평생을 수학 탐구에 매진하게 되었다고 한다.

이 밖에도 근현대의 학문적 혁명을 이끌었던 수많은 천재 학자가 수학 속에서 세상의 근원적인 진리를 찾아내려고 노력했다. 유명한 철학자 중 상당수가 수학자였거나 아니면 수학을 깊이 배운 적이 있다는 것은 우연이 아니다. 지금 학교에서 수학을 배우는 많은 학생에게 수학은 입시를 위해 억지로 넘어야 할 산에 불과할 것이고, 때로는 혐오스러운 장애물처럼 느껴질 수도 있다. 하지만 세상의 가장 깊은 진리를 탐구하고자 하는 많은 사람이 수학이야말로 진정한 진리에 가장 가까이 놓여 있는 학문이라고 생각해왔다.

그도 그럴 것이, 실제 세계 안을 들여다보면 기가 막히게 수적인 비례관계가 성립하는 경우가 많다. 예를 들어서 우리 귀에 가장 좋게 들리는 화음들은 정수의 비를 갖고 있다. 어떤 줄을 튕기면 2옥타브 도의 소리가 난다고 해보자. 그 줄의 길이를 4분의 3으로 줄여서 튕기면 2옥타브 파가, 3분의 2로 줄이면 2옥타브 솔이, 2분의 1로 줄이면 3옥타브 도의 소리가 난다! 이걸 그냥 대수롭지 않게 넘길 수도 있지만, 관점에 따라 온몸에 소름이 돋을 만한 일이기도 하다. 세상에 수는 무한히 많다. 1.123145, 4.624646, -9.1467 등이 모두 수이다. 심지어 무리 수도 무한히 많다. 그런데 그렇게 무수히 많은 수 중에서 하필이면 정말 간단한 정수들의 비를 통해 우리 귀에 가장 아름답게 들리는 화음들이 이루어져 있다는 사실은 놀랍기만 하다. 한마디로 매일 듣는 가요 속에도, 클래식 음악 속에도 모두 간단한 정수들의 관계가 가득하다는 이야기이니 말이다.

음악 말고도 세상 곳곳에서 수학적인 관계들을 찾을 수 있다. 현대 학문의 발전 과정은 사실상 세상의 모든 영역으로 수학적인 분석을 확장해 나가는 과정이라고 봐도 과언이 아니다. 물리학이야 이미 아주 오래전에 수학적인 원리를 기초로 삼았다. 예를 들어서 우리는 초등학교 때부터 '운동에너지$= \frac{1}{2}mv^2$' 이라는 간단한 식을 배운다. 이 식을 그냥 지나쳐버릴 수도 있지만, 한번 곰곰이 생각해보면 여기에 담겨 있는 의미는 정말 놀랍다. 움직이는 물체의 질량에 속도의 제곱을 곱한 후 반으로 나누면 그 움직임의 에너지가 구해진다니! 이렇게 수학적인 식을 통해 표현하기 전까지 사람들은 운동하는 물체가 가진 에너지를 대략 감으로 짐작할 수밖에 없었을 것이다. 그런데 이제는 식 하나를 통해서 마치 신의 시선으로 세상을 바라보듯이 정확한 에너지값을 훤히 들여다볼 수 있다.

현대에 들어서는 경제학에서 수학을 더욱 적극적으로 사용하면서 인간의 행위로 이루어진 사회적 현상인 경제 현상을 수학적으로 설명하려 하고 있다. 또한 더욱 최근 들어서는 수학적인 논리 체계를 기본으로 하는 컴퓨터 프로그래밍을 통해 이전에는 그저 신비로운 현상이라고만 믿었던 많은 현상을 실제로 컴퓨터로 구현하거나 아니면 적어도 설명할 수 있는 실마리가 보이게 되면서, 점점 더 많은 영역에 수학의 영향력이 퍼져나가고 있다. 예를 들어서 전통적으로 가장 신적인 것으로 여겨왔던 인간의 정신조차 수학적 모델을 통해 설명하려는 시도가 점점 더 적극적으로 이어지고 있다. 아마 세대가 거듭할수록 더 많은 분야에 걸쳐서 더 다양하고 더 정교한 수학적 설명이 시도될 것이다. 먼 훗날에는 학교에서 국어 시간에 윤동주 시인의 「별 헤는 밤」을 함수를 통해 분석하는 방법을 배우고 있을지도 모른다.

이렇게 수학적으로 세상을 이해하려는 경향이 강해지다 보니, '수학이 창조주가 이 세상을 프로그래밍할 때 사용한 언어가 아닌가?' 하는 아이디어도 널리 퍼지는 추세이다. 사실 이 아이디어는 먼 옛날 피타고라스학파가 세상의 근원적인 비밀이 수에 있다고 생각했던 것과 거의 완벽하게 일치한다. 따라서 새로운 것은 없다. 하지만 최근에는 프로그래밍, 코딩 등의 단어들이 유행처럼 번지면서 수학적인 것에 대한 거부감이 조금은 약해지다 보니 이 말을 받아들이는 온도에 변화가 생긴 것 같다. 이전까지는 "세상이 수로 이루어져 있대!"라고 말해도 데면데면 미적지근하게 반응했던 사람들이 이제는 "세상이 수로 프로그래밍되어 있대!"라는 말을 들으면 훨씬 더 흥미를 갖고 쳐다보는 것 같다.

철학에서도 수학을 통해 놀라운 설명을 시도하는 사람이 많다. 예를 들어서 베이지언 인식론이라는 분야는 인간의 앎이 확률이론을 통해서 계산될 수 있는 문제라고 생각한다. 한마디로, 우리가 가진 여러 지식과 믿음 중 어떤 게 합당하고 어떤 게 불합리한지를 수학 시간에 배우는 확률 공식을 통해서 다 계산할 수 있다는 것이다. 또한 도덕을 수학적으로 계산하려는 시도도 있다. 어떤 행위가 옳고 어떤 행위가 그른지, 어떻게 사는 게 바람직한지, 어떤 마음가짐과 어떤 성신을 갖고 살아가야 하는지 등의 도덕적인 문제를 수학적 계산을 통해 풀어가려고 시도하는 것이다.

과연 이런 가장 인간적이고 가장 본질적인 문제들마저 수학으로 풀어낼 수 있을까? 만약 정말 수학이 신의 언어라면 가능해야 하지 않을까?

충코의 철학적 단상

확실한 지식은 존재하는가

확실한 지식이라는 게 존재할까? 얼핏 보기에 이 질문에 "아니오!"라고 답하기는 매우 어려울 듯하다. 지구가 달보다 크다는 것은 너무나 확실한 지식이지 않은가. 그런데 여기서 그 유명한 통 속의 뇌 가설을 제기한다면 어떨까? 사실은 달이 지구보다 큰데, 우리가 전부 어떤 사악한 과학자에게 납치당해 뇌를 적출당하고 그 뇌가 실험실에서 조종당하고 있어서 지구가 달보다 크다고 생각하는 것이라면? 여기에 어떤 답변을 할 수 있을까?

이 창의적인 가설에 많은 사람이 하는 답변은 "그래서 어쩌라는 건가?"이다. 정말로 그래서 어쩌라는 것일까. 일단 별로 그렇게 믿고 싶지도 않고, 또한 정말로 사악한 과학자가 우리의 뇌를 전부 조종하고 있는 것이라면 우린 그에 대항할 아무런 수단도 갖고 있지 않은 것처럼 보이기 때문이다. 그냥 좋은 게 좋은 것으로 치고 문제없이 잘 살아가면 그것으로 그만이지 않은가.

나도 그렇다고 생각한다. 굳이 통 속의 뇌 가설을 지나치게 진지하게 받아들여서 빨간 약과 파란 약을 들고 나타날 '모피어스'만 간절히 기다리며 살 이유는 없다. 지금 이 세상에서 실질적으로 마주한 문제들을 해결하려고만 해도 인생이 모자랄 지경이지 않은가. 그러나 통 속의 뇌 가설을 너무 곧이곧대로 받아들이지 않고 그 가설이 던지는 문제를 하나의 비유 또는 상징으로 받아들인다면, 그것을 통해 철학적 사유 전반에 걸친 어떤 중요한 문제에 접근할 수 있다. 사실 통 속의 뇌 가설은 회의주의의 한 극단적인 형태로 볼 수 있다. 여기서는 회의주의를 '확실한 지식의 범위가 우리가 일반적으로 생각하는 것보다 좁다고 주장하는 견해'를 뜻하는 것으로 받아들이기로 하자. 통 속의 뇌 가설은 모든 지식이 그저 뇌의 조작으로 산출된 정보에 불과하며 실제 현실과는 아무런 상관이 없다고 주장한다는 점에서 회의주의의 극단적인 형태다.

그런데 이보다 훨씬 더 설득력 있고 균형감 있는 회의주의의 형태가 많고, 또한 우리는 대부분 회의주의적 사고방식을 의식적으로든 무의식적으로든 어느 정도 수용하고 있다. 많은 사람이 익숙해하는 회의주의의 형태 중 하나는 문화상대주의이다. 문화상대주의는 지식이 문화권에 따라 상대적일 뿐이고, 문화로부터 독립적으로 존재하는 절대적인 지식은 없다는 태도를 가리킨다. 특히 문화상대주의자에게 공격의 대상이 되는 것은 윤리학적 지식이다. 어떤 에스키모 부족은 전통적으로 일정한 수의 영아를 살해하는 전통이 있었다고 한다. 왜냐하면 그 부족의 거주지는 환경이 너무나 척박해 많은 수의 아이에게 충분한 영양분을 공급할 수 없었기 때문이다. 그들에게 영아 살해 전통은 부족의 생존을 위해 피할 수 없는 선택이었다. 반면 대부분 문명국가에서는 영아 살해가 몹시 추악한 범죄 중 하나라는 것이 확실한 지식으로 받아들여진다. 그런데 이 문명국가의 윤리적 잣대를 그 에스키모 부족에게도 똑같이 적용할 수 있을까? 문화상대주의적 사고방식에 익숙한 사람이라면 여기에 곧장 "그렇다."라고 대답하기는 어려울 것이다.

이처럼 문화상대주의는 우리 생활과 실질적으로 밀접한 범위에서도 회의주의가 제기될 수 있다는 것에 대한 좋은 예이다. 그러나 여기에서 이러한 질문이 떠오를 수 있다. '윤리적인 지식은 원래 확실한 지식이 아니어서 그렇고, 지구가 달보다 더 크다는 지식처럼 과학적인 관찰에 근거한 지식은 문화에 상대적이지 않은 절대적인 지식이지 않은가?' 그러나 과학적인 관찰에 근거한 지식의 확실성에도 제한을 가할 수 있는 회의주의적 견해가 많이 있다.

예를 들어서 지식은 생물학적 종에 따라 다르다는 종-상대주의의 견해가 있다. 이 견해에 따르면 인간이 획득하는 지식은 인간의 사고방식과 감각 체계 안에서만 유효하며 다른 종의 생물에게는 유효하지 않다. 이러한 종-상대주의는 문화상대주의보다 훨씬 더 쉽게 과학적 지식의 확실성에도 제한을 가할 수 있다. 인간에게는 지구가 달보다 크다는 것이 너무나 분명하지만, 어떤 외계인 종족에게는 그렇지 않을지도 모른다. 만약 이렇게 다른 생물종까지 끌어들이는 사고가 부담스럽다면 과학사회학의 견해를 들어보는 것도 좋다. 과학사회학은 사회적인 여건이 과학적 지식의 생성과 발전에 어떻게 영향을 끼치는지 연구하는 학문으로, 일부 급진적인 과학사회학자의 견해에 따르면 과학자들 사이의 권력 구조 내지 과학 분야와 관련된 정치적, 경세적 구조가 과학 지식의 생성에 절대적인 영향을 끼친다. 한마디로 사회적 여건으로부터 독립적인 과학 지식은 존재하지 않는다는 것이다. 물론 지구가 달보다 크다는 지식이 거부되려면 우리의 상상을 뛰어넘는 사회적 변혁이 있어야겠지만, 그보다 덜 확실한 과학적 지식은 사회적 여건에 따라 얼마든지 그 동향이 변화할 수 있다. 이러한 급진적인 과학사회학자의 주장을 100% 수용해서 과학을 상대적인 지식만을 산출하는 권력의 하수인으로 낙인찍을 필요는 전혀 없다. 다만 객관적 지식의 체계라는 일반적인 이미지에 비해 과학이 훨씬 더 유동적인 체계라는 점은 많은 지식인이 인정하고 있다.

통 속의 뇌 가설이라는 극단적인 사례로부터 출발해 살펴본 다양한 회의주의적 견해는 모두 '믿음과 지식 간의 구별 문제'라는 철학의 커다란 질문과 관련을 맺고 있다. 과연 믿음과 지식은 어떻게 다른가? 신이 존재한다는 것은 대개 믿음으로 받아들여지지만, 지구가 달보다 크다는 것은 지식으로 받아들여진다. 그런데 통 속의 뇌 가설은 지구가 달보다 크다는 것 역시 한낱 믿음에 불과하고, 우리의 주관적인 심리 안에서 참으로 믿어지는 것에 불과하다고 주장하는 듯하다. 또한 다양한 종류의 회의주의적 견해는 각기 우리가 지식이라고 생각하는 것 중 어떤 것은 믿음에 불과하다고 말한다.

전통적으로 많은 철학자가 한낱 믿음에 불과한 것이 아닌 확실한 지식을 찾아 헤매왔다. 그런데 또 어떤 철학자들은 그러한 확실한 지식의 존재를 부정하고, 그것을 믿음으로 간주하려는 회의주의적 태도를 발전시켰다. 자, 그렇다면 하나의 흥미로운 질문이 제기된다. 회의주의를 설파하는 철학자는 과연 자신의 회의주의적 견해를 확실한 지식으로서 주장하는 것일까? 가령 문화상대주의자는 "지식은 문화에 상대적이다."라는 진술이 지식으로서 받아들여지기를 기대하는 것일까? 그게 아니라면 그 진술 또한 문화에 영향받는 믿음에 불과한 것으로서 제기하는 것일까? 믿음과 지식을 둘러싼 사태는 이처럼 그리 단순하지 않다. 이것을 고려하면 "나는 내가 아무것도 모른다는 것을 안다(나는 내가 아무런 지식도 갖고 있지 않다는 지식을 갖고 있다)."라는 소크라테스의 말이 왜 철학사에서 가장 넓고 깊게 논의된 말인지에 관해 중요한 직관을 얻을 수 있을 것이다.

충코의 철학적 단상

사하라 이남 아프리카의 우분투 철학

모두 예상하겠지만, 세계 철학사는 다분히 서구 중심적이다. 서양 사람들은 여전히 중국과 인도의 철학을 예외적으로 한 번 관심을 둘 만한 것쯤으로 여긴다. 그런데 '서구 중심적'이라는 말 자체도 어떤 사태를 은폐하는 측면이 있다. 위치상 유럽과 똑같이 서쪽에 있는 아프리카의 이야기는 전혀 고려되지 않고 있기 때문이다. 동양과 서양을 나누는 이분법의 기준 아래 아프리카는 어디에도 포함되지 않고 오갈 데를 잃은 느낌이다. 그러나 아프리카에도 철학이 있고, 그것을 연구하는 사람도 있다. 솔직히 말하자면 그리스, 인도, 중국을 출발점으로 삼는 세 개의 거대한 철학 전통처럼 아프리카가 체계적이고 분석적인 철학적 전통을 갖고 있지는 않다. 다만 사하라 이남 아프리카 사람들은 전통적으로 유럽적인 사고방식과 여러 부분에서 상당히 다른 사고방식을 가져왔으며, 그러한 아프리카적 사고방식을 체계적으로 정리하고 개념화하는 게 현재 사하라 이남 아프리카에서 진행되고 있는 특수한 철학의 형태라고 볼 수 있다.

사하라 이남 아프리카의 철학을 '우분투(ubuntu)'라는 개념으로 묶어서 체계화하려는 시도가 있다. 우분투는 남아프리카공화국의 줄루족이 사용하는 단어로, 우리말로는 '사람됨'에 가까운 말이다. 그러나 이 '우분투'라는 말은 다른 문화권의 사고방식과 상당히 다른 아프리카 특유의 사고방식을 담고 있어서 번역하지 않고 그대로 사용하기를 추천하고 있다.

우분투 철학이 체계화되기 시작한 것은 1900년대 후반 남아프리카에서부터였다. 잘 알려져 있듯이 아프리카는 식민지, 독재, 인종차별, 전쟁 등등으로 근대 들어서 매우 힘든 역사를 보냈는데, 우분투는 그 어두운 역사를 극복하고 유럽의 일방적인 영향력을 극복해 아프리카 고유의 힘으로 좀 더 밝은 사회를 만들어보자는 움직임 안에서 발전했다.

우분투 철학은 "사람은 다른 사람들을 통해서 사람이다."라는 말로 요약된다. 사람을 정의하는 방식은 철학적 전통에 따라서 크게 다르다. 유럽에서는 사람을 이성적인 동물로 정의해왔지만, 동아시아 문화권에서는 사람을 양심을 가진 존재로 받아들여 왔다. 우분투 철학에서는 사람을 다른 사람들과 관계 맺고 있는 존재로 바라본다. 물론 무인도에 혼자 떨어져 있는 사람도 사람은 사람이겠지만, 진정한 의미에서의 사람됨은 다른 사람들과 함께할 때, 공동체 속에서 진정으로 발현된다는 것이다.

그렇다고 그저 무뚝뚝한 계약적 관계를 여러 사람과 맺는다고 해서 사람다워지는 것은 아니다. 우분투에서 말하는 사람 사이의 관계는 친밀하고 헌신적인 관계다. 그러한 관계 속에서 살아가는 사람만이 사람 됨됨이가 갖춰진 사람이라고 말할 수 있다. 만약 타인을 신경 쓰지 않고, 친밀하게 다가가려 하지 않고, 배려하지 않고, 오히려 착취하려는 사람이 있다면 그는 우분투 정신에 어긋나는 사람이다. 우분투의 관점에서 그런 사람은 아무리 재산이 많고 두뇌가 우수해도 사람다운 사람이라고 볼 수가 없다.

노벨평화상 수상자인 데스몬드 투투는 우분투의 의미를 이렇게 설명했다.

"우리는 누군가를 굉장히 높게 칭찬하고 싶을 때 '우분투가 있다.'라고 말한다. 그러면 그 사람은 관대하고, 친절하고, 상냥하고, 사려 깊고, 공감 능력이 있다는 뜻이다. 그 사람은 자기 안의 무언가를 다른 사람과 나눈다. 한마디로 그는 이렇게 말한다. '나라는 사람은 당신과 얽혀 있고 당신이라는 사람과 끊어질 수 없이 연결되어 있습니다.'"

이는 우리가 보통 하는 생각과 굉장히 다르다. 우리는 보통 타인과의 관계를 조건에 따라서 붙을 수도 있고 떨어질 수도 있는 그런 것으로 생각한다. 그런데 우분투 정신은 타 문화권보다 훨씬 더 강하게, 나와 타인의 관계가 근본적으로 연결되어 있다고 본다. 우분투적으로 봤을 때 타인과 친밀하고 헌신적인 관계를 맺는 것은 호불호의 문제가 아니라 사람으로서의 조건이자 의무이다. 우분투 철학자들은 이러한 우분투 전통이 우리가 인간관계를 바라보는 기존의 시선에 획기적이고 긍정적인 전환을 가져올 수 있다고 생각한다.

　인간관계에 대한 우분투적 시각은 근본적으로 그 정당성을 '증명할 수 있는' 사안은 아니다. 하지만 철학적 사유가 언제나 엄밀한 증명을 요구하는 것은 아니다. 인간이 이성적인 동물이라는 정의, 인간이 양심을 가진 존재라는 정의, 사회주의 질서 또는 자본주의 질서의 정당성, 서로의 영역을 간섭하지 않는 현대적 인간관계의 정당성 등도 결코 증명할 수 있는 사안은 아니다. 다만 누군가가 개념적으로 그러한 문제를 화두로 던졌을 때 다른 사람들도 그 개념에 대해 생각해볼 수 있고, 그렇게 해서 촉발된 생각과 토론의 활동이 서서히 미세하게나마 사람들이 삶을 대하는 자세에 영향을 끼치는 것이다. 우분투적인 사고방식은 분명 현대사회를 살아가는 사람들에게 꽤 신선하게 다가올 것이다. 그렇게 공동체와의 공존을 중심으로 삼고 삶을 살아갈 수도 있다고 생각해본 사람은 많지 않을 것이다. 이러한 새로운 가능성에 관한 앎은 작게나마 변화의 시작이 될 수도 있다.

　끝으로 넬슨 만델라가 우분투에 관해 언급했던 부분을

살펴보자.

　"예전에 우리가 어렸을 때 여행자가 한 마을에 멈춰 서면 음식이나 물을 달라고 요청할 필요가 없었습니다. 묻지 않아도 사람들이 음식을 가져다주고 그를 즐겁게 해 줬으니까요. 그게 우분투의 한 측면입니다. 그런데 우분투는 여러 면모를 지녔습니다. 우분투는 자기 자신을 위하지 말라는 이야기가 아닙니다. 중요한 것은, 자기 자신을 위할 때 자기 주변의 공동체에 보탬이 되기 위해서 그렇게 하느냐 하는 것입니다. 이건 인생에 있어서 중요한 겁니다. 만약 누군가 그렇게 할 수 있다면, 그는 아주 중요하고 값진 일을 하는 셈입니다."

충코의 철학적 단상

올림픽이 감추는 진실

어렸을 때는 올림픽이나 월드컵 같은 국제 스포츠 행사가 열리면 대한민국 국민으로서 상당히 몰입해서 경기를 봤었다. 우리는 모두 그런 분위기 속에서 자라왔다. 평소에는 뉴스 프로그램의 마지막 5분만을 간신히 할당받던 스포츠 뉴스가 올림픽 때가 되면 갑자기 전면에 등장한다. 평소에 거의 아무도 관심을 두지 않던 비인기 종목 스포츠도 갑자기 온 국민의 관심거리가 된다. 올림픽에서 좋은 성적을 거둔 국가대표 선수는 일약 스타덤에 올라 고액의 광고 모델로 발탁되고 TV 예능 프로그램에도 많이 등장한다. 우리는 한국 국가대표가 가장 높은 금메달 단상 위에 올라가 월계관을 쓰고 태극기를 휘날리며 애국가를 제창할 때 국민으로서 크게 감동한다. 하계올림픽과 동계올림픽, 축구 월드컵 같은 국제 스포츠 행사는 주기마다 반복되며 애국심에 정기적으로 불을 지핀다. 그런데 과연 올림픽 등에 몰입해서 애국의 감정과 희열을 느껴야 할 합리적인 이유가 있을까?

한 국가의 국민으로서, 당연히 내 조국이 세계적으로 위상을 떨치면 나에게 이점이 많다. 나라가 부강해야 국민도 풍요로운 삶을 누리며, 나라의 이미지가 좋아야 국민이 외국에 나가 조금이라도 좋은 대접을 받는다. 그런데 막상 스포츠 행사에서 우리나라 선수들이 선전한다고 해서 국민에게 직접적으로 돌아가는 이익은 없다. 무언가를 얻는 사람이 있다면 그건 노력의 결과로 좋은 성적을 거두는 선수들이지, 나머지 국민은 아니다. 그런데 왜 우리는 국가대표 선수들이 승리를 거두면 그렇게 기뻐하고 한국의 금메달 수가 적으면 적잖이 실망하는 걸까?

세상의 모든 것이 선의에 의해서 돌아가지는 않는다. 특히 세상사에 커다란 영향을 끼치는 이벤트일수록 그 뒤에 숨겨진 의도와 세력이 있는 게 아닌지 의심해볼 필요가 있다. 올림픽도 마찬가지다. 이런 거대한 행사가 지금까지 별문제 없이 이어지고, 개최할 때마다 열렬한 관심과 막대한 금전적 지원을 받는 이유는 단순히 사람들이 스포츠 정신과 선의의 경쟁을 응원하기 때문만은 아니다. 올림픽은 분명히 세계를 움직이는 이들의 이득에 부합하는 측면이 있다. (올림픽이 나쁘다는 것이 아니니 끝까지 읽어주시기를 바란다.)

인도 출신 철학자 호미 바바(Bhabha)는 국가라는 정체성이 식민주의와 깊은 연관성을 갖고 있다고 주장한다. 그에 따르면 국가는 원래부터 이렇게 명확한 경계가 아니었다. 그는 한 국가의 문화를 다른 국가의 문화로부터 딱 잘라내서 구별하는 태도가 식민주의 시대에 생겨났다고 주장한다. 유럽 열강들은 다른 나라를 식민 지배할 때 나름의 명분과 논리를 세우려 했다. 그냥 가서 폭력을 휘두르면 악해 보이니, 식민 지배를 선하게 보이게 하는 논리를 찾으려 했던 것이다. 문화 전달의 논리가 그 역할을 잘 수행했다. 선진국의 문화는 우월하고 후진국의 문화는 열등하니, 우월한 선진국의 문화를 열악한 지역에 전달해서 문명화를 이루고 그 나라의 발전을 돕겠다는 것이다. 우리나라 국민은 일본에 당해본 역사가 있어서 이를 잘 안다.

그런데 문화 전달의 논리가 잘 성립하려면 먼저 한 나라의 문화가 다른 나라의 문화와 명확히 구별된다는 전제가 성립해야 한다. 예를 들어서 영국의 문화는 인도의 문화와 명확하게 구별되어야 한다. 그래야 영국 문화를 인도에 전달해준다는 명분이 설 수 있다. 이런 맥락에서 자국의 문화와 타국의 문화를 명확하게 구별하는 풍토가 생겨났고, 한 나라의 국민으로서 갖는 정체성이 매우 강조되기 시작했다.

하지만 식민 지배는 영원하지 않았다. 제2차 세계대전 이후 전 세계적으로 수많은 나라가 독립했다. 그런데 식민 지배의 끝은 역설적으로 강대국들이 가진 책임의 소멸이기도 했다. 그동안 식민지를 운영하면서 피지배 국가에 많은 문제를 만들었던 강대국들은 피지배 국가들이 '기쁜' 독립을 얻자 이제 자연스럽게 선을 그을 수 있게 되었다. "너희들과 우리는 둘 다 자주적인 독립국가야! 우리는 너희를 하나의 국가로서 존중해. 우리와 너희는 동등해. 그러니까 너희가 알아서 잘할 수 있지?"

영국 사회학자 거민더 밤브라(Bhambra)는 식민 시대가 끝난 이후 강대국들은 각 국가의 독립성과 동등한 지위를 강조하면서 과거 식민지에 대한 책임을 지지 않고, 자국민의 권리만을 보호하는 논리를 세우고 있다고 주장한다. 개발도상국의 사람들은 이제 독립국가의 국민으로서 '자긍심'을 느끼게 되었지만, 동시에 자기 힘만으로 선진국과 경쟁해야 하는 상황에 놓이게 되었다. 사실 각 국가의 힘은 전혀 동등하지 않은데 말이다. 겉으로는 모두가 자주국이지만, 사실상 대부분 가난한 나라는 선진국에 경제적으로 종속되어 있다. 정치적으로도 그런 경우가 많다.

이런 점을 염두에 두고 올림픽 개막식 행진을 보면 마냥 밝은 마음만 가지기는 어렵다. 올림픽에 참가한 각 국가 대표 선수들의 열정은 대단하고 숭고하지만, 올림픽이라는 행사 자체는 분명 국가라는 정체성을 강화하는 역할을 한다. 국민으로서의 소속감과 자긍심을 강화하는 게 무조건 나쁘다는 것이 결코 아니다. 그것을 통해 누군가는 알게 모르게 이득을 취하고 있다는 사실을 명확히 하고자 하는 것이다. 올림픽이라는 행사 자체가 나쁘다는 게 아니다. 올림픽에는 국가주의적 생각을 고착화하는 측면이 분명 존재한다는 것이다.

우리나라는 과거 독재정권 시절에 국민이 소속감을 느끼고 국가를 지지하게 하려고 국가대표 운동선수를 적극 지원했다. 지금도 사정이 아주 달라지지는 않았다. 우리나라만 그러는 것도 아니다. 정도의 차이일 뿐이지, 대부분 국가는 국가적 정체성을 위해 국제 스포츠 행사를 이용한다. 독재국가는 보통 그 정도가 심하다. 북한이 대표적이다.

그런데 주목할 점은 개발도상국들이 그렇게 자국민끼리의 통합을 강화하는 과정에서 선진국들도 같이 이득을 본다는 사실이다. 위에서도 지적했듯이, 많은 선진국은 식민 지배의 역사가 있으며 지금도 개발도상국들로부터 경제적으로 상당히 많은 이득을 취하고 있다. 표면적으로는 모든 나라가 동등한데, 실질적으로는 그렇지 않다. 이런 상황에서 올림픽 같은 행사는 마치 모든 나라가 실질적으로도 동등한 지위를 갖고 있다는 환상을 만들어낸다. 그 결과로 선진국들은 자신들이 가난한 나라들을 경제적인 족쇄를 통해 사실상 지배하고 있다는 사실을 감출 수 있다. 성대한 폭죽놀이와 뜨거운 경쟁의 환호 속에서 평등과 대통합의 장이 환상적으로 펼쳐진다. 그 즐거운 환상은 현실을 감춘다. 그렇게 책임은 면제된다.

충코의 철학적 단상

죽음에 관한 인류의 생각

죽으면 정말 모든 것이 끝일까? 이 질문은 정말 무겁다. 무거워서 생각하기도 싫다. 그렇지만 살다 보면 생각하지 않을 수가 없는 문제이기도 하다. 어릴 때는 죽음이 남의 일 같다. 그런데 한 살 두 살 나이가 들어갈수록 조금씩 조금씩, 눈에 띄지는 않지만 약간씩이나마 죽음이 점점 내게도 언젠가 닥칠 일로 느껴지게 된다.

　죽음에 관한 질문에 정답이 있을 수 없다는 건 대부분 사람이 너무나 잘 알고 있다. 다들 나름대로 추측하거나 믿음을 가질 뿐이다. 죽음 이후에는 아무것도 없다고 믿는 사람도 많고, 사후세계가 존재한다고 믿는 사람도 많다. 그런데 확실한 대답이 주어질 수 없다는 것치고는 우리 삶에 있어서 너무나 중요한 문제이기에, 인류는 수천 년간 계속해서 어떻게든 이 질문에 대답을 제시하려고 시도했다. 그리고 지금 우리가 죽음에 대해서 가진 견해나 인상, 어렴풋한 느낌은 단지 주체적인 나 혼자만의 것이 아니라, 오랫동안 이어져 내려온 역사와 문화의 산

죽음에 관한 인류의 생각　　　　　　　　　　　　　　**323**

물이다.

흔히 인류의 정신문화에 가장 큰 영향을 끼친 인물로 4대 성인을 꼽곤 한다. 소크라테스, 예수, 붓다, 공자. 이들은 모두 인간 삶의 중요한 문제들에 매우 결정적인 철학적 견해를 내놓은 인물로, 이들이 죽음에 가졌던 견해는 이후 사람들이 죽음을 생각하는 방식에 큰 영향을 끼쳤다. 평소에는 의식하기 어렵지만, 우리가 무의식적으로 죽음을 대하는 자세도 이들의 영향에서 완전히 자유롭다고 보기는 어렵다.

먼저 소크라테스는 죽음 이후에 영혼이 여행을 한다고 믿었다. 사람이 죽으면 몸은 자연으로 돌아가 사라지고, 영혼은 그대로 남아 각자에게 할당된 안내자를 따라서 여행을 시작한다. 그 길에는 현세의 삶을 되돌아보는 장소, 지금까지의 삶을 잊게 되는 장소 등이 있으며, 마지막에 가서는 현세에서 얼마나 영혼을 잘 가꿨는지에 따라 그에 어울리는 장소로 이동해 환생하게 된다. 깨끗한 영혼은 더욱 좋은 세계로, 추악한 영혼은 더욱 나쁜 세계로 이동한다.

소크라테스는 사후세계의 존재를 그냥 아무 이유 없이 믿었던 게 아니다. 그에게 사후세계는 현생에서의 도덕, 그리고 좋은 삶이란 무엇인가의 문제와 결정적인 관련을 맺고 있었다. 그도 그럴 것이, 만약 죽고 난 이후 아무 일도 없었다는 듯이 모든 게 사라져버리고 만다면, 현생에서의 삶을 허무한 것으로 생각하고 망나니처럼 살아도 아무런 상관이 없을 것이다. 반면 영혼이 죽음 이후에도 사라지지 않고 현생에서 얼마나 잘 살았냐에 따라 대우받는다면, 이곳에서 정의와 진리를 추구하고 비겁함과 탐욕을 멀리해야 할 매우 강력한 이유가 생긴다. 그래서 정의와 진리를 사랑했던 소크라테스는 어떻게든 영혼이 사라지지 않는다는 것을 증명하려고 무척이나 애썼다.

예수 역시 영혼의 불멸을 주장했다. 기독교에 익숙한 사람이라면 익히 알겠지만, 예수는 하나님에 대한 믿음을 가진 자들은 죽음 이후에 하나님의 나라인 천국으로 가서 영원히 행복한 삶을 누린다고 주장했다. 반면 끝까지 하나님에 대한 믿음을 거부하는 사람은 지옥으로 떨어져 영원히 고통받는다.

그런데 여기서 중요한 사실은, 하나님에 대한 믿음은 단지 '나 하나님 믿습니다.'라고 생각하는 것만으로 이뤄지지 않는다는 것이다. 예수는 진정으로 하나님을 믿는다는 것은 현생에서 죄를 짓지 않고 정직한 삶을 사는 것과 직결된다고 생각했다. 그는 손이 죄를 짓거든 차라리 그 손을 잘라버리라고 말했다. 죄지은 손은 하나님의 영역인 천국과 어울릴 수 없기 때문이다. 이렇게 예수 역시 죽음 이후에 관한 이야기를 통해 지금 현세에서의 삶의 방향성도 제시하려 했다.

다만 죽음 이후에 영원히 행복한 천국에서의 삶이 있다고 이야기하다 보니, 예수의 생각을 이어받은 기독교 전통은 현생의 삶보다는 죽음 이후 펼쳐질 삶에 대한 기대에 더 집중하는 경향이 약간이나마 있었다.

붓다는 앞의 두 성인과 조금 견해가 달랐다. 붓다는 애초에 영혼 같은 게 없다고 생각했기에, 죽음 이후에 영혼이 계속 남아 있다는 주장도 당연히 거부했다. 붓다에 따르면 우리의 삶은 그저 원인과 결과에 따라서 발생하는 사건의 연속으로, 삶을 통일적인 하나로 묶어주는 영혼 같은 건 존재하지 않는다. 내가 죽고 난 이후에는 그 죽음이라는 원인에 의해서 발생하는 또 다른 사건이 이어질 뿐이다.

따라서 붓다가 말하는 윤회는 소크라테스나 예수가 말하는 사후세계와는 조금 다르다. 부처가 말하는 다음 삶은 내 영혼이 그대로 이어져서 생겨나는 게 아니다. 나라는 원인에 의해서 또다시 어떤 존재가 등장하는 것이다. 물론 나중에 많은 불교도는 내 영혼 비슷한 무언가가 환생해 동물도 되고 신도 되고 하는 게 윤회라고 믿었지만, 그런 불교 신앙은 붓다의 철학적인 견해와 정확히 일치한다고 보기는 어렵다.

어떻게 보면 공자는 4대 성인 중 죽음에 대해 가장 독특한 견해를 갖고 있었다. 공자는 특이하게도 죽음에 대해 별생각이 없었다. 이게 그의 독특한 견해이다. 공자는 죽음 이후에 사람의 혼이 어떻게 되는지 묻는 제자의 질문에 이렇게 대답했다. "삶도 잘 모르는데, 죽음을 어떻게 알겠니?" 이는 단순히 죽음에 대해 잘 몰라서 대답을 회피한 것이 아니다. 그보다는, 죽음보다 삶이 더 중요한 문제라는 가치판단을 적극적으로 주장한 것으로 볼 수 있다.

공자는 우리가 현생에서의 삶을 어떻게 더 좋게 만들고 어떻게 하면 이 사회에 안정과 번영을 가져올지에 더 집중해야 한다고 생각했다. 죽음에 관한 문제는 당장 신경 쓸 만한 문제가 아니었다. 공자의 이런 태도는 현대까지도 동아시아 유교 문화권의 사람들이 유독 죽음에 관해서 대화하기를 꺼리는 원인이 됐다는 주장도 있다.

현대인은 죽음 이후를 생각하는 것 자체를 바보 같은 일로 치부하고, 그에 대해 더 이상 생각을 이어 나가지 않는 경향이 있는 듯하다. 죽음 이후는 합리적이고 과학적인 증명을 통해 다뤄질 수 있는 주제가 아니기 때문이다. 그런데도 우리는 분명 예전부터 이어져 내려온 전통과 현대사회의 각종 정보에 영향을 받아, 죽음에 대한 나름의 태도를 갖고 있다. 그리고 죽음을 대하는 자세는 죽음의 반대편에 놓인 우리 삶을 구성하는 중요한 요소이기도 하다. 우리가 죽음을 어떻게 생각하는지에 따라 우리가 삶을 어떻게 대하는지도 달라진다. 과학적으로 증명할 수 있든 없든 상관없이 죽음은 여전히 우리에게 여러 중요한 질문을 던지며, 우리는 그 질문을 마냥 피할 수 없다. 죽음이 항상 저기서 우리를 쳐다보고 있기 때문이다.

충코의 철학적 단상

꼭 지켜야 할 삶의 원칙, 자비의 원리

철학이 철학자가 아닌 다른 사람에게 영향을 줄 수 있는 부분은 무엇이 진실인지에 관한 부분이 아니라 어떻게 살아야 하는지에 관한 부분일 것이다. 진실이 무엇인지는 저 멀리 떨어진 문제처럼 느껴지지만, 어떻게 살아야 하는가의 문제는 누구나 살면서 몇 번씩은 고민하는 문제이기 때문이다.

　철학을 공부하면서 어떻게 살아야 하는가에 대한 궁극적인 답을 얻지는 못했다. 처음 공부를 시작했을 때보다는 분명 갈피를 잡아가고 있지만, 여전히 삶에 관한 문제는 그것을 움켜쥐려 할 때마다 모래알처럼 손아귀를 미끄러져 빠져나간다. 그러나 그 와중에 한 가지 작은 원리만큼은 삶에서 꼭 실천해야 하는 것이란 확신에 이르렀다. 바로 자비의 원리라 불리는 것이다. 거대한 삶의 의미나 삶의 방향에 관한 질문에 답을 찾기는 정말 어렵다. 하지만 삶의 작고 사소한 원리를 찾는 건 그보다 쉬울 때가 많다. 자비의 원리는 바로 그렇게 작지만, 우리 삶을 분명 긍정적인 방향으로 이끌어주는 원리이다.

자비의 원리는 영어로 'Principle of Charity'라 불린다. 우리말의 자비는 잘못한 사람을 용서한다는 의미가 강해서, 자비의 원리라고 하면 용서와 관련된 것이란 인상을 받을 수 있다. 전적으로 틀린 것은 아니지만, 자비의 원리의 본뜻과는 조금 다르다. 영어에서 'charity'는 자선을 뜻할 때도 있지만 호의, 좋은 마음 등을 뜻하기도 한다. 철학에서 말하는 자비의 원리는 바로 그 후자의 뜻을 살린 것으로, '다른 사람의 의견을 일단 가장 옹호적으로 해석해서 말이 되는 의미로 잘 받아들여 봐라.'라는 원칙이다. 우리는 보통 다른 사람의 말을 들을 때 자신이 이미 가진 틀에 맞춰서 받아들이게 된다. 정치적인 대화를 할 때를 떠올려보라. 자신과 반대되는 정치적 견해를 들으면 일단 안 좋은 감정부터 든다. 상대의 말에 어떤 허점이 있는지 얼른 찾아내고 싶으며, '어디 걸려봐라.' 하는 마음가짐으로 이야기를 듣게 된다. 허점이 발견되면 얼른 물어뜯기 바쁘다.

자비의 원리가 제안하는 것은 그런 마음가짐을 떨쳐버리자는 것이다. 자비의 원리는 상대의 말이 명백하게 틀린 것처럼 들리더라도 일단은 최대한 호의적으로 해석해봐야 한다는 원리이다. 단순히 상대의 말을 귀 기울여 듣는 것만으로는 부족하다. 그것을 넘어서서, 상대방의 주장을 최대한 호의적으로, 말이 되게 해석하려고 노력해야 한다. 이는 매우 어려운 일이다. 나와 다른 생각을 하는 사람의 말을 끝까지 들어주는 것만 해도 고역인데, 거기에 더해 최대한 말이 되게 해석까지 해줘야 한다니. 예를 들어서 한국은 일본의 속국이라고 주장하는 사람이 있다면, 그 말도 안 되는 주장을 최대한 말이 되게 이해해보려고 노력해야 한다는 것이다. '어떤 점에서 한국이 일본의 속국이라고 볼 수 있을까?' 이런 말도 안 되는 질문을 내가 고민해야 한다는 것이다.

이런 일을 왜 굳이 해야 할까? 자비의 원리는 결코 지키기 쉽지 않지만, 지키면 아주 큰 보상이 주어진다. 그 보상은 저마다의 삶을 훨씬 더 풍성하게 만들어준다고 나는 확신한다.

상대의 약점을 찾아 공격하기는 쉽다. 왜냐하면 나는 이미 오랫동안 굳어진 나의 틀 안에서 상대의 주장을 바라보기 때문이다. 내 틀 안에서 보면 상대의 주장에는 공격할 거리가 가득하다. 예를 들어서 우파가 보기에 좌파는 정말이지 공격할 것 투성이다. 왜냐하면 자신이 우파의 틀 안에서 모든 것을 바라보기 때문이다. 반대로 좌파가 보기에는 우파가 비판할 것 천지다. 왜냐하면 자신이 좌파적 관점에서 모든 것을 바라보기 때문이다. 내가 이미 가진 생각의 틀은 위력이 어마어마해서, 그것 밖에서 세상을 바라보는 일은 정말 어렵다. 누가 나에게 24시간 붙어서 알려주지 않는 이상, 내가 생각하는 것 말고 다른 방식의 생각도 있을 수 있다는 사실을 알기는 매우 어렵다. 수십 년 동안 똑같은 색안경을 쓰고 산 사람은 누군가 와서 그 색안경을 벗겨주지 않는 이상 다른 색으로도 세상을 바라볼 수 있다는 사실을 눈치채지 못할 것이다.

자비의 원리를 항상 기억하고 살아가는 것은 색안경을 벗겨주는 사람을 항시 옆에 데리고 다니는 것과 같다. 심지어 그 사람은 내게 다른 색의 안경을 씌워주기도 한다. 내가 항상 빨간색 안경을 쓰고 세상을 바라봐서 오로지 빨간색으로만 세상을 바라봤다면, 한번 파란색 안경을 써봄으로써 세상을 파란색으로 바라본다는 건 어떤 것인지 이해해볼 수 있다.

자비의 원리는 상대의 주장을 훨씬 더 잘 이해할 수 있게 해준다. 나와 다른 상대의 주장을 볼 때는 약점에만 지나치게 집중하기 마련이다. 그런데 딱 한 번이라도 정말 상대의 처지가 되어 상대의 주장을 최대한 말이 되게 해석하려고 노력해보자. 그러면 이전에는 눈에 띄지 않던 상대 주장의 장점이 보일 수도 있고, 약점이 보완될 여지가 보일 수도 있다. 그런 식으로 상대방의 주장이 지닌 의미와 가치를 훨씬 더 균형 있게 이해할 수 있다.

또한 자비의 원리는 상대방의 주장을 훨씬 더 잘 비판할 수 있게 해준다. 나의 틀 안에서 상대방을 비판하면 많은 경우 상대에게 별 타격을 못 준다. 왜냐하면 내 틀 안에서는 상대방의 약점이 아주 커 보여도, 상대방의 틀 안에서는 그게 별로 심각한 게 아니기 때문이다. 그래서 내가 비판해도 상대방은 대수롭지 않게 생각한다. 그렇게 서로의 대화는 계속 엇나가고, 겉도는 비난만이 반복해서 오간다.

이때 자비의 원리를 적용해 정말 상대의 입장을 최대한 좋게 생각해보자. 그렇게 했는데도 비판점이 남아 있다면, 그것은 정말로 핵심적인 비판점일 가능성이 크다. 그 점을 공격하면 상대의 정곡을 찌르는, 상대를 다운시킬 수 있는 비판을 할 수 있다.

살다 보면 나와 다른 생각을 하는 사람과는 결코 진정한 소통을 하지 못할 때가 많다. 아주 많은 다툼과 분노와 혐오가 다른 사람은 결코 내 생각을 이해할 수 없고, 나 또한 결코 다른 사람을 이해할 수 없다는 느낌에서 비롯한다. '내가 보기엔 이게 당연한데 왜 저 사람은 이렇게 생각하지?', '왜 저 사람은 저 모양으로 살지?' 이런 생각은 마음 안에서 분노를 키운다.

자비의 원리는 이런 분노를 효과적으로 통제할 수 있는 수단이다. 다른 사람들은 내가 생각하는 것보다 더 괜찮은 생각을 하는 것일 수 있다. 내가 한 번이라도 그들 처지에서 생각해보려고 노력한다면 훨씬 풍부한 이해와 소통의 가능성이 열릴 수 있다. 거기에 더 날카롭고 핵심적인 비판을 할 수 있는 것은 덤이다.

철학자들은 대체 무슨 생각을 할까

세상에 의문을 던지는 53가지 철학 이야기

ⓒ 이충녕

초판 1쇄 발행 2023년 6월 28일
초판 2쇄 발행 2024년 6월 26일

지은이 이충녕
편집 이현호
디자인 와이겔리

펴낸곳 도마뱀출판사
펴낸이 조동욱
등록 제2007-000083호
주소 03057 서울시 종로구 계동2길 17-13(계동)
전화 (02) 744-8846
팩스 (02) 744-8847
이메일 aurmi@hanmail.net
블로그 http://blog.naver.com/ybooks
인스타그램 @domabaembooks

ISBN 979-11-975351-6-1 03100